HANGIL
GREAT BOOKS
146

명등도고록

이지 지음 | 김혜경 옮김

한길사

Li Zhi

Mingdeng Daogulu

Translated by Kim, Hye-kyung

Published by Hangilsa Publishing Co., Ltd., Korea, 2016

복건성 천주시 동호(東湖) 공원에 세워진 이지의 상.

호북성 마성(麻城)의 용호사(龍湖寺)에 안치된 이지 초상.
용호사는 승려가 한 명뿐인 아주 가난한 절인데, 이지의 발자취를 따라
이곳을 방문하는 사람들을 본 절의 승려가 시주를 목적으로 제작해서
절의 설립자와 나란히 비치한 것으로 추정된다.
따라서 그림 속의 인물은 이지와 아무 관계가 없는데,
조악한 그림 상태는 절의 재정 형편을 말해주는 듯하다.
이지는 이 절 앞에 펼쳐진 용호(龍湖) 호수의 건너편 언덕에
지불원을 세웠고, 용호를 자신의 호로 삼기도 했다.

복건성 천주시 이지고거의 책 진열장.
여러 이지 연구서와 번역서를 전시하고 있다.

이지가 유동성을 만나기 직전에 유람했던
호북성 무한시의 대표적 누각인 황학루(黃鶴樓).
여기서 이지는 불량배들에게 봉변을 당했는데,
이 소문을 들은 유동성이 그를 찾아감으로써
서로 안면을 트고 친구가 될 수 있었다.

무념(無念) 화상의 무덤. 무념은 이지의 상좌승으로,
『도고록』에 나오는 회림처럼 이지를 지근거리에서 오랜 세월 모신 제자였다.
하남성 상성현(商城縣)에 위치한 법안사(法眼寺)는 무념이 세워
만년을 보낸 절인데, 근년에 한 부동산 개발업자가 출연하여
바로 옆에 엄청난 규모의 이지 서원(李贄書院)을 건립해놓았다.

절강성 소흥현의 회계산 자락에 위치한 대우릉(大禹陵).
우임금의 무덤이다. 우는 순임금과 더불어 이지가 가장 높이 평가한 고대의 제왕이었다.

산둥성 곡부현(曲阜縣)에 위치한 공자 사당 공묘(孔廟)의 풍경.
이곳과 공자가 거주했던 공부(孔府), 공씨 일가의
공동묘지인 공림(孔林)을 합쳐서 삼공(三孔)이라고 부른다.

자사(子思)의 무덤.
공자의 손자이자 『중용』 저자로 알려진 자사는
이름이 공급(孔伋)이고, 술성(述聖)으로 일컬어진다.
산동성 곡부현 소재 공림(孔林)에 위치해 있다.

HANGIL GREAT BOOKS 146

명등도고록

이지 지음 | 김혜경 옮김

한길사

명등도고록

하권 下卷

道古錄

이지와 『명등도고록』

김혜경 한밭대학교·중문학

1. 들어가는 말

이지(李贄, 1527~1602)의 저작 중에선 『분서』(焚書)가 가장 유명하지만 이 책만이 그 사상의 정화인 것은 아니다. 명대 말기 고식적인 사회분위기에 숨이 막혔던 이지는 사마천의 말처럼 '발분저서'(發憤著書)의 심경으로 자신의 생각을 써내려갔다. 덕분에 『분서』는 펄펄 끓는 기상과 약동하는 문장으로 읽는 이조차 들썩이게 만들지만 경세가로서의 이지를 만나기는 어딘지 모르게 아쉬운 경우였다.

이지는 대단히 부지런하면서도 몰입하는 사상가였다. 만력 8년(1580) 54세 되던 때 결연히 벼슬(요안지부姚安知府)에서 물러난 뒤로 오로지 강학과 저술에만 몰두했기 때문에 그 저작은 거의 등신에 달하는 분량이었다. 경전과 제자백가, 역사와 문학서적을 두루 섭렵한 뒤 이를 분석하고 평설하는 일은 그 만년의 일과였고, 따라서 그의 사상은 대단히 폭넓은 독서와 사색을 배경으로 한다. 그런데 유별나게 불교 승려로 출가까지 했지만 이지는 끝까지 경세를 삶의 지향으로 여기는 유가의 신도로 남았다. 그리고 그런 사실을 확인할 수 있는 저작이 바로 이 『명등도고록』(明燈道古錄)이다. 이 책은 이지의 경세

가적 면모를 알려주는 만년의 대표적인 저술인 것이다.

"등불 밝히고 옛일을 논한다"는 뜻의 『명등도고록』(이하 『도고록』
으로 칭함) 제목이 시사하듯, 책의 형식은 벗들과의 대화이며 고전에
관한 고담준론이다. 하지만 토론의 내용은 고대가 아닌 그 시대 지식
인들의 당면문제였으며 또한 시공간을 뛰어넘는 인간 본질에 대한
사색이었다. 이 책에선 이지가 평생 천착하던 주제들이 『대학』과 『중
용』이라는 두 텍스트의 해설을 빌어 설명된다. 따라서 명대 유가철학
의 진수를 맛볼 수 있으며, 아울러 유자로서의 대의와 태도를 저버리
지 않는 이지의 진면목이 여실히 드러나고 있기도 하다. 아래에 그 대
략을 소개한다.

2. 『도고록』이 지어진 경위

『도고록』은 대화록의 형식을 취한다. 이지와 유동성(劉東星), 그의
아들 유용상(劉用相)과 조카 유용건(劉用健), 이지의 불문 제자인 회
림(懷林)이 화자로 등장한다. 이 책은 유동성의 초청으로 산서(山西)
에 간 이지와 위의 인사들 사이에 오간 대화의 기록이기 때문에 이지
와 유동성의 만남이 없었더라면 『도고록』은 아마도 세상에 나오지
않았을 것이다. 따라서 유동성과의 친교과정이나 책이 만들어진 경
위는 이 책의 탄생배경으로 거론될 만하다.

만력 18년(1590), 『분서』를 간행한 이지는 친구이자 고위관료였던
경정향(耿定向)의 노여움을 샀고 더 이상 그의 후원을 받지 못하게
되었다. 그는 호북성 무창(武昌)으로 건너가 성밖 20리에 위치한 홍
산사(洪山寺)에 머물렀다. 원래는 황학루(黃鶴樓)를 구경한 뒤 주변
의 명승지들을 둘러볼 예정이었지만, 황학루에 오르자마자 또 세상

을 걱정한다는 자들에 의해 '도를 그르치고 백성들을 미혹한다'(左道惑衆)는 혐의를 뒤집어쓰고 쫓기는 처지가 되었다. 당시 유동성은 무창에서 호광좌포정사의 직분을 수행하던 중이었는데 이지가 불량배들에게 쫓긴다는 소식을 듣자 자발적으로 홍산사까지 찾아가 이지를 만나고 또 자신의 관아로 데려와 보호해주었다. 그 뒤로 유동성은 이지를 "때로 별채에 모셔 대접하기도 하고 간혹 관저에서 쉴 때 아침저녁 이야기를 나누기도 하면서 서로 늦게 만난 것을 안타까워하는" 가까운 사이로 발전했다.

만력 24년(1596) 가을, 부친상을 당해 거상하던 유동성은 이지를 떠올렸고 특별히 아들 유용상을 마성의 용호로 파견해 그를 산서성 심수현(沁水縣)의 평상촌(坪上村) 자기 집으로 모셔오게 하였다. 이때부터 낮에는 문을 닫아건 채 책을 읽고 밤에는 유동성과 마주 앉아 고전과 철학적 명제에 관해 담론하는 나날이 이어졌는데, 그중『대학』과『중용』에 관한 내용이 나중에『도고록』으로 간행된 것이다.

『도고록』은 상·하 2권으로 나뉘는데 상권이 18장, 하권은 24장으로 총 42장이다. 이 책은 만력 25년(1597) 봄 심수에서 판각되었고, 그 후 명나라 고대소(顧大韶)의 교간본(校刊本)『이씨전집』(李氏文集) 권18·19의 두 권으로 전해졌다. 이 책의 제10권에는『도고록』과 관련된 두 편의 문장이 따로 실려 있는데, 하나는 이지의 자서(自序)인「도고록인」(道古錄引)이고, 다른 하나는 유동성의 발문인「『도고록』첫머리에 쓰다」(書道古錄首)이다. 명대 만력 연간의 계지재간본(繼志齋刊本)인『이탁오유서』(李卓吾遺書)에도『도고록』이 수록되어 있는데, 이 책의 북경대소장본은 권수가 따로 나뉘진 않았다. 명대 숭정 연간 연초당간본(燕超堂刊本)의『탁오선생이씨총서』(卓吾先生李氏叢書)는 세부가『이탁오유서』와 동일하고 그 첫 번째와 두 번째

권이『도고록』이다. 최근에는 북경 수도사범대(首都師範大)의 장건업(張建業) 교수가 주편(主編)해서 나온『이지문집』(李贄文集) 전7권(2000년 5월, 社會科學文獻出版社)의 제7권에 원문이 포함되었고, 다시 2010년 5월 같은 출판사에서 나온『이지문집주』(李贄文集注) 전26권의 제14책에 원문과 아울러 우홍은(牛鴻恩)의 주석이 포함된 형태로 출판된 바 있다. 우리나라에서는 1976년 고 윤남한(尹南漢) 교수가 상권 18장만을 부분번역해 휘문출판사의『세계의 대사상』제30권 끝부분에 수록한 적이 있다.

『도고록』은 매 장마다 한 가지 문제를 말하는데, 어떤 것은 끝까지 하나의 글이고 어떤 것은 문답체로 구성되었다. 질문자는 유용건과 유용상일 때가 많고 간간이 유동성과 회림의 질문이나 서술도 끼어들지만, 대체로 이지의 설명과 대답 위주로 진행되고 있다. 이 책은 유가에서 다루는 거의 모든 주제에 관해 토론한다. 인심(人心)과 도심(道心), 수신(修身), 지명(知命) · 지인(知人) · 지언(知言) · 지례(知禮)의 관계, 부귀(富貴)를 대하는 태도, 의로움(義), 예(禮), 겸손(遜), 믿음(信), 정령과 형벌(政刑), 천명(天命), 중용(中庸), 성의(誠意), 이언(邇言), 귀신(鬼神), 자득(自得), 소위(素位), 진성(盡性), 지성(至誠), 불교의 정심(正心)과 명심(明心) 등과 아울러『대학』과『중용』의 주요 의제들,『논어』와『맹자』의 몇몇 대목에 관해서도 해설하고 있다.

3. 도고록의 내용

『도고록』은 유가경전인『대학』과『중용』(줄여서 '학용'이라 부른다)의 요지를 해설한다. 서명부터가 '고대의 도를 논한 책'인데, 여기

20

서 도는 학용이 제시한 유가의 도리를 가리킨다. 알려진 대로 이 책들은 주희가 『예기』에서 떼어내 '사서'(四書)로 편정한 이래 식자라면 누구나 읽어야 할 필독서가 되었는데, 그 이유에 대해 주희는 「대학 읽는 방법」(讀大學法)에서 "『대학』은 학문의 처음과 종착을 총체적으로 말하였고, 『중용』은 본원의 궁극적인 부분을 탐구"(大學是通言學之初終, 中庸是指本原極致處)했기 때문이라고 설명한 바 있다. 다시 말해 학용은 송대 이래 경학의 핵심이며 기본 중의 기본이었다.

유학자에게 유학이란 '경'(經)에 대한 이해를 뜻한다. 일반 유학자들이 그 공부를 통해 자신과 타인, 우주를 이해하며 그 이념에 의한 삶을 영위했듯이, 이지 역시 학용을 통해 사유를 갈고 닦았다. 학용에 관해서만큼은 이지도 주희와 마찬가지로 학문의 시작이자 끝이며 가장 궁극적인 문제를 다루는 책이라고 생각했던 것이다. 때문에 여러 논란에도 불구하고 평생 유자이길 자처했던 이지가 인생의 황혼에 이르자 이 책들로 말미암아 응집된 사유를 정리하려 든 것도 어쩌면 당연한 귀결이라 하겠다.

이 책에는 유가의 도리에 관한 이지 나름의 해석이 도처에 널려있다. 사유의 가장 높은 경지에 도달한 깊이 표현들이 그득한 철학서인 것이다. 『도고록』은 과연 어떠한 내용을 탑재하고 있으며 그 의미는 어떻게 평가될 수 있을까?

1) 인심도심론

『도고록』에서 가장 눈에 띄는 특징이라면 바로 '도'(道)에 대한 지속적인 관심과 천착이다. 그것은 대체로 인심(人心)과 도심(道心)의 주제로 변주되어 논의되는데, 유가에서는 이미 『상서』에 실린 16자 심법(心法)을 통해 도와 마음의 관계를 설명하는 전통이 형성되어 있었다.

　　"사람의 마음은 불안하기만 하고, 도를 향한 마음은 미약하기만
하다. 오로지 정신을 하나로 모아 성실한 마음으로 중정(中正)의
도리를 지키시라."[1]

　　이 문장에 대해 해설할 때 주희는 인심은 인욕(人欲)이고 도심은
천리(天理)라고 풀이하였다. 그리고 인심은 "형상과 기질의 사사로
움에서 생겨나고"(生于形氣之私) 도심은 "성명의 올바름에서 기인
한다"(原于性命之正)고 말하면서 또 이렇게 해설했다.

　　"제아무리 뛰어난 인물이라도 인심이 없을 수 없고 …… 제아무
리 어리석은 사람이라도 도심이 없을 수 없다. 인심과 도심은 사방
한 치의 마음 공간에 뒤섞여 있는데 그것을 다스릴 줄 모르면 위태
한 바는 더욱 위태해지고 은미한 부분은 더욱 은미해져 천리의 공
적인 측면은 인욕의 사사로움을 제어할 수 없게 되어버린다."[2]

　　『상서』의 인심도심은 원래 군주를 위한 정치철학적 성격이 강한
개념이었다. 순임금이 우임금에게 왕권을 넘겨주며 세상을 잘 다스

---

1)　『상서』「우서·대우모」(虞書大禹謨)편. "人心惟危, 道心惟微, 惟精惟一, 允執
　　厥中." 공영달이 소(疏)에서 이 구절에 대해 "인심은 온갖 근심의 주역이고,
　　도심은 뭇 도의 근본이 된다"(人心惟萬慮之主, 道心爲衆道之本.)고 풀이한
　　이래 인심과 도심은 줄곧 서로 대립되는 개념으로 인식되었다.
2)　주희, 「중용장구서」(中庸章句序). "虽上智不能无人心 …… 虽下愚不能无道
　　心. 二者雜於方寸之間, 而不知所以治之, 則危者愈危, 微者愈微, 而天理之公
　　卒無以勝夫人欲之私矣."

리기 위한 방법으로 전수한 내용인 까닭인데, 주희는「중용장구서」에서 그런 정치적 색채를 상당 부분 제거시켰다. 그리고 도심은 리(理)를 깨닫는 마음으로, 인심은 욕구를 깨닫는 마음으로 정의하면서 성인이 보통사람들과 달리 성인일 수 있는 이유를 인심이 아닌 도심에서 찾았다. 성인이 되기 위해서는 가치 판단의 기준, 즉 리를 지각하는 도심을 확고히 하여 형기의 욕구를 지각하는 인심을 적절히 조율해야 한다고 했는데, 인심이 도심의 기준을 따르면 인간의 모든 행위가 상황에 적합해진다는 것이었다. 이렇듯 주희의 관점에서는 도심이 인심의 주재자로 상위 개념이었지만, 이지의 해석은 전혀 달랐다.

> "마음은 온전히 하나이다. 다만 그 움직임을 자각하는 순간부터 각 개인에 의해 운용되는 바는 '인심'이라 일컫고, 이런 지각운동을 주재하여 하늘·땅·사람·만물의 크나큰 바탕이 되는 그것은 '도심'이라 부른다."[3]

이지는 인심과 도심이 처음부터 다른 것이 아니라 상황 따라 느끼는 지각운동의 차이, 즉 위태하거나 미묘한 낱낱의 움직임에서 갈라지는 것[4]이라고 정의했다. 그러므로 인심은 도심이 될 수 있고 도심은 인심이 될 수 있다고 하였다. 주희는 애당초 성인과 범인을 가르며 그 차이가 극복될 수 없다고 여겼지만, 이지는 이를 부인하고 성인이 되는 여부는 상황과 개인의 의지 및 노력 여하에 달렸다고 말한 것이

---

3) 『도고록』 상권 제1장. "心, 一也. 自其知覺運動而爲各人所發用者, 謂之'人心'; 自其主宰此知覺運動而爲天地人物大根柢者, 謂之'道心'."

4) 위와 같음. "때론 위태했다가 또 미묘해지는 낱낱의 움직임에서 인심과 도심은 갈라지게 된다"(一危一微, 而人心道心, 從此遂分.)

다. 그리하여 성인도 때에 맞춰 변용할 수 있어야 한다면서 성인의 특별함을 따로 인정하진 않았다.

"나와 성인과 천지만물은 본래 아무 차이가 없다."[5]

"최상의 지혜와 최악의 어리석음은 겨우 한 푼어치를 놓고 다툴 뿐이다."[6]

"사람은 다만 본성에 따라 움직일 뿐이니 성인의 행위라 해서 지나치게 높은 의미는 부여하지 않음이 옳다. 요순과 길 가는 행인이 같고, 성인과 범인도 다르지 않다."[7]

『도고록』에는 위와 같이 성인과 범인의 차이를 부정하는 언설이 넘쳐난다. 이지는 성인 역시 도에 뜻을 두고 마음을 잘 발현해야만 성인이 될 수 있다고 생각했다. 성인이 할 수 있으면 평범한 남자와 여자도 해낼 수 있고 평범한 남녀가 해낼 수 없다면 성인도 마찬가지일 것이니, 그래서 평범한 사내계집이라도 깔보면 안 되고 이른바 성인이라도 높여 보면 안 된다고 하였다. 바로 그렇기 때문에 요순 같은 성인이라도 장자의 말처럼 죄다 '찌꺼기 불순물'(塵滓秕糠)로 빚어 만든 지극히 평범한 군상으로 전락할 수 있으니, 신격화를 거친 뒤에

---

5) 상권 제8장. "我與聖人, 天地, 萬物本無別也."
6) 상권 제11장. "上智下愚, 只爭一分耳."
7) 상권 제11장. "人但率性而爲, 勿以過高視聖人之爲可也. 堯舜與途人一, 聖人與凡人一."

도 여전히 뜬 구름처럼 스쳐 지나가는 존재[8]에 불과하게 된다. 즉 아무것도 아닌 한 사람이 되는 것이다.

도와 성인의 관계를 '마음'의 관점에서 해석하는 이런 내용은 이지가 도가와 불가로부터 깊은 영향을 받았음을 입증한다. 그는 성인과 범인이 본질상 서로 다르지 않으므로 그 마음의 작용에 따라 이 세계의 양상도 달라질 수 있다고 생각했다.[9] 사바세계의 제 문제란 애당초 사람을 등급으로 나누고 시비를 가르는 마음에서 비롯되는 바이니, 성인은 지고해서 애당초 범인과는 다른 존재라는 관념을 타파해버린 것이다. 이와 같이 인간의 생래적 차등성을 부인하는 '성범평등'(聖凡平等)은 왕양명의 '온 거리의 사람이 모두 성인'(滿街皆是聖人)이란 주장이 이론적으로 보다 진화한 것이기도 하였다.

2) 예론

이지는 인간의 자율성을 강조했다. 그의 자유주의 성향은 『분서』 같은 다른 저작에도 드러나지만 『도고록』에선 한층 더 두드러진다. 그리고 이는 유가의 개념을 새롭게 해석하는 가운데 표현되었다.

『중용』 제13장의 "그러므로 군자는 사람의 도리로써 사람을 다스리니, 잘못을 깨달아 고치면 더 이상 간여하지 않고 멈춘다"(故君子

---

8) 하권 제3장. "장생이 '먼지와 때, 쭉정이와 겨'로 '요순을 빚어낼 수 있다'고 한 말이 어찌 황당한 헛소리기만 할까보냐! 이는 바로 전대 현인의 '요순의 사업이라도 태허의 한 점 뜬구름이 눈앞을 스쳐 지나가는 것'이라는 말씀과 딱 들어맞는다"(莊生謂 '塵滓秕糠'·'陶鑄堯舜', 豈荒唐語耶? 正與先正 '堯舜事業一點浮雲過目'相合.)

9) 『분서』 권4 「결의론 앞에 붙여」(書決疑論前). "사바세계를 두고 부처님의 세계라 말하는 것도 가능하고, 부처님의 세계가 곧 이 사바세계는 아니라고 말하는 것도 맞다"(謂娑婆世界卽佛世界可也, 謂佛世界不卽此娑婆世界亦可也.)

以人治人, 改而止.)는 구절에 대해 주희는 다음과 같이 해설했다.

> "사람의 도리로 사람을 다스린다 했으니, 그 사람됨의 소이연의
> 도리는 각자의 몸에 내재된 것이다. 애당초 치자와 피치자라는 피
> 차간의 구별이 없으니, 군자가 사람을 다스린다고 하는 것은 바로
> 다스리고자 하는 사람 자체의 법칙을 갖고 곧장 그 사람 몸에 되돌
> 리는 것이다. 그 사람이 스스로 깨달아 잘못을 고칠 수 있으면 거기
> 서 멈추고 더 이상 교정하려 들지 말아야 한다."[10]

주희가 말하는 '이인치인'(以人治人)은 저마다의 몸에 내재되어
있는 도리를 일깨워 각자의 상황에 유리하게 만든 뒤 제각기 할 일 하
도록 유도한다는 뜻이다. 여기서 '도'라는 개념은 사람과 별개의 것
으로 분리되고 있으니, 곧 사람을 이끄는 상위의 주재자로 간주된다.
하지만 이지가 보기에 도는 사람에게서 동떨어진 것이 아니었다.

> "사람이 곧 도이고 도가 곧 사람이다. 사람 밖에 도가 없고 도의
> 바깥 역시 사람이 없다."[11]

이지에게 도는 성인의 경우와 마찬가지로 지극히 현실적이고 평범
한 내용이다. 그는 "사람은 본디 스스로 다스리는 존재"(人本自治)라
고 생각했고, 그래서 군자는 "감히 자신의 기준으로 사람을 다스리지

---

10) 『중용집주』(中庸集注). "以人治人, 則所以爲人之道, 各在當人之身, 初無彼此
   之別. 故君子之治人也, 卽益人之道, 還治其人之身. 其人能改, 則止不治."
11) 『도고록』 하권 제6장. "人卽道也, 道卽人也, 人外無道, 而道外亦無人."

않고"(不敢以己治人) "무위의 감화"(無爲之化)[12]를 실천하는 존재라고 여겼다. 그래서 맹자가 "무릇 사물에 차등이 있을 수밖에 없음은 사물의 자연스런 정황"[13]이라 말했듯이, 저마다의 삶을 살도록 조처하는 것은 도를 닦는 것[14]과 마찬가지라고 하였다. "사람으로써 사람을 다스림이 바로 도를 닦는 것"은 백성들은 천차만별이고 그 욕망은 다양하며 억누를 수 없으니 차라리 자유롭게 내버려둔 채 자율성을 부여하는 편이 낫다는 주장인 것이다.

"무릇 천하는 끝없이 넓고 백성의 숫자는 지극히 많다. 사물이 고르지 않고 차이가 나는 것 또한 당연한 정황이고. ……그저 자기 힘으로 할 수 있는 바와 마음으로 하고 싶은 것만 하므로 반드시 할 일들이 자유로운 상태에서 이뤄지는 형세가 된다. 그렇게 되면 천 명이든 만 명이든 누구나 자신만의 천 가지 만 가지 마음을 품게 되고, 그 수많은 다른 마음이 각자의 욕망대로 움직이게 되니, 이런 상황을 두고 사물이 제각기 그 관련당사자에게 교부되었다고 일컫는다. 이는 천지가 자질에 따라 각 대상을 후대하는 방법이니, 이렇게 해서 만물은 나란히 자라면서도 서로를 해치지 않게 된다."[15]

『중용』은 원래 "하늘이 만물을 키우실 때는 반드시 그 자질에 근거

---

12) 위와 같음.
13) 『맹자』「등문공」(滕文公) 상편. "夫物之不齊, 物之情也."
14) 하권 제7장. "以人治人便是修道."
15) 상권 제15장. "夫天下至大也, 萬民至衆也, 物之不齊, 又物之情也. ……只就其力之所能爲, 與心之所欲爲, 勢之所必爲者以聽之, 則千萬其人者, 各得其千萬人之心, 千萬其心者, 各遂其千萬人之欲, 是謂物各付物. 天地之所以因材而篤也, 所謂'萬物竝育而不相害'也."

하여 후대하신다"[16)고 하면서 "만물은 나란히 자라면서도 서로를 해치지 않는다"[17)고 일컬었다. 이지는 이 대목을 상세히 풀이하며 그것이 다스림의 도리가 되어야 한다고 말했는데, 이렇게 되어야만 사람은 자기 능력에 따라 살아갈 방도가 생기고 이 세상은 다스려지게 된다고 하였다.

"덕성을 존엄하게 만들 수 있으면 성인의 능력은 남김없이 발휘될 수 있습니다. 이렇게 해서 어떤 이는 국가경영에 참여하려 들고 혹자는 세속을 벗어나며 누군가는 은둔하고 누군가는 모습을 드러내게 됩니다. 어떤 이는 강하고 어떤 이는 부드러우며 누구는 가능하고 누구는 불가능하지요. 정녕 모든 것이 우리 사는 세상의 고르지 못한 물정세태인지라, 성인께서도 그대로 내버려두셨습니다. 그러므로 '사람으로써 사람을 다스린다'고 말씀하신 것입니다."[18)

이지는 위와 같은 상태를 '예'라고 불렀다.

"『대학』 「평천하」장에서는 '백성들이 좋아하는 바를 좋아하고, 백성들이 미워하는 바를 미워하라'고 말하였다. 좋아하거나 싫어함을 백성들의 바람에 따르고 자신의 욕망에 기준을 두지 않은 상태를 일컬어 '예'라 한 것이다. 예인즉슨 스스로 질서를 세움이니,

---

16) 『중용』 제17장. "天之生物, 必因其材而篤焉."
17) 『중용』 제30장. "萬物幷育而不相害."
18) 상권 제11장. "能尊德性, 則聖人之能事畢矣. 於是焉或欲經世, 或欲出世, 或欲隱, 或欲見, 或剛或柔, 或可或不可, 固皆吾人不齊之物情, 聖人且任之矣. 故曰: '以人治人'."

별도로 그들을 가지런히 만들 필요가 없다. 만약 좋고 싫음이 백성의 본성을 거스른다면 재앙이 곧바로 그 몸에 미칠 텐데, 하물며 그들을 가지런히 정돈시킬 수 있겠는가!"[19]

"예란 사람이면 누구나 지니고 있지만 저마다 내용이 모두 다르다."[20]

공자가 말한 "예로써 가지런히 한다"(齊之以禮)는 이상은 이지에 이르러 내용이 완전히 달라진다. "예는 사람 마음에 다 똑같은 바이며, 본래가 천변만화하는 활발하기 그지없는 이치"[21]이니, 예컨대 치자라면 "좋아하고 싫어함을 백성들이 바라는 바에 따르면서 자신의 욕망을 기준으로 삼지 않는 것"[22]을 '예'로 삼아야 한다는 것이다. 결국 이지가 말하는 예는 통상적 의미에서의 예가 아니라 천하의 근본을 세우는 것으로 규정할 수 있으니, 그는 노자가 비판한 예를 공자의 예와는 구분해서 설명했다.

"요즘의 공부하는 자들은 예 때문에 참된 마음과 믿음이 엷어지게 된다는 노자의 말씀만을 받들 따름입니다. 저들은 노자가 병통으로 여기며 탓한 예는 바로 공자가 사치할지언정 검소한 편이 낫

---

19) 상권 제15장. 「平天下」曰: '民之所好, 好之; 民之所惡, 惡之.' 好惡從民之欲, 而不以己之欲, 是之謂'禮'. 禮則自齊, 不待別有以齊之也. 若好惡拂民之性, 菑且必逮夫身, 況得而齊之耶?"
20) 상권 제13장. "禮者, 人人各具, 人人不同."
21) 상권 제15장. "禮爲人心之所同然, 本是一箇千變萬化活潑潑之理."
22) 위와 같음. "好惡從民之欲, 而不以己之欲, 是之謂禮."

다고 한 예, 선배과 후배가 배운 예, 자하가 예는 나중이냐고 반문했을 때의 예라는 사실을 전혀 모릅니다. 그들이 우리 공부자에게는 극기복례의 예가 있고 안자(顏子)에게는 박문약례(博文約禮)의 예가 있는 줄을 어찌 알겠습니까! 모름지기 간추려 집약하고 난 뒤라야 깨닫게 되고, 자신을 이겨내고 나서야 예로 돌아가게 된다고 했지요?"[23]

이지는 노자가 유가의 예를 잘못 이해했다고 말한다. 노자가 비판한 예는 형식적 틀에 갇히게 만드는 예일 뿐으로, 공자와 안자가 말한 극기복례, 약아이례, 박문약례의 예가 아니라는 것이다. 그러한 예는 깨달음 뒤에 자기를 이겨내고 단속하여 스스로 서게 만드는 마음가짐, 자세, 태도, 인간의 길로 나아가게 만드는 역량 같은 것이기 때문에 "집약하여 깨닫고 나면 근본으로 돌아가 만물의 화생(化生)을 도탑게 하는 큰 덕을 얻을 수가 있다. 자기를 극복해서 예로 돌아가게 되면 근본을 세우고 천하를 통합함으로써 인정(仁政)에 따르도록 만들 수가 있다"[24]라고 단언하였다.

정리하자면 이지는 개개인의 발전을 '예'라고 하는 자율의 틀 안에서 권장함으로써 사회의 안정과 발전을 도모해야 한다고 생각했다. 그의 예치 개념은 근대적 자유주의의 이상에 매우 근접하지만, 그렇더라도 이런 사회가 되기 위해선 우선 개개인의 자율성이 보장되고

---

23) 상권 제8장. "今學者但見老子以禮爲忠信之薄, 不知老子所病之禮, 卽夫子與奢寧儉之禮, 先進後進之禮, 子夏禮後之禮耳. 豈知吾夫子有克己復禮之禮, 顏氏子有博文約禮之禮, 須由約而後會, 由克而後復者乎?"

24) 위와 같음. "約而會之, 則可以反本而得大德之敦化; 克而復之, 則可以立本而合天下以歸仁."

획일과 강제가 지양되지 않으면 안 된다. 이리하여 그는 자율적 개인의 필요조건인 수신의 덕목을 강조하게 되었다.

3) 수신론

인간사 무슨 일이든 행위 당사자가 어떤 개인이냐에 따라 결과는 달라질 수 있다. 이지는 행위 주체의 마음가짐이 옳고 정의롭다면 무슨 일을 행하든 이치나 규범에 어긋나지 않게 된다고 하였다.

> "만약 정말로 의로움을 행할 마음이 있고 또 본래가 의를 중시하는 사람이라면 종일토록 이익에 관해서만 말하더라도 그것은 또 진종일 행사한 의로움이 된다."[25]

이런 견해는 정치의 영역에서도 마찬가지로 적용되니, 이지는 사람은 도 그 자체인 까닭에 정치도 응당 사람을 기준으로 행해야 마땅하다고 생각했다. 여기서 사람이란 내가 아닌 타인이다. 다스림의 기준을 타인에 두는 것이니, 만약 '자기의 기준'(己)으로 남(人)을 억누른다면 그것은 사람을 다스리는 게 아니라 '그를 정벌'(伐之)하는 것이 되고, 따라서 '도'라고 부를 수도 없게 되어버린다. 그런데 이 세계는 폭력이 난무하고 약육강식의 논리가 지배하며 "강자는 제압하고 다수는 폭력을 행사하는" 곳이다. 따라서 정벌이 도처에서 횡행하니, 이지는 우선 천도를 헤아릴 필요가 있다고 하였다.

---

25) 상권 제10장. "若果有行義之心, 又本是重義之人, 則雖終日言利, 亦是終日行義也."

"강자와 약자, 다수와 소수라는 그 자질은 미리 정해져 있다. 강자에게 약자는 귀순해야 하니, 그러지 않으면 반드시 병탄당하게 된다. 다수는 소수가 의지하는 바이니, 기대지 않으면 바로 삼켜지게 된다. 이는 천도이니 제아무리 성인이라 한들 어찌 하늘을 거스를 수 있으랴! 지금 그대는 바로 강자의 억압과 다수의 폭력을 법으로 금지시킴으로써 그들을 다스리려 한다. 이는 천도의 규범을 거스르는 짓이고 자질 따라 돈독히 키운다는 취지와도 상반된다."[26]

노자가 말한 '천지는 어질지 않다'(天地不仁)는 명제를 이지는 보다 적극적으로 받아들였다. 그렇다면 강자와 다수가 폭력을 휘두르는 사회에서 개인이 받드는 도덕률은 어떤 내용이어야 할까? 이지는 '충서'(忠恕)의 도리에 방점을 찍었다. 그는 역지사지의 상대성에 입각한 충서의 윤리야말로 폭력이 난무하는 이 사회에서 치자가 지녀야 할 가장 기본적인 덕목이라 여겼고, 동시에 이는 사람들의 일상에도 그대로 적용되어야 한다고 일렀다.

"타인을 기준으로 사람을 다스리지 못하는 까닭은 당사자부터가 '자기로부터 비롯하여 남을 헤아리는 경지에 도달'(推己及人)하지 못했기 때문이다. 그래서 '충서'를 말하였다. 마음에서 우러나면 '충성스러워'(忠)지니, 자기 생각만 고집하지 않는 넓고 충만

---

26) 하권 제7장. "强弱衆寡, 其材定矣. 强者弱之歸, 不歸必幷之; 衆者寡之附, 不附卽吞之: 此天道也, 雖聖人其能違天乎哉! 今子乃以强凌衆暴爲法所禁, 而欲治之, 是逆天道之常, 反因材之篤."

한 마음이 된다. 이와 같이 속마음이 '너그러워져'(恕) 자기만 옳다고 고집피우지 않는 상태가 바로 상대방의 다른 생각을 수용하는 시초이다. 이른바 자기에게 시행해서 원치 않으면 남에게도 베풀지 않는다는 뜻이 바로 이것이다."[27]

『좌전』의 "관용으로 가르쳤다"(誨之以恕)는 대목에 대해 공영달(孔穎達)은 "마음이 같아지는 것이 '서'(恕)이니, 그 마음과 내 마음이 같음을 일컫는다"[28]고 해설했는데, 이지 역시 그 의미를 좇아 다른 사람의 마음과 내 마음이 어떠한지 세심하게 살피는 것이 바로 '관용'(恕)이라고 말했다.

"무릇 도라는 것은 타인도 없고 자기도 없어 둘을 별개로 구분하지 않는데, 무엇 때문에 미뤄 헤아려야 할까? 헤아림이 있다면 견해에는 여전히 자기주장이 들어 있고 도에서도 아직은 멀리 떨어진 상태이니, 다만 거기서부터 앞으로 나아가야 할 따름이렷다. 이미 추기급인이 가능해 나부터 관용의 도리를 행하려고 힘쓴다면 저절로 타인을 기준으로 사람을 다스릴 수 있게 되니, 무위의 감화가 절로 오묘하게 드러날 것이다."[29]

---

27) 하권 제6장. "其所以不能以人治人者, 由其不能推己及人耳. 故說忠恕: 中心爲忠, 自己不容, 己之實心也; 如此中心爲恕, 自己不容, 二之初念也."
28) 『좌전』 「소공」(昭公) 6년조. "如心爲恕, 謂其如己心也."
29) 하권 제6장. "夫道者, 無人無己, 何待於推? 有推則猶見有己, 於道尙遠, 但須由此進之耳. 旣能推己及人, 以行吾强恕之功, 則自能以人治人, 自妙夫無爲之化. 然世又有不能推己及人者, 則以不知反己自責之道耳."

이지는 '충서'야말로 자기로부터 미루어 남에게 이르는 '추기급인'의 다른 표현이라고 생각했다. "자기에게 베풀어보아 원치 않는 것은 남에게도 베풀지 않는 것이 옳다"[30]고 했는데, 이것이 바로 타인을 기준으로 사람을 다스리는 원리라고 풀이한 것이다. 이렇게 개인의 수신에서 발효시킨 충서는 곧바로 상호간의 윤리로 연결되니, 그 사회적 실천은 예가 되고 개인적 수신은 충서로 귀결짓게 된다.

그런데 이런 결과를 도출하기 위해선 우선 개인의 욕망을 어떻게 취급할지 그에 대한 결론이 내려질 필요가 있었다. 욕망을 어떻게 보느냐에 따라 인간은 도심을 지닌 성인이 될 수도 있고 혹은 사리사욕이나 추구하는 인심에 머물 수도 있는 때문이었다. 이지는 원천적으로 인간의 욕망을 부정하진 않았다.

"세상 사람들이 재물에 부림을 당하는 이유는 또 대부분 욕심에서 일어나지요. 마음속에 고이는 욕망은 너무나 범위가 넓고 눈·코·입·귀가 좋아하는 것은 무궁무진한 까닭에 제아무리 평범한 필부라도 재물을 모으지 않을 수가 없습니다."[31]

그는 필부필부뿐만 아니라 성인 역시 자신의 이익 때문에 움직이는 인간임을 알 필요가 있다고 하면서 "성인 또한 사람일 뿐이지. 기왕에 훌훌 털고 멀리 떠나거나 인간세상을 버리지 못한다면 자연히 먹거나 입지 않을 수 없다네. 곡기를 끊고 풀잎을 옷이라고 걸친 채

---

30) 위와 같음. "施諸己而不願, 則勿以施之於人是也."
31) 상권 제10장. "世之所以爲財役者, 亦起於多欲耳. 心志之欲太廣, 耳目口鼻之好無窮, 故雖匹夫, 亦不免於聚斂也."

제멋대로 황야에 숨어들 순 없으니 말일세."[32] 하고 말했다. 성인의 의미를 다르게 풀이하며 그 역시 욕망에 충실한 존재라고 했는데, 다만 욕망의 내용이 보통사람의 사리사욕과는 다른 인간구원의 큰 욕심이라고 구분해서 말했다.[33]

이로부터 이지는 "천리를 보존하고 인욕을 없앤다"(存天理, 滅人欲)는 이학의 강상윤리를 뒤엎고 욕망에 충실한 삶이야말로 의미 있는 도의 실천에 다름 아님을 일깨웠다. 그리고 역사에서 뛰어난 성취를 남긴 이들(백이, 강태공, 회음후 한신, 진평 등)을 일일이 거명하면서 재물과 권세는 영웅들의 필요조건이고 위대한 성인도 반드시 손에 넣고 활용한 바이니, 권세와 이익을 좇는 마음은 인간에게 부여된 자연스런 천성이라고 정의하였다. 욕망을 실현하기 위한 실천이 참된 도로 나아가는 첩경으로 뒤바뀐 것이다. 일상에 충실한 삶을 살아가는 것이야말로 도의 실체이자 전부가 되니, "벼슬과 학문은 결국 같은 말이다. 벼슬이란 어떤 일인가? 도의 실천을 그 사업으로 삼는다. 그러므로 출사해 나라를 다스리면 나라가 정돈되고 더 바깥으로 나가 천하를 경영하면 온 세상이 태평해지는데, 그것이 바로 진실한 학문(實學)"[34]이라는 결론이 가능하게 된다. "누구나 수신을 근본으로 삼아" 자신의 영역에서 알아서 할 일 하는 것이 요점인지라 매사

---

32) 위와 같음. "夫聖人亦人耳, 既不能高飛遠擧, 棄人間世, 則自不能不衣不食, 絶粒衣草而自逃荒野也."

33) 『분서』권3 「황안의 두 승려 수책에 쓰다」(書黃安二上人手冊). "사람들은 부처가 탐욕을 경계했다고 생각하지만, 나는 부처야말로 진정 큰 욕심꾸러기라고 생각한다. ……비단 석가뿐만 아니라 공자 역시 그러하셨다"(人謂佛氏戒貪, 我謂佛乃眞大貪者. ……非但釋迦, 即孔子亦然.)

34) 상권 제3장. "仕, 學, 一也. 仕何事? 以行道爲事. 是故出而治國, 則國治; 出而平天下, 則天下平, 便是實學."

정성스러운 실천이야말로 도의 참된 모습이고 자신을 그렇게 만드는 것은 도에 근접할 수 있는 최상의 방도가 되는 것이다.

위와 같은 이유로 이지는 수신의 가장 중요한 덕목으로 뜻을 정성스럽게 하는 '성의'를 강조하여 마지 않았다.

"군자에게는 뜻을 정성스럽게 하는 '성의'보다 더 중요한 일이 없다. 뜻이 정성스러우면 앞으로 밀고 나갈 수 있는 여지가 생겨난다. 이로부터 집안이 가지런해지고 나라가 다스려지며 천하가 평화로워지니, 그저 곧장 밀고 나가야 할 따름인 것이다. 그리하여 진일보 나아갈 수 있다면 그 자체가 수신이고, 그것을 다른 이에게까지 확장시키면 거기서 바로 제가와 치국과 평천하의 성과와 효력이 생겨나게 된다. 더 이상 달리 수신·제가·치국·평천하의 일이 존재하지 않게 되는 것이다."[35]

성의에 도달할 수 있는 방법으로는 자기자신을 속이지 않는 '무자기'(毋自欺)를 제시했는데, 뜻이 정성스럽지 않으면 거기서부터 자신을 속이는 기만이 비롯된다고 여긴 때문이었다.

"성인 역시 보통사람과 같으니, 그는 자신을 속이지 않을 따름이었다. 성인의 다스림에 다른 술수는 없으니, 그는 또 자신을 속이지 않는다는 이른바 '무자기'를 잘 실천하신 데 불과하다. 그렇다면

---

35) 상권 제18장. "故君子莫先於誠意焉. 意誠則有可推之地, 由此而齊家, 治國, 平天下, 直推之而已. 故能推卽是修身, 推之以及人, 卽是齊家, 治國, 平天下之功效, 再無別有修之功, 齊之功, 治之功, 平之功也."

자신을 기만하지 않음이 요체이고, 뜻을 성실하게 하는 것은 근본
이 된다. 자신을 속이면 안 된다는 독자적인 깨달음이 중요한 것이
다."36)

이지가 보기에 세상을 혼란하게 만드는 주된 원인은 진심을 가장
한 도학자나 위정자의 위선적이고 표리부동한 언행이었다. 그래서
진실하게 자신의 내면을 응시하는 정성스런 마음가짐이라야 참 인식
에 도달하고 그래야만 뜻이 성실해진다고 말했는데, 바로 자기 내면
의 충실성을 확보하지 못한 개인이야말로 사회의 기강을 확립하고
성현의 도리를 구현하는 데 가장 큰 걸림돌이라고 여긴 까닭이었다.

"무릇 지극히 성실(至誠)하면 작위가 없어지게 된다. 아직 성
(誠)의 단계에 이르지 못했다면 반드시 어떤 사물에 의해서든 진
상이 가려지게 마련이다. 진상이 가려지면 생각이 통달하지 못하
게 되고, 그러면 자기기만에서 벗어날 길이 없다. 그러므로 반드시
사물을 바르게 인식해 참된 앎에 도달한 연후라야 뜻이 성실해진
다."37)

격물치지를 거쳐 자신을 속이지 않는 상태가 되면 뜻이 정성스러
워지고 마음이 바르게 된다. 그리하여 충서에 도달하면 수신이 완성

---

36) 위와 같음. "聖人亦猶人也, 無自欺而已. 聖人之治平, 無異術也, 亦惟善推其所
謂毋自欺者而已. 則無自欺, 要矣; 意誠, 本矣. 獨知之知之不可欺, 要矣."

37) 하권 제14장. "夫至誠則無事矣. 未至於誠, 必有物以蔽之; 蔽則不亮, 而未免於
自欺. 故必物格知至, 而後意誠. 此『大學』所以言格物也. 誠之未至, 必有物以遏
之; 遏則不直, 而不能以通流. 故必致曲通碍, 而後誠至."

되어 오로지 실천에만 치중할 수 있게 된다는 것이다. 이렇게 수신에 관한 일련의 과정을 정리한 이지는 "성인은 앎(知)을 말하면 반드시 실행(行)을 언급함으로써 실천은 앎을 떠날 수 없음을 밝히셨고, 실행을 말하면 반드시 앎을 거론함으로써 앎은 실천과 분리되지 못함을 드러내셨다"[38]고 말함으로써 그 최종 목적지는 지행합일의 경지임을 다시 한번 강조하였다.

4) 귀신론

인간의 내면과 속성을 직시하는 능력이 뛰어났던 만큼 이지는 또 정신세계에 대한 관심도 지대했다. 게다가 출가자로서 초월적 세계에 대한 태도가 남달라 가까운 이의 죽음이나 종교행사를 맞게 되면 항상 인간 너머의 존재에 대해 간구하는 언사를 발하곤 하였다. 『도고록』에서도 귀신의 존재에 관한 언급이 적잖이 보이는데, 보통의 귀신론과는 달리 철저히 유자의 입장에서 귀신을 해석하였다. 끝까지 유가의 신도이길 고집한 결기의 단면일 것인데, 그는 귀신을 섬겨야 하는 이유를 『분서』에서 이렇게 설명했다.

"사람을 섬기는 것은 바로 귀신을 섬긴다는 뜻이므로 사람의 도리에 힘쓰지 않을 수가 없다. ……무릇 귀신의 도는 멀리 떨어져 있고, 사람의 도리는 가까이 있기 마련이다. 멀리 있는 것을 공경하면서 거리를 두는 이유는 그 먼 것이 가까워질 수 있음을 알기 때문이니, 이런 까닭에 백성들은 의당 지켜야 할 도리에 힘쓰면서 감히 멀리서 뭔가를 구하지 않게 된다. 가까운 것을 친근하게 여기면서 거

---

38) 하권 제4장. "聖人言知必言行, 以見行不離知; 言行必言知, 以見知不離行."

기에 힘쓰는 까닭은 그것이 가깝지만 또 멀어질 수 있음을 알기 때문이다."[39]

이지는 사람과 귀신은 다만 가깝고 먼 차이만 있을 뿐 그 섬기는 도리는 완전히 동일하다고 인식했다. 그는 삶과 죽음을 각기 다른 것으로 보지 않았다. 그래서 "삶에 죽음이 필연으로 뒤따름은 낮이 지나면 밤이 되는 것과 마찬가지 이치이다. ……나는 다만 죽음이 꼭 슬픈 일만은 아니라고 말하련다. 오직 삶만이 서러울 따름이니까. 스러지는 것을 애도하지 말고 바라건대 삶을 슬퍼하라!"[40]고 하면서 삶과 죽음은 다만 시간의 흐름에 따라 달라지는 생명의 양태일 뿐 근본은 같다고 명시하였다. 또 귀신과 인간은 드러나는 모습만이 다를 뿐이고 귀신은 보이질 않으니 그 섬기는 도리를 인간의 윤리에서 차용할 수밖에 없다고도 말했다.

"사람과 귀신을 섬기는 도리는 동일하니, 사람을 섬길 줄 모르면 귀신도 섬기질 못하는 때문이다. ……이 천지가 있어 바로 우리 인간과 귀신이 있는 것이고, 이 세계가 있기에 바로 우리 성현이 계신 것이며, 이런 성현이 계시기에 바로 그에 합당한 제사의례가 생겨났다. 만약 그 신이 없다고 한다면 성인께서 무엇 때문에 이런 제사

---

39) 『분서』권3 「귀신론」. "夫有鬼神而後有人, 故鬼神不可以不敬; 事人卽所以事鬼, 故人道不可以不務. 則凡數而瀆, 求而媚, 皆非敬之之道也. 夫神道遠, 人道邇. 遠者敬而疏之, 知其遠之近也, 是故惟務民義而不敢求之於遠. 近者親而務之, 知其邇之可遠也."

40) 『분서』권4 「스러짐에 대한 애상」(傷逝) "生之必有死也, 猶晝之必有夜也. ……吾直謂死不必傷, 唯有生乃可傷耳. 勿傷逝, 願傷生也!"

의례를 제정하여 만고후세에 남겼겠는가?"[41]

성인은 인간을 섬기는 데 온 정성을 다하기 때문에 귀신 역시 온 마음을 다해서 모신다. 즉 성인에게 귀신은 형상을 초월한 인간의 또 다른 유형이므로 성(誠)과 경(敬)의 도리를 다하는데, 이로써 성인은 신명을 잘 섬기게 되고 또 그 섬김이 경건하고도 진지하게 된다. 그러나 범인은 이런 이치를 깨닫지 못해 귀신이 바로 옆에 있어도 믿질 못하고, 그리하여 사람 섬기는 도리에도 미숙할 뿐이라는 것이다. 다시 말해 귀신이든 인간이든 섬기는 대상에 대해선 온 마음을 다하고 겸손한 자세를 취함이 요체라고 하였다.

그런데 같은 유학적 견지에서 출발하지만 이지의 귀신관은 주자와는 많이 달랐다. 주자는 '하늘이 곧 이치'(天卽理)이고, '귀신은 두 기운으로 형성된 진정한 능력'이라는 입장이었다. 그러나 이지는 그러한 이분법은 하늘에 올리는 제사를 리(理)에게 지내는 제사로 만들어버린다고 보았다. 귀신은 두 기운(二氣)으로 형성된 뛰어난 능력이라 할 수 있으니, 귀신에게 지내는 제사가 바로 그 뛰어난 능력에 바치는 제사와 같은 의미가 된다는 것이다. 리는 모든 사람이 지니고 있는 바이니 누구나 귀신을 섬기고 제사를 지낼 수 있어야 하는데, 주자의 논지에 따르자면 반드시 천자가 되거나 일정한 지위를 획득하고 난 다음이라야 하늘과 리에 제사를 지낼 수 있다. 결국 리에 지내는 제사에는 아무나 참여치 못하게 되니, 리를 리로 대접하는 일조차 백성들의 재산에 손실을 끼치고 그들을 피곤하게 만드는 결과를 초래

---

41) 하권 제10장. "人鬼一道, 不能事人以故不能事鬼. ……有此世界, 卽有此賢聖; 有此賢聖, 卽有此祀典. 使其無神, 聖人何謂而制此祀典, 以貽萬世?"

할 뿐인 것이다. 이리하여 주자의 귀신론은 신분이나 계급적 차등에 따른 사회적 질서를 유지시키는 수단으로 전락하게 되는데, 이럴 바엔 차라리 리가 없는 편이 낫다는 것이 이지의 생각이었다.

한편 이지는 또 귀신을 성명(性命)의 관점에서 파악했다. 성명은 누구나 품고 있는 생명의 빛이니, 사람은 다 똑같이 평등하다는 점을 귀신을 빌어 말한 것이다. 이지는 그런 이치를 가장 잘 설파한 이가 바로 공자 성인이라 보았고, 이는 또 인간의 궁극적 실재에 대한 깨달음이라고 하였다. 그리고 이는 말로 가르칠 수 없으니 스스로 깨달아 알 노릇이라 했는데, 그러면서 한편으론 음악을 통해 그 이치를 설명하려고 애썼다.

"신과 인간이 조화롭게 어울리고 임금과 신하가 화목할 수 있으며, 봉황이 날아와 음악에 맞춰 우짖고 뭇 짐승을 춤추게 할 수 있는 그런 부분은 결코 태사가 이해하는 영역이 아니다. ……우리 공자님이 '음악이 이렇게까지 아름다운 것인 줄은 꿈에도 몰랐다'고 말씀하시며 석 달 동안 고기맛을 잃어버린 정황과도 같다고 하겠다. 그렇다면 태사는 응당 자기 스스로 음악의 묘미를 깨달아야 하니, 그것은 공자가 말로 깨우쳐줄 수 있는 바가 아니다."[42]

인간으로서 할 수 있는 모든 노력을 경주한 뒤 문득 다가오는 깨달음의 경지를 그는 높게 평가했다. 귀신조차도 인간의 평등을 설명하

---

42) 하권 제22장. "神人而協上下, 可以儀鳳凰而舞百獸 ……吾夫子所謂'不圖爲樂之至於斯也', 聞之三月而不知肉味也. 則太師當自得之, 非夫子之所能語也. 所謂樂之所不可知者也."

기 위해 차용했지만 정신의 가장 깊은 영역에서 일어나는 활동에 대해선 말을 아꼈는데, 마지막 깨달음의 경지는 결국 각자의 몫임을 암시한 것이다.

5) 이언론

예에 관한 논의에서 이지는 백성들이 각자의 자리에서 자유롭게 발전해나갈 수 있으면 모두가 조화롭게 공존하는 상태에 이르게 된다고 하였다. 이는 정치에 관한 탁월한 통찰이지만 거기 이르는 방법이나 과정은 따로 논해야 할 문제인데, 이지는 그에 대한 해답으로 이언(邇言)을 제시했다. 치자가 백성의 마음을 알고 합당한 다스림을 펼치려면 '이언'에 귀 기울여야 한다고 이야기한 것이다. 여기서 이언은 과연 무슨 개념일까?

이언은 원래 『시경』「소아 · 소민」(小雅小旻)편의 "오직 친근한 말만 듣고, 다만 친근한 말로 다투네"(維邇言是聽, 維邇言是爭.)라는 구절에서 처음 나왔다. 이후 『중용』제6장에서 "순은 묻기를 좋아했고 이언을 살피길 좋아하였다"(舜好問, 而好察邇言)라고 하여 좋은 정치를 가리키는 어휘가 되는데, 『도고록』에선 그 함의가 더욱 확대되었다. "백성의 일상이 바로 도"(百姓日用卽道)이고 "입고 먹는 일이 바로 인륜이고 사물의 이치"(穿衣吃飯卽是人倫物理)라고 생각했던 이지는 도를 실현하는 가장 가깝고 쉬운 방도로 '이언'을 들었다. 이언은 원래 백성들이 일상생활 가운데 지껄이는 속된 말(俗語)이니 거짓 없는 마음인 '동심'에 가장 가깝게 다가서는 개념으로 여긴 것이다.

"이언이란 쉽고도 친근한 말이다. ······원래 말이 쉽고 친근하기 때문에 한때의 민심이 바로 천대 만대의 인심이 되고 고금에 걸친 똑같은 마음으로 간주된다. 불편부당한 그 마음을 일컬어 백성(民)이라 하니, 한 백성의 마음이 바로 천만 백성의 마음이 되고 온 천하는 똑같이 한 백성으로 귀착하는 것이다."[43]

이언에는 백성들의 마음이 담겼으니 그들의 본심을 알려면 '이언'을 살펴야 하고, 그것이 바로 쉽고 친근한 백성들의 일상 언어에 주의해야 하는 이유라고 하였다.

  "착한 말이 이언 가운데 들어 있다면 이언을 어떻게 살피지 않을 수 있겠는가? ……이언이 착한 말이라고 한다면 이언이 아닌 말은 반드시 착하지 않은 말이 된다. 어찌하여 그런가? 이언이 아닌 말은 백성의 마음이 아니고 백성이 원하는 바도 아닌 까닭에 착하지 않다고 보신 것이고, 그래서 악으로나 간주하였다."[44]

이러한 이언을 잘 활용해 정치에서 성공을 거둔 순임금은 고대의 어진 정치의 상징이 되었는데, 이지는 『도고록』에서 누차에 걸쳐 이를 부각시켰다.

  "순임금은 묻기를 좋아했을 따름이지만 한편으론 살피는 일도 즐기셨다. 관찰을 좋아한 것이 확실한데, 그가 살핀 것은 또 지극히

---

43) 하권 제1장. "邇言者, 近言也. ……盖言而曰近, 則一時之民心, 卽千萬世之人心, 而古今同一心也; 中而曰民, 則一民之中, 卽千萬民之中, 而天下同一民也."
44) 하권 제1장. "夫善言旣存乎邇言之中, 則邇言安可以不察乎? ……夫唯以邇言爲善, 則凡非邇言者必不善. 何者? 以其非民之中, 非民情之所欲, 故以爲不善, 故以爲惡耳."

쉽고 통속적인 이언이었다. ……관찰대상은 오로지 저자거리에서 되는대로 지껄이는 조야하고 속된 말이었다. 그런 말들은 지극히 얄팍하고 알아듣기 쉬워 윗사람은 말하지 않고 덕이 높은 군자도 즐겨 듣는 바가 아니련만, 순임금은 유독 그런 말 살피기를 좋아하셨다. 덕분에 백성들의 감춰진 아픔을 듣지 못함이 없고 진정과 거짓이 밝혀지지 않는 경우가 없었으니, 백성들이 좋아하고 미워하는 바를 빠짐없이 환히 꿰었던 것이다."[45]

또 순임금이 이언을 살펴 통치할 수 있었던 것은 그에게 사심이 없기 때문이라고 하였다.

"위대한 순임금(大舜)은 마음이 없으셨으니, 백성의 마음으로 자기 마음을 삼으셨다. 위대한 순임금은 자기만의 선(善)이 없었으니, 백성들이 지껄이는 이언을 자신의 선량한 본성으로 여기셨다."[46]

이지는 이언으로부터 거짓 없는 진실한 마음과 아울러 위정자가 백성을 위해 취해야 하는 올바른 마음가짐과 태도를 발견한다. 이익을 좇고 손해를 피하려는 마음은 모든 사람이 한결같으니, 치생(治生)을 위해 애쓰는 가운데 나온 이언은 인간의 본성과 기본적 욕구를 가장 잘 반영한 말이라고 생각한 것이다. 그는 이언을 '자연에 합일

---

45) 위와 같음. "舜好問已矣, 以又好察; 好察是矣, 而所察者又是其極邇之言. ……唯是街談巷議, 俚言野語, 至鄙至俗, 極淺極近, 上人所不道, 君子所不樂聞者, 而舜獨好察之. 以故民隱無不聞, 情僞無不燭, 民之所好, 民之所惡, 皆曉然洞徹."
46) 위와 같음. "大舜無中, 而以百姓之中爲中; 大舜無善, 而以百姓之邇言爲善."

함'(天成)이며 '뭇 사람의 지혜'(衆巧)라고 부르며 이언이 오묘한 것은 바로 이 때문이라고 주장했다. 또 순임금은 그것을 잘 살필 수 있어 고금에 걸쳐 가장 지혜로운 인물이 되었다고 칭찬하면서『분서』에서 설명한 이언의 뜻과 조응시켰다.

"재물을 좋아하고, 여색을 즐기며, 학문에 힘쓰고, 벼슬을 하며, 많은 금은보화를 모으고, 전답과 저택을 있는 대로 사들여 자손의 앞날을 설계하고, 명당자리를 널리 구해 후손의 음복을 보장하는 등등, 세상의 모든 생산 활동은 죄다 그들이 좋아하고 함께 익히는 바입니다. 또한 모두가 알고 같이 이야기하는 바이기도 한데, 이것이야말로 진짜 이언이지요."[47)

위와 같은 이유로 이지는 위선적인 경정향에게 이언의 반대편에 위치했다는 비난을 퍼붓지 않을 수 없었다.

"지금 그대의 스승이 행하는 일들은 이언에서 한 치도 벗어난 것이 없습니다. 그런데 학생에게 가르치는 바는 하나같이 도덕에 뜻을 두고, 공명을 추구하지 말며, 지위나 녹봉을 탐내면 안 되고, 얻고 잃는 것에 대해 근심해서도 안 되며, 재물이나 여색을 탐내서도 안 되고, 애첩과 토지와 저택을 많이 사들여 자손을 위해 미리 도모하지 말라는 따위뿐입니다. 모든 이언을 마치 독약이나 날카로운

---

47)『분서』권1「등명부에게 답함」(答鄧明府). "如好貨, 如好色, 如勤學, 如進取, 如多積金寶, 如多買田宅爲子孫謀, 博求風水爲兒孫福蔭, 凡世間一切治生産業等事, 皆其所共好而共習, 共知而共言者, 是眞邇言也."

칼날처럼 대해서 비단 그 말들을 잘 살피지 않는 정도에 그치지를
않는군요."[48]

　사리사욕을 채우기에 급급하면서도 말끝마다 성인과 도학을 내세
우는 경정향의 표리부동을 비판하는 것은 한편으로 이언에 부합하는
보통사람들의 삶을 찬양하는 일에 다름 아니었다.

　"이로 보건대 말로 표현했다 해서 반드시 공의 행하는 바일 리도
없고, 행하는 바는 또 공이 말하지 않은 것일 수도 있습니다. ……
이런 등등을 뒤집어 생각하면 차라리 시정의 소인배만도 못하니
그들은 자신이 직접 몸으로 때우는 일과 입으로 말하는 바가 일치
합니다. 장사치는 다만 장사에 대해서만 말하고 농사꾼은 다만 밭
가는 일만을 이야기합니다. 그들의 말은 음미할 만하고 진정 덕 있
는 내용이라 들으면 권태를 잊어버리게 됩니다."[49]

　이지는 이언이 사람과 사물이 각자 원하는 방식으로 존재함을 입
증한다고 생각했다. 그래서 이언을 잘 살핀다는 것은 예치의 달성에
불가결한 선결조건이라고 말할 수 있었던 것이다.
　이지의 경세론에서 예에서 이언에 이르는 과정은 주목할 만하다.

---

48) 위와 같음. "今令師之所以自爲者, 未嘗有一釐自背於邇言; 而所以詔學者, 則
　　必曰專志道德, 無求功名, 不可貪位慕祿也, 不可患得患失也, 不可貪貨貪色,
　　多買寵妾田宅爲子孫業也. 視一切邇言, 皆如毒藥利刃, 非但不好察之矣."
49) 『분서』 권1 「경사구에게 답함」(答耿司寇). "以此而觀, 所講者未必公之所行,
　　所行者又公之所不講, ……翻思此等, 反不如市井小夫, 身履是事, 口便說是事,
　　作生意者但說生意, 力田作者但說力田. 鑿鑿有味, 眞有德之言, 令人聽之忘厭
　　倦矣."

이는 공자의 이상과 다른 데다 "존천리, 멸인욕"하여 세상을 도덕으로 다스리겠다는 이학(理學)의 목표와도 상치되는 까닭이다. 간단하게 도식화시켜도 이념으로서 둘은 서로 대치한다. 이지는 개개인의 발전을 '예'라고 하는 자율의 틀 안에서 권장하고 이언이라는 민주적 수단을 동원해 사회의 안정과 발전을 도모하려고 생각했다. 그러나 이런 내용은 그의 시대가 용납하기 어려웠을 뿐더러 실제에서 가능한 것도 아니었기 때문에 이지가 논한 이상 사회는 예치와 이언의 개념으로나 남았을 뿐이다. 하지만 그의 자유주의 사상은 작금에 이르러 전통사회를 들여다보는 또 다른 창이 되기도 한다.

4. 수사적 특징

『도고록』은 유가경전에 관한 해설인 까닭에 『분서』처럼 자유분방한 문체로 쓰이진 않았다. 그럼에도 이지 글쓰기의 가장 큰 특징이라고 할 수 있는 거침없는 사유와 풍자의 수법은 서술에서 여전히 큰 폭으로 발휘되고 있다. 그리고 그의 글이 조준하는 대상은 누구나 그 앞에선 움츠러들게 마련인 유가의 지존들이다.

1) 중용

이지가 『도고록』에서 전통적인 유학사상에 대해 비판했을 때, 중용은 가장 먼저 그 대상이 되었다. 공자가 "중용의 덕이 지극하구나!"[50]라고 말했듯이 일종의 도덕기준이나 윤리라고 할 수 있는데, 송대의 정이(程頤)와 주희가 『예기』에서 『중용』 한 장을 추출해 『대학』과 더

---

50) 『논어』 「옹야」편. "中庸之爲德也, 其至矣乎!"

불어 '사서'(四書)로 제정한 이래 유가의 윤리·정치·철학의 기본강
령인 동시에 통치의 이론적 기초로 부상하게 되었다. 더불어 공자는
중용의 도를 선택했기 때문에 최고의 수양과 도덕을 갖춘 지성선사
(至聖先師)로 받들어졌는데, 『도고록』은 그러한 권위를 부정하고 나
선 것이다.

　　"중용이란 대체 어떤 것일까? 선택하여 지키면 살지만 택해서
　지킬 줄 모르면 결국 자신을 죽음으로 몰아넣게 된다니, 어찌 거짓
　사기가 아닐 것이랴! 오늘날 중용을 모르는 자가 떼로 많지만 어째
　서 그들은 함정으로 떠밀려 처박히지 않는 걸까? 내가 암만 생각해
　도 답을 얻을 수 없었다. 석가모니 부처는 삶과 죽음을 활용해 사람
　들에게 겁을 주셨는데, 그렇다면 우리 공자 성인께서도 생사를 역
　설하신 거라고 생각해야 하나?"[51]

이 질문은 중용을 받들어야 한다는 명제뿐만 아니라 중용 자체에
대한 부정이고 도학이 받드는 가장 높은 도덕기준에 대한 부정이기
도 하다. 그러므로 이학 전체에 대한 도전이라고 말할 수도 있을 것이
다. 중용과 공자를 싸잡아 비판한 이 같은 발언은 당시 도학의 기준으
로 봤을 때 이미 신성모독을 넘어서는 이단의 패륜일 수밖에 없었으
니, 그가 말년에 겪은 고초는 모두 이런 거침 없는 발언들과 무관하지
않았다.

---

51) 하권 제5장. "夫中庸何物也? 擇而守之則生, 不知擇而守之則遂自納於死, 豈
　非謬與! 今之不知中庸者衆矣, 何以不入於阱也? 余實思之而未得. 釋氏動以生
　死恐嚇人, 曾謂吾聖人亦言生死乎?"

2) 맹자

이지의 비판정신은 평소 맹자를 논할 때 가장 활기를 띠곤 하였다. 맹자는 "성왕이 출현하지 않으니 제후들이 방자해졌다. 민간의 처사들도 함부로 의론을 일삼아 양주와 묵적의 언론이 천하를 뒤덮게 되었다. 천하의 언론이 양주가 아니면 묵적에게 돌아가는 형세가 된 것이다. 양씨는 나의 존재에 치중하니, 이는 임금이 없는 무정부주의에 해당한다. 묵씨는 모두를 무차별하게 사랑하라 요구하므로 아비도 인정하지 않는 가족 해체주의라 하겠다. 아비도 없고 임금도 없다면 이는 금수와 다름이 없다"[52]라고 말했는데, 이에 대해 이지는 다음과 같이 비꼬았다.

"비록 작용과 수단이 제각기 다르더라도 태평성대를 불러올 수만 있다면 또한 일률적인 모양에 얽매일 필요가 무에 있겠나? 맹씨가 아비도 모르는 종자라고 묵자를 배척한 일은 너무 지나쳤으니, 이는 우임금을 배격한 것이나 마찬가지이다. 우임금은 세 번이나 자기 집 대문 앞을 지나치면서도 안으로 들어가지 않으셨다. 이는 아버지를 부인해도 너무 부인한 경우인데 어째서 그 일에 대해선 비난하지 않는가?"[53]

일반적으로 유가가 제창하는 인은 가족에서 출발한 차등적인 사랑

---

52) 『맹자』「등문공」(滕文公) 하편. "聖王不作, 諸侯放恣, 處士橫議, 楊朱、墨翟之言盈天下. 天下之言, 不歸楊, 則歸墨. 楊氏爲我, 是無君也; 墨氏兼愛, 是無父也. 無父無君, 是禽獸也."

53) 하권 제23장. "雖作用、手段, 各各不同然, 但可以致太平, 亦何必拘一律哉? 孟氏以無父闢之, 過矣, 是闢禹也. 禹過門不入者三, 是無父之甚者, 何不闢乎?"

이고 묵자의 겸애는 보편적인 사랑으로 친소와 등급을 나누지 않는다고 일컬어진다. 이지는 위의 글에서 묵자가 자신의 아버지도 공경하지 않는다고 한 맹자의 관점을 파벌의식에 좌우된 편견으로 비난하는데, 이는 맹자가 지나치게 편벽되고 도식화된 사고를 하고 있다는 인식에서 비롯된 것이었다.

> "맹씨의 학술은 어떤 정해진 논리에 집착함으로써 자기의 의견을 드날리고 죽은 언어로써 사람을 살리려 한 혐의를 벗어날 수 없다. ……만약 일정한 논리에 집착하여 죽은 책을 정리하고 간행하여 세상과 후세에 전하려 한다면, 이는 바로 '집일'(執一)이다. 그리고 집일은 도를 망친다."[54]

단일함에 집착하는 '집일'은 개인의 개성과 이견을 용납하지 않기 때문에 억압과 획일화의 온상이 된다. 집일은 이 세계의 다양한 모습을 인정하지 않고 그 규율이 되는 도를 망친다. 맹자에 대한 이지의 비판은 획일성과 아집에 대한 비판이며, 또한 당대의 도학이 공맹을 맹목적으로 추수하길 강요하는 데 대한 그 나름의 반발이기도 하였다.

3) 공자

『도고록』에는 공자에 대한 언급도 심심찮게 나타난다. 이지는 원래 유학과 공자에 대한 가장 신랄한 비판자로 알려졌고 또 그로 말미암

---

54) 『장서』 권32 「맹가전」(孟軻傳). "孟氏之學, 猶未免執定說以騁己見, 而欲以死語活人也. ……若執一定之說, 持刊定死本, 而却印行以通天下後世, 是執一也. 執一便是害道."

아 유명해진 경우이기도 했는데, 이런 측면에서 볼 때 『도고록』은 독자의 기대를 전혀 배반하지 않는다.

공자는 "의롭지 않으면서 부유하고 귀한 것은 내게는 뜬구름과 같다" 했고, "부귀함은 사람이 원하는 것이지만 바른 방도로 얻은 것이 아니라면 거기 깃들지 않는다"고도 하였다. 그러나 『논어』에는 노나라에서 겨우 석 달 대사구(大司寇)를 지내는 동안 옷차림에 관심을 쏟는 공자의 모습이 보이는데, 이지는 그런 공자를 평소 발언에 빗대 신랄하게 조소했다.

"성인께서 말씀은 비록 부귀를 '뜬구름같이 본다' 하셨지만, 일단 부귀를 획득하자 또 원래부터 부귀했던 사람처럼 처신하셨습니다. 비록 '정당한 수단으로 획득한 부귀가 아니라면 누리지 않는다'고 말씀은 하셨지만, 또 한편으로 '부귀는 누구나 욕망하는 것이라고도 말씀했지요. 이제 그분이 노나라 재상을 지내던 시절을 살펴봅시다. 고작해야 석 달 남짓이니 얼마 동안이나 그랬겠나 싶긴 하지만, 흰옷에는 고라니 가죽옷을 겹쳐 입고 누런 빛깔 윗도리는 여우 갖옷을 받쳐 입으셨으며 검은색 윗도리에는 새끼염소갖옷으로 색깔을 맞춰 입었으니, 그분은 부귀함을 한껏 즐기셨던 것입니다. 방한용 가죽옷은 한 벌만으로 만족하지 않았고, 갖옷 위에 걸치는 장옷 역시 한 세트가 아니었어요. 「향당」편에 실린 글에는 이런 종류의 내용이 허다합니다. 성인께서는 부귀를 원치 않은 적이 없었다고 생각합니다. 그런데도 부귀를 추구하면 안 된다니, 너무 지나친 말 아닌가요?"[55]

---

55) 상권 제9장. "聖人雖曰視富貴 '如浮雲', 然得之亦若固有; 雖曰 '不以其道得之,

겉치레에 이토록이나 신경 쓰는 양반이니 부귀를 뜬구름처럼 보았다는 말은 어불성설이라는 것이다. 설사 '의로움'(義)과 '도리'(道)로 부귀를 획득했다손 그것은 공자가 보통사람과 마찬가지로 부귀를 추구했음을 드러낼 뿐이니, 이는 분명 공자에게 덧씌워진 신성한 후광을 걷어내려는 조롱에 다름 아니었다. 도학자의 위선을 증오했던 이지는 일찍이 "슬프구나! 공자 역시 일개 도학을 강론하는 사람일 뿐이었으니, 어떻게 그 폐단이 지금에까지 이를 줄 알았겠는가!"[56]라고 하여 공자를 일반의 도학자나 마찬가지라고 폄하한 적이 있는데, 『도고록』의 서술은 분명 거기서 더 나아간 것이었다. 이러한 풍자는 공자로 하여금 권위와 신성을 덮어쓴 모습이 아니라 보다 인간적인 풍모로 우리 앞에 나타나게 해준다. 하지만 『도고록』이 공자를 폄훼한 것만은 아니었으니, 오히려 그 반대로 공자를 추켜세우는 대목도 수두룩하다.

"대저 성인이란 존재는 천만세 세월이 압축되어 나타난 인간 중의 오직 한 사람이시다. 그러므로 당대의 천하가 아니라 만대 유구한 시간을 두고 말씀하시니, 일반적인 세상사람 중 뛰어난 어느 한 명에 비길 바가 아닌 것이다. 누구와도 비교가 안 되는 판인데 또 어떻게 그분을 제대로 이해하겠나? 『대학』은 고인(古人)께서

則不處', 然亦曰 '富與貴是人之所欲'. 今觀其想魯也, 僅僅三月, 能幾何時, 而素衣麑裘, 黃衣狐裘, 緇衣羔裘等, 至富貴享也. 禦寒之裘, 不一而足; 裼裘之飾, 不一而襲: 凡載在『鄕黨』者, 此類多矣. 謂聖人不欲富貴, 未之有也; 而謂不當求, 不亦過乎?"

56) 『초담집』(初潭集) 권20 「도학」편. "噫! 孔尼父亦一講道學之人耳, 豈知其流弊至此乎!"

온 세상에 '밝은 덕'(明德)을 밝히려 했다고 말한다. 나는 우리 공자 선생님께서 만세에 걸쳐 밝은 덕을 밝히시려 한 거라고 생각한다."[57]

"이제 우리 공자 선생님의 경우를 살펴보자. 누가 그분을 존경하지 않으랴? 누가 그분을 친애하지 않을까? 지금으로부터 억만년 나중에까지도 그분은 존경받고 또 사랑받으시어 그 빛이 더해지는 것만 보일 뿐 쇠하는 일은 없을 것이다. 어떻게 지금의 제왕처럼 눈앞에 있으면 존경받지만 세상을 뜨면 그만이며 보이면 사랑받지만 죽으면 끝인 경우에 비할 수 있으랴?"[58]

급기야 이지는 "나 같은 자는 공부자의 도를 사숙한 경우"[59]라고 외치기에 이른다. 도학을 반대하면서 공자의 학설에 대해서도 끊임없이 의문을 제기했던 이지였지만, 『도고록』에서는 공자에 대한 찬양이 끝도 없이 이어진다. 당대뿐만 아니라 이후로도 영원히 추앙받을 것이라고 단언함으로써 공자에 대한 추숭이 "단지 세속에서 존경하는 자이기 때문만은 아니"[60]라고 했으니, 그는 진정 공자를 성인으로

---

57) 하권 제12장. "大抵聖人之人, 千萬世合爲一人之人也; 故不在天下, 則在萬世, 非世人一人之人所可比也. 旣不得而比, 而又烏得而知之哉? 『大學』言古人欲明明德於天下, 余謂吾夫子欲明明德於萬世."

58) 하권 제18장. "以今觀吾夫子, 夫孰不尊? 夫孰不親? 從今以後, 以至萬億年載, 其尊且親, 但見其有加而不替矣, 豈若當時之王, 見在則尊, 過則已, 見在則親, 過則已者所可比耶?"

59) 하권 제24장. "若我則私淑夫子之道者也."

60) 『장서』「유신전·순경」(儒臣傳荀卿)의 「이생왈」(李生曰). "但非世俗所以尊者."

존경하여 마지않았다.[61)]

공자에 대한 이런 양면적인 태도를 대체 어떻게 해석해야 할까? 얼핏 모순적으로 보이기도 하는 이런 언행은 그가 시대가 강제하는 획일적 사고에 반발하면서도 한편으론 전통이나 유학의 가치를 홀시하지 않았음을 입증한다. 그는 결코 도학과 전통적 유학을 동일시하진 않다. 기존 도학에 대한 그의 거부감은 주로 사람을 향해 발해졌는데, 이는 그가 목도한 현실적 부조리와 도학자의 표리부동이 서로 유관하기 때문이었다. 이지는 다만 공자와 경전의 권위에 편승해 자신의 이기적 속성을 옹호하고 감추려는 인간들을 미워했을 따름인 것이다. 덕분에 그의 문장에는 성인과 경전에 대한 애증이 엇갈려 나타난다. 성인의 위대함과는 별개로 그와 후학들로 말미암아 파생된 불합리한 현실을 순순히 받아들일 수 없었던 까닭이다.

이지는 우상화된 공자는 과감하게 비판했지만 유학 본연의 가치나 성인의 의미에 대해서는 전혀 다른 태도를 취하면서 끝까지 세상의 제 문제를 '도'의 범주 안에서 해석하고자 노력했다. 그리하여 공자와 그 사상으로 연결되는 고리를 끊어내기는커녕 늘 자신의 종주로 받들어 모시는 데 결코 소홀함이 없었다.

5. 맺는 말

이상으로 『도고록』의 사상적 면모와 특징을 개략적으로 살펴보았다.

---

61) 공자와 유학에 대한 이지의 존숭은 "삼교의 성인이 받든 성명의 종지가 똑같을 수밖에 없는 까닭"(三敎聖人所以同爲性命之所宗也)을 말하면서도 '삼교가 모두 유학으로 귀납된다'(三敎歸儒)는 결론을 내리고 있는 데서도 확인할 수 있다. 『속분서』 권1 「마력산에게 답함」(答馬歷山) 참조.

『도고록』은 학용이라는 유가경전을 해설한다. 다른 저작에서처럼 이지는 기존 도학의 맥락을 구태의연 답습하지 않고 보다 열린 시각에서 유학의 여러 주제를 논하고 있는데, 이는 그가 고정적인 시비관념에서 벗어나 보다 폭넓은 사상을 추구한 덕분에 가능하였다. 사유가 종횡무진이다 보니 간혹 서술상 면밀하지 못한 부분도 드러나지만, 그러나 이 같은 흠결도 그의 진실과 사유의 높은 경지를 드러내는 데 별 장애가 되진 않는다. 이지도 인간세계의 가장 기본적이면서 중요한 문제들에 관해 유가적 견지의 저술 한 권은 남기고 간 것이다.

생래적인 차등에도 불구하고 이지는 성인과 범인을 막론하여 인간이라면 누구나 삶의 의미가 동등하게 매겨진다고 생각했다. 그러므로 억압이나 속박이 없는 자유로운 상태야말로 만물의 가장 바람직한 모습이고, 그로부터 발전이 이뤄진다고 역설하였다. 힘의 논리가 지배하는 이 세계에 긴요한 것은 역지사지로 추기급인하는 충서의 도리이며 거기에 가 닿기 위해선 개인의 뜻이 정성스러워야 한다고 거듭해 천명했고, 귀신을 섬기는 도리를 통해 인간의 도리와 자세를 강조했으며, '이언'이란 개념을 통해 고대의 민본주의를 설명하기도 하였다.

이지는 명대 최고의 문장가였다. 그의 독설과 비판의식은 『도고록』에서도 변함없이 빛을 발한다. 그는 누구도 감히 비판의 대상으로 상정하지 못했던 지상의 경전과 성인에 대해 날을 세우고 의문점을 파헤쳤다. 그러나 유가사상 자체의 의의에 대해선 부인하지 않았으니, 그만큼 충실한 공자의 제자도 아마 드물 것이다. 공자의 도리를 밝히기 위해 그 공자를 밟고 넘어서길 그는 주저하지 않았다. 유가에 대한 이지의 비판에선 보다 날카롭고 묵직한 시대적 통찰이 우러난다. 그리하여 이천 년 세월 동안 누적된 유가의 폐해가 낱낱이 까발려지면서 그 내함(內涵)을 살리는 길이 다시 한번 모색될 수 있게 되었다.

정리하자면 『도고록』은 유가의 가장 중요한 명제들을 명대 최고의 지성들이 대화의 형식으로 밝혀놓은 책이다. 때문에 유학의 제 문제와 당시의 시각을 알고 싶을 때 이 책은 더없이 유용한 참고도서가 된다. 그러나 무엇보다도 『도고록』이 세상에 전하려 했던 메시지들이야말로 시공간을 떠나 보편성을 획득한 진리임을 확인하게 된다는 점에서 그 진정한 의미를 찾아볼 수 있다.

『도고록』서문 道古錄引

진천[1]은 예전에 초번[2]을 지낼 때 처음으로 나와 만났고 그때부터
가까운 사이가 되었다.[3] 지금은 산 속에서 '예'를 공부[4]하고 있는 터

---

1) 진천(晉川): 유동성(劉東星, 1538~1601), 자 자명(子明), 호는 진천, 시호는
   장정(莊靖). 산서성 심수(沁水) 출신으로 대대로 그 고을의 평상(坪上)에 살
   면서 후덕한 집안이란 칭송을 들었다. 융경(隆慶) 2년(1568) 진사가 되어 호
   광좌포정사(湖廣左布政使)·우첨도어사(右僉都御史)·공부좌시랑(工部左
   侍郎)을 지냈다. 임진왜란과 천진(天津)의 재난 때문에 물자의 원활한 수송
   이 필요해지자 하조총리(河漕總理)가 되어 호수를 파서 수로를 정비했고, 이
   런 공으로 인해 공부상서로 승진했다.『명사』권223과『명사고』(明史稿) 권
   206에 전기가 실려 있다.
2) 초번(楚藩): 호광포정사(湖廣布政使)를 가리킨다. 지금의 호북과 호남성을
   관할하는 행정단위로 이 지역이 옛 초나라 땅이고 명대에는 성(省)을 고대
   의 번왕(藩王)에 해당하는 제후국 명칭으로 불렀기 때문에 '초번'이라 한 것
   이다. 관청 소재지는 무창부(武昌府, 지금의 호북성 무한시 무창)이다.
3) 만력 19년(1591) 여름에 이지는 원굉도와 함께 무창으로 유람을 떠나 성 밖
   의 홍산사(洪山寺)에 머물고 있었다. 유동성은 평소 흠모하던 이지를 방문했
   고, 이때부터 두 사람은 막역한 사이가 된다.
4) 당시 유동성이 부친상을 당해 상례와 제례에 관한 책을 읽던 상황을 가리킨
   다.『예기』「곡례」(曲禮) 하편에 다음과 같은 구절이 보인다. "아직 장례를 치
   르지 않은 거상 중에는 상례를 공부하고, 장례를 치른 뒤에는 제례에 관한 책
   을 읽는다"(居喪未葬, 讀喪禮; 旣葬, 讀祭禮.)

라, 나는 찾아가 조문을 했다. 진천은 내가 온 것을 기뻐하며 나를 거기 머물게 했는데, 그러면서 한다는 말이 내게는 가족이나 노복이 없으니 어느 곳인들 몸을 의탁하지 못하겠냐는 것이었다. 진천은 심수(沁水) 사람이고 본가는 그곳의 평상촌(坪上村)이다. 평상은 심수현의 현청에서 백 리 정도 떨어졌는데 마을 주민이 수십 가구에도 못 미치는 자못 적막한 곳이었다. 나는 그곳의 고즈넉함이 마음에 들어 급기야는 또 거기에 눌러앉고 말았다.

날씨는 차갑고 밤은 길어 대화도 한없이 늘어지곤 하였다. 때로 내가 물으면 진천이 대답했고, 어떤 경우는 진천이 질문하고 내가 응대하기도 하였다. 만약 왕평자[5]가 그 자리에 있었더라면 몇 번이나 방바닥을 뒹굴었을지 모를 일이었다. 애석해라! 아무도 기록하는 이가 없는 까닭에 나 역시 매번 탄식이나 하고 말 뿐이었다. 진천의 아들 용상(用相)과 용건(用健)[6] 두 사람이 가끔씩 자리를 함께하여 듣다가 내심 기뻐하곤 했지만 그것도 열에 한두 경우에 지나지 않았다. 물러나면 들은 말 중에 가장 와 닿았던 부분을 죄다 기록했는데, 그다지 확실치 않은 내용은 또 누락시킨지라 말한 것에 비하면 역시 백에 한둘 정도에 불과하였다. 하지만 시간이 흐르면서 쌓인 분량은 또다시 책으로 엮을 정도가 되었다. 나는 기록을 꺼내서 반복하여 꼼꼼히 읽다가 자신도 모르는 사이 책상에 엎디어 탄식했다.

---

5) 왕평자(王平子): 왕징(王澄, 269~312). 자는 평자, 서진(西晉) 말 동진(東晉) 초기의 사람으로 형주자사를 역임했다. 위개(衛玠)의 말을 들을 때마다 매번 탄식하거나 포복절도했다는 고사가 『세설신어』「상예」(賞譽)편에 실려 있다.

6) 유용건은 자신의 조카라고 유동성 본인이 「도고록 서문」(書道古錄首)에서 밝히고 있다. 아래 문장에도 '유동성의 두 아들'(其二子)로 씌어있지만, 아마도 이지가 잘못 기록했거나 대충 뭉뚱그려 말한 경우인듯하다.

"이 기록은 바로 우리 두 사람이 등불을 밝히고 옛일과 옛날의 도를 논한 진실한 내용입니다. 마땅히 그 연유와 경과를 기록하고『명등도고록』이라 불러야겠어요. 이 책은 멀리는 주렴계[7]와 소요부[8]를 계승하기에 부족하고, 가까이로는 진백사[9]와 왕양명[10]을 잇기에 모

---

7) 주렴계(周濂溪): 주돈이(周敦頤, 1017~73). 자는 무숙(茂叔), 호는 염계. 도주영도(道州營道, 지금의 호남성 도현道縣) 사람이다. 건주통판(虔州通判)·광남동로판관(廣南東路判官)·제전형옥(提典刑獄) 등을 지냈고, 저서로『태극도설』(太極圖說)과『통서』(通書)가 있다. 정호(程顥)와 정이(程頤) 형제의 스승으로 이학(理學)의 기초를 닦았다. 시호는 원공(元公).『송사』권427·『송원학안』권11 및 12·『장서』권32 등에 사적이 보인다.

8) 소요부(邵堯夫): 소옹(邵雍, 1011~77). 자는 요부, 호는 안락선생(安樂先生), 시호는 강절(康節). 범양(范陽, 지금의 하북성 탁현涿縣) 사람이지만 어린 시절 부친을 따라 공성(共城, 지금의 하남성 휘현輝縣)에 살았고 만년에는 낙양에 거주했다. 여러 번 천거를 받았지만 고사하며 벼슬하지 않았고, 저서로『황극경세』(皇極經世)·『어초문대』(漁樵問對)·『관물내외편』(觀物內外篇)·『이천격양집』(伊川擊壤集) 등을 남겼다. 소옹은 주돈이·장재·정호·정이와 더불어 북송오자(北宋五子)로 일컬어지는 이학의 주요 사상가이다.『송사』권327에 전기가 보인다.

9) 진백사(陳白沙): 진헌장(陳獻章, 1428~1500). 자는 공보(公甫), 호는 석재(石齋), 광동의 신회현(新會縣) 백사리(白沙里) 출신이라 흔히 '백사선생'으로 일컬어진다. 진사에 급제하지 못하자 벼슬을 단념하고 귀향한 뒤 학생들을 가르치며『백사자전집』(白沙子全集)을 남겼다. 육구연의 학설을 계승하여 '마음'(心)이 우주의 본체이기 때문에 천지의 운행을 주관할뿐더러 만물을 생성한다고까지 인식했다. 마음은 육체적인 제약과 물욕에서 벗어나 그 본래 면목을 회복해야 하는데, 정좌(靜坐)를 통해 마음을 씻으면 그것이 어렴풋하게나마 드러난다고 하면서, "천지가 나로부터 세워지고 만물의 변화가 나로부터 출발하면 우주가 내 안에 있게 된다"(天地我立, 萬化我出, 而宇宙在我矣.)고 주장했다. 진헌장의 심학 체계는 주희 식의 사상적 굴레를 타파하면서 왕수인에게 대단히 큰 영향을 미쳤다.『명사』권283에 보인다.

10) 왕양명(王陽明): 왕수인(王守仁, 1472~1528). 자는 백안(伯安), 호는 양명. 절강성 여요(餘姚) 사람으로 홍치(弘治) 12년(1499) 진사가 되어 형부와 병

자랍니다. 그런데 이들 네 분 선생은 두려울 정도로 정밀하고 명쾌하시니, 저 역시 신이 나서 그 책들을 읽고 반드시 중얼대곤 하지요. '이는 등불 밝히고 읽어야 할 고대의 도에 관한 기록이구나. 이 독서는 그 문하에서 직접 가르침을 받는 것과 같으니, 진실로 우리 학파의 적통을 잇는 후학들을 그르치진 않겠구나' 하고 말입니다."

그런즉슨 진천이 나를 붙잡아 머물게 한 것도 정녕 헛짓거리만은 아니었으니, 평상촌은 이제 더 이상 적막하지 않다. 마땅히 판각하여 유통시킴으로써 세상과 후세로 하여금 우리 두 사람 및 그의 두 아들이 허투루 시간을 보내지 않았음을 알게 해야 할 노릇이려니!

진천은 성이 유씨고 이름은 동성이다. 나는 정처 없이 사방을 떠도는 나그네인지라 이름이 없다. 다만 누군가 이탁오라고 부르는 소리를 들으면 내가 이탁오인가 보다고 여기는데, 평상촌에 이르러선 또

부주사를 역임했다. 정덕(正德) 초기 환관 유근(劉瑾)의 노여움을 사 귀주(貴州)의 용장역(龍場驛)으로 유배되었고, 나중에 도찰원우부도어사(都察院右副都御史)와 남경공부상서(南京工部尙書) 등을 지냈다. 대모산(大帽山)의 농민반란·영왕(寧王) 신호(宸濠)의 난·등협요(藤峽瑤)의 난 등을 진압했는데, 명대의 문신들 중에 그보다 용병이 뛰어난 이는 없다고 한다. 신건후(新建侯)에 봉해졌으며, 시호는 문성(文成). 저서로『왕문성공전서』(王文成公全書)를 남겼다. 육구연의 학설을 발전시켜 주희와는 여러 관점에서 대립각을 세웠는데, "마음 밖에 다른 사물이 없고, 마음 밖에 다른 이치가 없다"(心外無物, 心外無理.)고 하면서 인심의 영명(靈明)이 바로 '양지'이고, 나의 양지가 없으면 천지만물이 존재하지 않는다고 주장했다. 또한 양지는 인간의 고유한 특성이므로 성인이라 더 많거나 보통사람이라고 적게 가진 게 아니므로 인간은 누구나 성인이 될 수 있다고 설파하였다. 학문은 묵좌징심(黙坐澄心)을 위주로 하였고 만년에는 치량지(致良知)의 학설을 제창하여 세칭 요강학파(姚江學派)를 형성하였다. 그의 사상은 주희와 대립각을 세우며 사상해방을 적극적으로 촉진했기 때문에 이지에게 직접적인 영향을 미쳤다.『명사』권273·『명유학안』권10 등 여러 책에 사적이 보인다.

일흔한 살 먹은 '이씨 어르신'(李老子)으로 호칭하는 자가 있기에 스스로 '이 노인'이라 지껄이기도 한다.

상권 上卷

제1장[11]

　　"『서경』의 「우서·대우모」(虞書大禹謨)편은 인심(人心)과 도심(道心)[12]이 각기 다른 두 마음이라고 말합니다. 그러나 마음이 어찌 둘

---

11) 『명등도고록』은 원래 장절이 나뉘지 않았지만, 1975년 복건성 이지저작주석조·복주소조(李贄著作注釋組·福州小組)가 제작한 『표점본』(標點本, 이하 '복건본'福建本이라 칭함)은 맥락을 분명히 하기 위해 분장을 시도했다. 『복건본』은 명대에 판각한 고대소(顧大韶) 교정의 『이씨문집』(李氏文集)을 저본으로 했는데, 2010년 5월 사회과학문헌출판사(社會科學文獻出版社)에서 나온 『이지전집주』(李贄全集注) 역시 이 체례에 의거하였다. 본서는 『이지전집주』의 형식을 따랐다. 제1장은 이지가 무엇이 '인심'이고 '도심'인가를 해석하면서 어찌해야 도심을 갖출 수 있는지를 설명한 글이다. 아울러 죽을 때까지 부지런히 공부할 것을 강조하였다.

12) 『상서』(尙書) 「우서·대우모」(虞書大禹謨)는 "사람의 마음은 불안하기만 하고, 도를 향한 마음은 미약하기만 하다. 오로지 정신을 하나로 모아 성실한 마음으로 중정中正의 도리를 지키시라"(人心惟危, 道心惟微, 惟精惟一, 允執厥中.)"고 말한다. 공영달(孔穎達)은 소(疏)에서 "인심은 온갖 근심의 주역이고, 도심은 뭇 도의 근본이 된다"(人心惟萬慮之主, 道心爲衆道之本)고 풀이했고, 주희는 인심은 인욕(人欲)이고 도심은 천리(天理)라고 여겨 「중용장구서」(中庸章句序)에서 인심은 "형상과 기질의 사사로움에서 생겨나고"(生于形氣之私) 도심은 "성명의 올바름에서 기인한다"(原于性命之正)고 해설했다. 그러면서 한편으론 "제아무리 뛰어난 인물이라도 인심이 없을 수 없고 …… 제아무리 어리석은 사람이라도 도심이 없을 수 없다. 인심과 도심은

로 나뉠 수 있는 것이겠습니까?"

나는 이렇게 생각한다.

마음은 온전히 하나이다. 다만 그 움직임을 자각하는 순간부터 각 개인에 의해 운용되는 바는 '인심'이라 일컫고, 이런 지각운동을 주재하여 하늘·땅·사람·만물의 크나큰 바탕이 되는 그것은 '도심'이라 부른다. 인심이 저마다 다른 것은 사람의 얼굴 생김새가 제각각 다른 것과도 같다.[13] 가령 기호와 욕망의 측면에서 예를 들어보자. 남방 사람은 쌀밥을 먹지만 북방인들은 조밥을 먹는다. 그런데 북쪽 사람이라도 쌀밥을 즐기는 이가 있고, 남쪽 사람이지만 또 조밥이 좋다는 자도 있을 것이다. 일곱 가지 감정(七情)[14]의 발현에 이르면 그 다름의 정도가 더욱 심해진다. 그러므로 기쁘면 온갖 초목이 환하게 빛을 내뿜게 되지만, 반대로 화가 나면 뭇 영웅의 간담을 서늘하게 만드는 경우도 있을 터이다. 즐거운 기분 한 번에 나라를 망치고 성을 무너뜨

사방 한 치의 마음 공간에 뒤섞여 있는데, 그것을 다스릴 줄 모르면 위태한 바는 더욱 위태해지고 은미한 부분은 더욱 은미해져 천리의 공적인 측면이 결국 사사로운 인욕을 누르지 못하게 되어버린다"(雖上智不能无人心 …… 雖下愚不能无道心. 二者雜於方寸之間, 而不知所以治之, 則危者愈危, 微者愈微, 而天理之公卒無以勝夫人欲之私矣.)라고 하였다. 이 글에서 이지는 인심·도심에 관해 주희와는 완전히 다른 해석을 가하고 있다.

13) 인심이 다른 것은 응당 성격이 다른 것으로 해석해야 할 듯하다. 출전은『좌전』양공(襄公) 31년조. "사람 마음이 같지 않음은 그 얼굴이 제각기 다른 것과 같다"(人心之不同, 如其面焉.)

14) 칠정(七情): 사람의 일곱 가지 감정.『예기』「예운」(禮運)편에서 다음과 같이 해설하였다. "무엇을 일컬어 칠정이라 하는가? 기쁨·노여움·슬픔·두려움·사랑·미움·욕심의 일곱 가지는 배우지 않아도 저절로 습득된다"(何謂七情? 喜怒哀懼愛惡欲, 七者不學而能.)

리기도 하며, 단 한 차례 노여움에 시체가 엎어지고 유혈이 낭자해지는 그런 경우도 있겠다. 그 위험하고 두려운 정도가 사람 마음보다 더한 것이 없으니, 어떻게 '오직 위태로울진저'라고 탄식하지 않을 수 있으랴! 내 한 몸의 안위와 나라의 흥망이 실로 거기에 매인 것이다.

무릇 도심 같은 것은 소리가 나지 않고 냄새도 없다. 보이지 않고 들을 수도 없으니, 어찌 지극히 미묘해 엿봄이나 탐색이 불가능한 이치가 아니라 하랴? 때론 위태했다가 또 미묘해지는 낱낱의 움직임에서 인심과 도심은 갈라지게 된다. 하지만 미묘한 것은 미묘한 그대로 내버려두면서 마음을 기울여 궁구할 줄 모르고, 위태한 것은 또 위태한 대로 팽개친 채 근본을 곧추세워 바로잡을 줄을 모르는구나. 이리하여 위태한 마음이 갈수록 더 위태해지니, 비단 지각운동이 바르지 않아 나라를 깨뜨리고 몸을 망치는 데 그치지 않고 종당에 가선 썩은 초목과 더불어 잿더미로 화하는 운명이 되어버린다. 설사 지각운동이 똑발라 사람들의 부러움과 호들갑스런 칭송을 받을지라도 온갖 초목이 다함께 봄을 맞는 경우에 불과할 뿐이니, 가을이면 '삶의 의지'(生意)가 또 소진하여 더 이상은 살아남지 못하게 된다. 그 마음이 위태해 사람 애간장을 태우더니 결국은 이런 지경에 도달하는 것이다. 그러므로 성인께서 신중하게 경계하는 모습은 마치 살얼음판을 디디고 깊은 연못을 마주한 듯했으니, 위험 속에서 창졸간에 죽어버려 자신이 더는 생기롭게 살아가지 못할까봐 두려워한 까닭이었다.

그렇다면 응당 어찌해야 할까? 인심은 정말 둘로 나눠지는가? 그러나 세상에 어떻게 두 마음 지닌 사람이 존재할 수 있으랴? 그렇다면 인심은 둘로 나눌 수 없는 것일까? 하지만 위태함과 미묘함이 다르고 성인과 범인이 절로 구별되는데 또 어떻게 둘로 나뉘지 않는다고 말할 수 있겠나? 둘이라 해도 맞지 않고 둘이 아니라 해도 역시 불가하니, 이렇게 해서 성인은 정일(精一)하고 은미해지는 공력[15]을 구비하게 되셨다.

태어나면서부터 아는 생지자(生知者)는 정일하고 은미할 수 있는 능력을 스스로 감지해낸다. 하지만 생지자는 절대적으로 소수이니, 그래서 그 다음으로 배워서 아는 학지자(學知者)를 친다. 학지자는 나면서부터 아는 생지자보다 열 배는 고단하다. 배워도 깨쳐지질 않으니, 그래서 그 다음 차례로 또 어려움을 겪고서야 깨닫는 곤지자(困知者)가 나온다. 곤지자는 생지자에 비해 백배는 노력해야 한다.[16] 그래서 죽을 때까지 게으를 수 없고 제대로 알 때까지 그만두지 못한다. 이렇게 해서 자기 일에 정통해지니, 어떻게 시종일관 매진하는 일이관지(一以貫之)의 최고경지에 도달하지 못함이 있으랴?

---

15) 정일하고 은미한 공력은 『중용』 제20장의 다음 문장을 가리킨다. "널리 배우고, 자세히 묻고, 신중히 생각하고, 분명하게 사리를 판별하고, 돈독하게 행하라. 차라리 배우지 않을지언정 만약 배운다면 능숙해질 때까지 포기하지 말라. 묻지 않을지언정 묻는다면 확실히 알 때까지 포기하지 말라. 생각하지 않을지언정 생각한다면 끝을 볼 때까지 그만두지 말라. 변별하지 않을지언정 만약 변별한다면 분명해질 때까지 포기하지 말라. 행하지 않을지언정 행한다면 독실해질 때까지 중단하지 말라. 남들이 한 번에 잘한다면 나는 백 번을 할 것이며, 남들이 열 번 만에 잘하게 되면 자신은 천 번을 하라. 그리하여 이런 도에 정말 익숙해질 수 있다면 어리석은 자라도 반드시 현명해지며 유약한 자라도 반드시 강건해질 것이다"(博學之, 審問之, 慎思之, 明辨之, 篤行之. 有弗學, 學之弗能弗措也; 有弗問, 問之弗知弗措也; 有弗思, 思之弗得弗措也; 有弗辨, 辨之弗明弗措也; 有弗行, 行之弗篤弗措也. 人一能之, 己百之; 人十能之, 己千之. 果能此道矣, 雖愚必明, 雖柔必強.)

16) 출전은 『논어』 「계씨」편. "공자가 말씀하셨다. 태어나면서부터 아는 자가 가장 윗길이고, 배워서 아는 자는 그 다음이며, 곤고하고 나서야 배우는 자는 또 그 아래이다. 곤고하면서도 공부하지 않는 이런 백성이야말로 가장 하수라 하겠다"(孔子曰: 生而知之者上也, 學而知之者次也, 困而學之, 又其次也. 困而不學, 民斯爲下矣.)

공자님의 한결같은 바람은 원래 배워서 아는 학지자가 되는 것이었다. 그래서 "하늘이 내게 몇 년의 수명을 더 허락하신다면 쉰 살에는 『역경』을 공부하겠다"[17]고 하면서, 내가 원래 발분하면 늙음이 곧 들이닥치는 줄도 알아채지 못한다[18]고 말씀하셨다. 그 정일함이 이와 같으니, 그래서 한 길로 매진할 수 있었고, 그리하여 요순의 도통(道統)을 잇고 만세의 중도(中道)를 꽉 붙들어 추락하지 않게 하실 수가 있었다.[19]

---

17) 출전은 『논어』「술이」편. "공자가 말씀하셨다. 하늘이 내게 몇 년의 수명을 연장해주신다면 쉰 살에는 『주역』을 배워 큰 잘못이 없게 하겠다"(子曰: 加我數年, 五十以學易, 可以無大過矣.)

18) 『논어』「술이」편. "섭공이 공자가 어떤 분인지 자로에게 물었는데, 자로는 대답하지 못했다. 공자께서 그 말을 듣고 말씀하셨다. '너 왜 이렇게 말하지 않았느냐? 그 사람됨이 발분하면 먹는 것도 잊고 즐거우면 근심을 잊어 늙음이 장차 다가오는 줄도 모른다고 말이다'"(葉公問孔子于子路, 子路不對. 子曰: '汝奚不曰: 其爲人也, 發憤忘食, 樂以忘忧, 不知老之將至云尔'.)

19) 『서경』「요왈」(堯曰)편의 '그 가운데를 꽉 붙잡는다'(允執厥中)는 대목을 인용했다. 이는 요임금이 순임금에게 전한 말로 성실하게 중정지도(中正之道)를 잘 파악하란 뜻인데, 공자는 여기에 근거해 중용의 도리를 내세우는 학설을 제기하였다.

제2장[20)

"공자는 노나라에서 벼슬살이[21)] 하면서 삼도[22)]를 허물고 래(萊)
땅의 군대를 물리치고[23)] 소정묘[24)]를 주살하셨는데, 그분의 마음씀씀

---

20) 이번 장에서는 공자와 그 제자 자공의 관계를 예로 들어 공자를 평가하였다.
21) 공자는 기원전 501~497년 노나라에서 중도재(中都宰)·사공(司空)·사구
(司寇) 등의 벼슬을 차례로 거쳤다.
22) 삼도(三都): 공자가 벼슬할 당시 노나라의 권력은 계손씨(季孫氏)·맹손씨
(孟孫氏)·숙손씨(叔孫氏)의 세 대부가 장악하고 있었는데, 공자는 왕실을
강화하기 위해 "집안에는 무기를 숨기지 않고 고을에는 백 치의 성을 쌓지
않는다"(家無藏甲, 邑無百雉之城.)는 고대의 법제(古制)에 근거해 세 가문의
성을 헐라고 요구했다. 삼환도 이를 받아들여 계손씨의 비읍(費邑)과 숙손
씨의 후읍(郈邑)은 철거했는데 맹손씨만은 가신들이 "성이 없으면 맹손씨도
존립이 불가하다"(無成, 是無孟孫也)고 뜯어말리는 바람에 공자의 뜻은 관
철되지 못했다. 노나라 군대는 성을 포위하고 공격했지만 이기질 못해 결국
그곳을 허물지 못했다. 『좌전』「정공」(定公) 12년조에 보이는 기사.
23) 노나라 정공(定公) 10년(기원전 500), 제나라 경공(齊景公)과 정공이 협곡
(夾谷, 지금의 산동성 래무시萊蕪市)에서 만났는데 노나라 측에선 공자가 예
를 주관했다. 제는 강자의 횡포로 노의 신하들을 겁박하면서 래(萊)의 주민들
에게 노나라 군주를 에워싸게 했는데, 공자는 이에 굴하지 않고 위병들을 지휘
해 반격에 나섰다. 결국 경공은 래인들을 물러가게 하고 제가 노나라에게서 빼
앗은 문양(汶陽)의 땅을 돌려줄 수밖에 없었다. 『사기』「공자세가」에 보인다.
24) 소정묘(少正卯, ?~기원전 496)는 노나라의 대부인데 언변에 능해 '유명인

이 역시 고작 이 정도였습니다. 그런데도 자공은 공자를 지극하게 받들며 칭송했지요. 선생님이 일으켜 세우시니 예가 이에 성립하고, 인도하시니 백성들이 순종하며, 위무하시니 백성들이 거기 귀순하고, 동원하니 백성들이 한마음으로 협력하며, 살아서는 영광이고, 돌아가시매 모두의 슬픔[25]이라고까지 추켜세웠습니다. 어떻게 유독 현자의 눈에만 그것이 보이는 걸까요? 성인의 역할은 정녕 보통사람이 인지하지 못하는 바란 말입니까?"

사'(閒人)로 일컬어졌다. 일설에 의하면 공자 당시 사학에서 강학을 했는데 공자의 제자들까지 유인해 강의를 듣게 했다고 한다. 노 정공 14년 공자는 대사구(大司寇)가 된 지 이레 만에 소정묘를 주살했다. 자공이 죽인 이유를 묻자, 공자는 그가 '소인배 중에서도 난 놈'(小人之桀雄)으로 '다섯 가지 악덕'(五惡)을 한 몸에 구비했기 때문이라 하였다. 오악은 그중 한 가지만 있어도 죽지 않을 수 없는데, 소정묘는 "속으론 뻔히 알면서도 음험하기 짝이 없고, 행실이 한쪽으로만 쏠리는데도 완고해 고칠 줄 모르며, 거짓말인 주제에 꼬박꼬박 논리와 근거를 들이대고, 추악한 일만 찾아 기록하면서도 범위가 해박하고, 잘못된 언행을 옹호할 뿐더러 거기다 분칠까지 하기"(心達而險, 行辟而堅, 言僞而辯, 記醜而博, 順非而澤.) 때문이란 거였다. 출전은 『순자』「유좌」(宥坐)편. 그러나 공자의 소정묘 관련 사안은 그 진위가 의심스러워 역대로 이를 우화로 간주하는 견해가 우세하였다.

25) 자공은 공자를 해와 달에 비유하며 다음과 같이 말했다. "선생님께 미칠 수 없음은 마치 하늘을 사다리 타고 올라갈 수 없는 것과도 같습니다. 선생님께서 나라를 얻어 다스리면, 이른바 '일으켜 세우시니 가르침이 이에 성립하고, 인도하시니 사람들이 순종했으며, 편안케 하시니 사람들이 따르고, 격려하시니 사람들이 이에 화목하였습니다. 그 삶은 영광이고 죽음은 슬픔이었으니, 제가 어찌 그분께 미칠 수 있겠습니까?"(夫子之不可及也, 猶天之不可階而升也. 夫子之得邦家者, 所謂立之斯立, 道之斯行, 綏之斯來, 勤之斯和. 其生也榮, 其死也哀. 如之何其可及也?) 출전은 『논어』「자장」(子張)편. 자공은 이름이 단목사(端木賜), 자가 자공이며, 위(衛)나라 출신이다. 구변이 좋고 외교적 재능이 있었으며 장사로 큰돈을 번 거부였다. 안회와 더불어 공자를 가장 잘 받든 제자로 『사기』권67 「중니제자열전」에 사적이 실려 있다.

나는 이렇게 생각한다.

래의 군대를 물리친 것은 물론 정당한 행사였다. 알려진 인사인 소정묘를 죽인 것은 대중을 현혹하는 그 행실을 미워한 때문이었고. 무릇 세 가문이 노나라 권력을 장악하니, 노의 군주는 백성이 없고 정권은 계씨(季氏)의 손으로 넘어간 지가 오래였다. 계씨는 공자를 등용할 수 있었으나 그의 도가 위대한 줄은 알지 못했으니, 애당초 삼환(三桓)은 공자를 활용할 만한 인물이 되지 못했던 것이다. 하지만 계환자의 호의는 또 거절하기 어려운 바이기도 하였다.[26]

공자가 성(成)을 헐려 하고 비(費)를 무너뜨린 행사 등은 바로 그것이 벼슬에서 몸을 빼낼 수 있는 좋은 핑계거리였던 까닭이니, 무릇 당시의 임금과 재상들에 대해 공자는 낱낱이 파악하고 계셨다. 잠시도 머물지 않고 쉼 없이 천하를 주유하셨던 것은 그의 도가 당연히 사람들과 어울려야 하고 그들로부터 벗어나면 안 되는 때문이었다.[27] 이렇게 해서 비록 상층부에는 도를 시행하지 못했지만 아랫사람들에게는 도를 밝히게 되었고, 그것으로 또 자족하셨다. 만약 한 나라를

---

26) 당시 노나라는 계환자(季桓子)가 집정하고 있었는데, 공자가 출사하기 이전 계씨의 가신 양호(陽虎)가 전권을 휘둘러 계환자를 구금하고 공자의 출사를 적극 권유한 적이 있었다. 하지만 공자는 그 말을 듣지 않았고 양호가 도망친 다음에야 출사해 중도재(中都宰)가 되었는데, 바로 계환자가 공자를 전적으로 신뢰한 때문이었다. 계환자의 후의를 거절하기 어려웠다는 말은 이 일을 가리킨다.

27) 공자가 열국을 주유할 때 은사(隱士)인 장저(長沮)와 걸닉(桀溺)을 만났는데, 그들은 자로에게 자신들처럼 세상을 피해 사는 선비(辟世之士)를 따르라고 권유했다. 공자는 이 말을 전해 듣고 한탄하면서 "사람이 새나 짐승과 무리지어 살 수는 없는 법이다. 내가 인간과 함께 도모하지 않는다면 누구랑 더불어 같이하겠느냐?"(人不能和鳥獸同群, 我不同人打交道而同誰打交道?)라고 말했다. 『논어』 「미자」(微子)편에 보인다.

다스릴 수 있었다면 그분의 경륜과 수단은 예를 가르치면 예가 자연스레 바로 서고, 도를 행하면 그 도가 절로 행해지며, 위무하면 사람들이 몰려들고, 동원해도 원망이 없으며, 살아서 영광스럽고, 죽어서는 애통하게 되었을 것이다. 확실히 자공의 말은 단지 그 스승의 행사를 높이고 칭송하기 위함만은 아니었다.

무릇 자공 역시도 세상에 눈에 차는 이가 없던 자로서 남에게 쉽게 승복하는 인물은 아니었다. 그런데 공자만은 하늘처럼 떠받들며 입에서는 칭송의 말이 끊이질 않았고, 여막을 지어 홀로 시묘살이하며 삼년이 지나서도 차마 그곳을 떠나지 못했다.[28] 그렇다면 공자가 설사 나라를 얻어 다스리더라도 자공 한 사람을 얻는 통쾌함만은 끝내 못한 것이었다. 더군다나 자공 위로는 또 증삼(曾參)과 민자건(閔子騫) 같은 큰 현인이 건재하지 않았던가! 그래서 "돌아가자! 돌아가자꾸나!"[29]라고 말씀하셨으니, 공자는 당시에 또 자로나 자공을 능가하는 뛰어난 인재를 만날 희망을 여전히 가슴속에 품고 계셨다. 하지만 그 정도의 인재도 만나기 어려운 줄은 알지 못했으니, 그래서 노나라로 돌아가겠다는 의지가 결연했던 것이다.

원래 공자가 자로와 자공을 제자로 둔 것은 한 나라를 얻어 다스리는 일보다 훨씬 나은 경우였다. 삼환의 무리 따위가 어찌 어울려 행사를 도모할 만한 부류였을까!

---

28) 공자가 죽은 뒤 제자들은 삼년간 복상하고 다들 흩어졌는데, 오직 자공만은 무덤가에 여막을 짓고 도합 육 년을 지킨 다음에야 떠났다는 기록이 『사기』「공자세가」에 실려 있다.

29) 『논어』「공야장」(公冶長)편. "돌아가자! 돌아가자꾸나! 우리 동네 젊은이들은 패기 있고 뜻이 커 찬란하게 문장을 이룰 수 있는데 어떻게 다듬어야 할지를 모르고 있구나"(歸與! 歸與! 吾黨之小子狂簡, 斐然成章. 不知所以裁之.)

제3장[30]

　"자하[31]는 '벼슬하면서 힘이 남으면 공부하고, 학문을 하고도 여력이 있으면 벼슬하라'[32]고 말했지요. 요즘 사람들 벼슬살이는 공무처리며 산더미처럼 쌓인 장부정리에 밥 먹을 틈조차 없으니 어느 겨를

---

30) 이번 장에서는 학문과 벼슬의 함의 및 그 상관관계를 밝혔다. 주희가 배운 지
　식에 의거해 벼슬하고 실제에서 응용함으로써 그 학문을 검증하라고 이른
　데 반해, 이지는 벼슬과 학문이 모두 '도의 실천'(行道)이라고 말한다. '벼슬'
　(仕)은 단지 사업으로 나타난 도의 실천(以行道爲事)일 뿐이고, '학문행위'
　(學)는 도의 실천이 배움으로 나타난 경우(以行道爲學)라는 것이다. 명덕과
　친민을 한꺼번에 거론하여 벼슬이 곧 학문이고 학문이 바로 벼슬이라 해석
　했고, 아울러 행도(行道)의 기반에서 한걸음 더 나아가 앎(知)과 실천(行),
　수신과 치국의 밀접한 관계를 강조하였다.
31) 자하(子夏): 공자의 제자 복상(卜商). 자(字)는 자하, 진(晉)나라 온(溫) 출신
　으로 고대의 문헌전적(文獻典籍)에 밝아 문학(文學)에 뛰어나다고 일컬어
　졌다. 공자 사후에는 위(魏)나라에 가서 문후(文侯)의 스승이 되었다.
32) 『논어』「자장」편에 실린 자하의 말로, 원문은 다음과 같다. "벼슬을 하면서
　힘이 남으면 학문을 하고, 학문을 하고도 힘이 남으면 벼슬을 하라"(仕而優
　則學, 學而優則仕.) 여기서 우(優)는 '남는 힘이 있다'(有餘力)로 해석한 주
　희의 견해에 따랐다. 그러나 이와는 달리 '우'를 '뛰어나다'(優長)로 풀이하
　며 "벼슬하면서 뛰어나고 싶으면 공부해야 하고, 학문에 뛰어나면 벼슬할 수
　있다"로 해석하는 형병(邢昺) 같은 경우도 있다.

에 책을 읽겠습니까? 게다가 배우는 사람이 책을 읽어 뜻을 곧게 세울 수 있고 행함에 여력이 있더라도 천거해주는 사람이 없다면 무슨 수로 벼슬을 한단 말입니까?"

질문에 대한 답변이다.

벼슬과 학문은 결국 같은 말이다. 벼슬이란 어떤 일인가? 도의 실천을 그 사업으로 삼는다. 그러므로 출사해 나라를 다스리면 나라가 정돈되고 더 바깥으로 나가 천하를 경영하면 온 세상이 태평해지는데, 그것이 바로 진실한 학문(實學)이다. 배운다면 무엇을 공부하는가? 도의 실천이 바로 학문임을 알아야 한다. 이리하여 몸을 닦으면 도가 자신에게서 행해지고 집안을 가지런히 하면 도가 가정에서 시행되니, 그것이야말로 진짜 벼슬이라 하겠다. 벼슬이 곧 학문이고, 학문은 바로 벼슬인 것이다.

벼슬과 학문은 동시에 구비되어야 하며, 애당초 외부에서 떨어지길 기다릴 일도 아니다. 벼슬과 학문을 이와 같이 담론하니, 덕분에 그 학문은 진짜 학문이 되고 그 벼슬은 진짜 벼슬이 되었다. 이런 까닭에 명덕(明德)과 친민(親民)이 한꺼번에 열거되지만 간략하면서도 명쾌하니, 흠결을 허락지 않는다는 말은 바로 이런 경우를 일컫는다 하겠다. 이것이 바로 우리 공부자의 학문이 온 세상을 아우르며 천년만년 종주가 될 수 있던 연유인데, 증자(曾子)는 이를 풀어 『대학』을 지었고 자하는 다시 그 내용을 '학우'(學優)의 논설로 펼쳐내셨다. 다 같이 공자님에게서 나온 내용이련만 지금은 강론조차 행해지질 않으니, 애석할진저!

질문이 이어졌다.

"확실히 이와 같다면 백성과 사직은 올바른 학문의 바탕이니, 자로의 언사야말로 진실한 의미가 담긴 것이라 하겠습니다.[33] 공자님은 왜 그 말을 미워하셨을까요?"

내 생각은 이렇구나.

자로의 말은 오로지 자기 의도에나 부합될 뿐이니, 그래서 공자님은 그 말을 미워하셨다. 싫어하신 까닭이야 비록 말은 그럴싸하나 뜻이 진실하지 못해서인데, 단지 구변만 좋아 말이 현란하다고 보셨던 것이다. 그래서 "말재간이나 아첨을 미워함은 그것이 의를 훼손할까 걱정스럽기 때문"[34]이라고 말씀하셨다. 시의에 맞춰 적절히 행사하면 그것을 '의'(義)라 일컫고, 의로움의 기치를 내걸고 논박으로 남들

---

33) 『논어』 「선진」편의 고사를 원용하였다. 자로가 자고(子羔, 공자의 제자 고시 高柴)를 비읍의 읍재(費宰)로 삼자, 공자는 그의 학업이 벼슬하기에는 부족하다 여겨 이를 만류했다. 이에 자로는 "백성이 있고 사직이 있습니다. 왜 꼭 책을 읽은 연후라야 배운다고 하겠습니까?"(有民人焉, 有社稷焉, 何必讀書然後爲學?)라면서 대들었는데, 그의 말인즉슨 관리노릇 하면서도 배울 수 있으니 책을 읽는 독서만 공부가 아니라는 것이었다. 자로는 또 『논어』 「미자」편에서 "누군가 벼슬하지 않으면 세상의 정의는 사라진다. 장유의 절도조차 없애면 안 되는데 군신의 의를 어찌 폐할 수 있단 말인가?"(不仕無義. 長幼之節, 不可廢也; 君臣之義, 如之何其廢之?)라고 말한 적이 있는데, 위의 질문이 언급하는 '진실한 이치'란 바로 이 말을 가리킨다.

34) 『맹자』 「진심」(盡心) 하편에 인용된 공자의 말씀이다. "(진실한 사람은) 엇비슷해도 본질은 그른 사이비를 미워한다. 가라지를 미워함은 그것이 곡식의 싹을 망칠까 염려해서이고, 아첨쟁이 간사한 자를 미워하는 것은 그가 참된 의를 어지럽힐까 염려하기 때문이다"(惡似而非者. 惡莠, 恐其亂苗也; 惡佞, 恐其亂義也.)

을 제어하면 그런 행태를 두고 '구변만 좋다'(侫)[35]고 일컫는다.

---

35) 『논어』「공야장」(公冶長)편에서 공자는 "말재주를 어디다 쓰겠다는 것이냐? 약삭빠른 구변으로 남의 말을 막으면 그 사람에게 미움이나 살 뿐이다"(焉用 侫? 禦人以口給, 屢憎於人.) 하고 말한다. 이번 장에서 이지는 비록 학문과 벼 슬이 같은 것이라고 말하지만 그것을 절대시하진 않았다. 그래서 "왜 꼭 책 을 읽은 다음이라야 배운다고 하겠습니까?"라고 하는 자로의 말에도 동의하 질 않는 것이다.

제4장[36]

유용건(劉用健)의 말이다.

"『대학』에서 말하는 '지극한 선'(至善)이란 바로 '사물을 바르게 인식'(格物)한 상태를 가리킵니다.[37] 이로부터 지선의 경지에는 원

---

36) 이번 장은 『대학』에서 말하는 '지어지선'(止於至善)과 '격물'(格物), '수신'(修身)의 관계에 대해 설명한다. 유용건이 '세상만물이 모두 헛되다'(四大皆空)는 불교식 관념으로 『대학』을 이해하면서 '물상은 없다'(無物)는 논지를 펼치자, 이지는 유교·불교·도교의 제 학설이 결국 똑같다는 '삼교귀일'(三教歸一)의 관점에 입각해 도가와 불교의 관점을 응용한 『대학』 해설을 선보인다.

37) 『대학』에서 말하는 수신의 최고경계는 사물의 이치를 탐구하는 것이다. 이 구절과 이어지는 말들은 주희가 '경'(經)으로 받든 『대학』 첫머리의 해설이며, 그 전문은 다음과 같다. "큰 배움의 길은 자신에게 품수된 밝은 덕을 밝히고, 백성을 사랑하며, 사람을 혁신시켜 지극히 선한 경지에까지 도달하는 데 있다. 멈춤을 알아야 방향이 정해지고, 정해진 방향이 있어야 고요할 수 있으며, 고요한 다음이라야 편안해지고, 편안한 다음이라야 생각하게 되며, 생각하고 나서야 깨달음을 얻어 지선에 도달할 수 있다. 사물에는 근본과 가지가 있고, 일에는 끝과 시작이 있다. 앞서고 뒤처지는 바가 무엇인지 가릴 줄 알아야 도에 가까이 다가갈 수 있다. 예로부터 밝은 덕을 천하에 밝히고 싶은 사람은 먼저 그 나라를 다스렸고, 그 나라를 다스리고 싶은 사람은 먼저 그 집안을 다스렸으며, 자기 집안을 다스리려는 사람은 먼저 자기 몸을 닦아 바로잡았다. 자기 몸을 닦고 싶은 이는 먼저 그 마음을 바르게 했고, 자기 마음

래 사물이 존재하지 않음을 알 수 있지요. 그러므로 지선에 도달한다는 것은 멈춰야 할 곳(지선의 경지)이 어딘지 아는 일입니다. 하지만 반드시 격물을 거친 연후라야 그런 앎에 이르게 되지요.[38] 앎에 도달하면 멈춰야 할 곳을 깨닫게 되면서 아무것 없이 텅 비었던 나의 본원이 충실해집니다. 그래서 격물이 중요하지요. 하지만 이미 '격물'을 말해놓고 다시 '사물에는 근본과 곁가지가 있다'(物有本末)고 하였습니다. 그리고 또다시 '천자부터 평민에 이르기까지 일괄하여 모두가 수신을 근본으로 삼아야 한다'고도 말하는군요. 이유가 무엇일까요? 몸을 본받는다 했으니 몸은 바로 사물입니다. 그러므로 몸을 닦

을 바로하고 싶은 이는 먼저 그 뜻을 성실하게 했으며, 그 뜻을 성실하게 하고 싶은 이는 먼저 그 앎을 이루었고, 그 앎을 이루고 싶은 이는 먼저 사물을 바르게 인식하였다. 사물이 바르게 인식되면 앎에 이르게 되고, 앎에 이르면 뜻이 성실해지고, 뜻이 성실해지면 마음이 바르게 되고, 마음이 바르면 몸이 올바르게 닦인다. 자기 몸이 닦아지면 집안이 가지런해지고, 집안이 정돈되면 나라가 다스려지며, 나라가 다스려지면 천하가 평정된다. 그러므로 천자에서 평민에 이르기까지 누구나 똑같이 수신을 근본으로 삼아야 한다. 근본인 자신도 다스리지 못하는 주제에 국가나 천하를 다스리겠다는 생각은 틀려먹었다. 중요한 수신은 가볍게 보고 말단인 국가경영은 첫머리에 놓아서 천하가 잘 다스려진 적은 있지를 않았다"(大學之道, 在明明德, 在親民, 在止於至善. 知止而後有定; 定而後能靜; 靜而後能安; 安而後能慮; 慮而後能得. 物有本末, 事有終始, 知所先後, 則近道矣. 古之欲明明德於天下者, 先治其國; 欲治其國者, 先齊其家; 欲齊其家者, 先修其身; 欲修其身者, 先正其心; 欲正其心者, 先誠其意; 欲誠其意者, 先致其知, 致知在格物. 物格而後知至, 知至而後意誠, 意誠而後心正, 心正而後身修, 身修而後家齊, 家齊而後國治, 國治而後天下平. 自天子以至於庶人, 壹是皆以修身爲本. 其本亂而末治者否矣; 其所厚者薄, 而其所薄者厚, 未之有也.)

38) 깊고 투철하게 이해한다는 뜻. 『대학장구』의 집주에서 주희는 "앎에 이른다는 것은 내 마음이 아는 바에 미진한 구석이 없다"(知至者, 吾心之所知無不盡也)는 의미라고 설명하였다.

는다는 것은 바로 몸이라는 사물을 닦는다는 뜻이 되지요. 이 사물을 어떻게 제거할 수 있겠습니까? 이미 몸을 갖고 있는데 또 그것을 없애는 일이 어찌 마땅하다 하겠는지요?"[39]

나는 이렇게 생각한다.

이 몸은 원래 물상[40]이 없다. 사람이 단지 사물을 보는 관점으로 그것을 대하니 보이는 것이 생기고, 그래서 몸이 있다고 여기게 되었을 뿐이다. 기왕에 몸뚱이가 있는 줄 아는지라 나라는 존재가 보이게 되고, 내 존재를 알면 타인의 모습도 보이게 된다. 타인과 나 자신 피차간이 눈앞에서 어지럽게 뒤섞이면 물상이 떼로 넘쳐나게 되니, 그걸 어떻게 감당하겠나! 사람들로 하여금 일곱 번 넘어지고 여덟 번 거꾸러지게 하는 것은 죄다 사물이라, 그래서 성인은 사물을 궁구하셨다. 그걸 어떻게 궁구하셨냐고? 성인은 온 세상 사람의 몸뚱이를 자기 한 사람의 몸으로 아셨으니, 그분에게 타인은 또 다른 나 자신이었다. 내 몸이 바로 온 천하 사람의 몸이라고 인지하셨으니, 내가 곧 타인이기도 했던 것이다.[41] 이렇게 해서 위로 천자부터 아래로는 평민에 이르

---

39) 불가에서는 '모든 것이 헛되다'(四大皆空)고 인식하며, 일체의 물상(物相)은 죄다 허망(虛妄)하고 이 몸 역시 내 것이 아님을 반드시 간파해야 한다고 말한다. 그런데 유용건이 보기엔 『대학』은 이미 수신을 말함으로써 몸의 이치를 탐색하고 장애물을 없애는 방법을 설파하고 있다. 게다가 몸이 이미 존재하니 그것을 배제함은 옳지 않은 것이다. 『대학』의 '수신' 담론은 불가의 '무물'(無物) 사상과 서로 배치되는 까닭에 나온 질문이라 하겠다.

40) 물상(物相): 눈에 보이는 물체의 형상이나 사물이 드러내는 현상. 인간이란 존재에 기대지 않고 존재하며 형상·안색·소리·맛 등을 지녀 구체적으로 느낄 수 있는 것을 가리킨다.

41) 성인에 관한 이 같은 담론은 도가에서 연원한다. 『장자』「제물론」(齊物論)에 "이것은 또 저것이고 저것은 또 이것이다"(是亦彼也, 彼亦是也.); "천지는 나

기까지 두루 한 몸이 되어 통하게 하였다. 이런 연유로 제아무리 미천한 평민일지라도 누구나 빠짐없이 천하에 명덕(明德)을 밝히게 되니, 백성과 친하다는 것(親民)은 그 명덕을 밝히는 일인 것이다. 무릇 내 한 몸을 닦음으로써 내 허환(虛幻)한 형체가 존립하게 되니, 나의 수양 아닌 수양(無修之修)[42]으로 밝아진 덕분이렷다. 만약 사물이 있다면 자기의 몸도 있고, 몸뚱이가 있다면 마음속의 자아도 존재하는 것이니, 어찌해야 몸이 잘 닦여질 수 있을까?

용건이 다시 물었다.

"말씀대로라면 물상이 없는 나의 본원을 잘 보전하고 내 태허[43]의 형체를 회복하는 것이야말로 『대학』의 도가 되겠군요. 다만 '도'라 부르지 않고 '도에 가깝다'(近道)고 말한 것은 또 무슨 까닭인지요?"

내 대답은 이러하다.

와 더불어 함께 살아가고, 만물의 다양함도 나와 더불어 하나가 된다"(天地與我並生, 而萬物與我爲一.)는 구절이 보인다. 주희는 이를 『중용장구』 집주에서 "천지만물은 본시 나와 한 몸을 이룬다"(蓋天地萬物本吾一體)는 사상으로 발전시켰고, 왕수인 역시 "천지만물은 한 몸"(天地萬物一體)이라고 주장한 바 있다.

42) 무수지수(無修之修): 수양에 매달리지 않는 수양. 도가사상은 유의(有意)·유욕(有欲)·유위(有爲)에 반대하며 무위이치(無爲而治)·순기자연(順其自然)·자연천성(自然天成)을 주장한다. 개인뿐만 아니라 사회에 대해서도 마찬가지인 까닭에 수양이 아닌 수양을 얘기한 것이다.

43) 태허(太虛): 공적허무(空寂虛無)의 경계. 이 글에서는 허무(虛無)하고 허환(虛幻)함을 일컫는다. 『장자』 「지북유」(知北游)편에서 다음과 같이 처음으로 쓰였다. "이런 까닭에 곤륜 같은 높은 경지는 이르지 못하며, 태허의 자유로운 세계에서 노닐지도 못한다"(是以不過乎崑崙, 不游乎太虛.)

우리 성인께선 사람들을 물상이 있는 상태에서 없는 상태로 나아가길 바라셨으니, 유물(有物)이 바로 무물(無物)임을 알아보신 때문이었다. 이리하여 물상이 없는 무물(無物)로 통할 수 있으면 사물 자체가 곧 도(道)가 되니, 그러면 사물이 존재하는 데 무슨 어려움이 있겠나! 만약 물상이 없는 상태로 옮겨갈 수 없다면 사물은 여전히 사물일 뿐인지라, 아직은 도를 말할 만한 단계가 아니다. 그래서 물질(物)을 말하고 일(事)을 논하고 가까움(近)을 거론했는데, 그게 다 위와 같은 까닭이었다.

무릇 천하에는 오직 사물과 일(사업)만 존재할 뿐이다. 사물인즉슨 근본과 말단이 있지만 도에 어떻게 본말이 있겠는가? 만약 도에도 본말이 있다고 한다면 그 말은 틀려먹었다.[44] 일에는 끝과 시작이 있지만 도야 무슨 끝이며 시작이 있겠나? 만약 도에도 끝과 시작이 있다고 지껄인다면 그 말도 도리에 어긋난다.[45] 그저 무엇이 먼저고 나중이어야 하는지 알 수 있다면 도에 거의 근접한 것이다.

---

44) 『노자』 제14장과 41장에서 도(道)는 무형무상(無形無狀)이며 만물을 구성하는 기본재료로 설명된다. 도 자체는 근본이나 끝이 없다는 것이다.

45) 도가는 도가 어디에나 존재하며 시작과 끝이 없다고 인식한다. 『장자』 「대종사」(大宗師)에 "대저 도라는 것은 ……스스로 모든 존재의 근본이 되는데, 천지가 아직 생기기 전부터 존재해왔다. 귀신과 하느님을 신령하게 만들고, 하늘과 땅을 낳는다. 태극보다 앞서지만 높다고 여기지 않고, 육극보다 아래에 있지만 깊다고 생각하지 않는다. 천지보다 먼저 생겼지만 오래되었다 여기지 않고, 상고의 옛날보다 더 오래 존재했지만 늙었다고 생각하지 않는다"(夫道, ……自本自根, 未有天地, 自古以固存; 神鬼神帝, 生天生地; 在太極之先而不爲高, 在六極之下而不爲深; 先天地生而不爲久, 長於上古而不爲老.)는 구절이 보이고, 「제물론」에도 같은 취지의 글이 다음과 같이 실려 있다. "시작이 있으면 그 앞에 '아직 시작되지 않음'이 있고, 또 그 앞에 '아직 시작되지 않음의 이전'이 있다"(有始也者, 有未始有始也者, 有未始有夫未始有始也者.)

대저 사물의 세계에선 설사 말단에서 출발했더라도 그 근본을 먼저 탐색할 수 있다. 그렇다면 근본에서 출발했더라도 거듭 앞질러서 큰 근본(大本)에 도달하길 추구한들 어찌 안 될 것이랴? 일에서도 마찬가지이다. 설사 끝에서 출발했더라도 그 시초를 먼저 탐색할 수 있는 법이다. 그렇다면 시초로부터 출발해 다시금 그보다 앞선 시원조차 없는(無始)[46] 상태를 탐색하는 일이 어찌 아니 된다 하겠나? 큰 근본을 알고 시원조차 없는 상태를 아는 것이야말로 '무엇이 먼저고 나중인지 감지하는'(知所先後) 그 마음이 만들어내는 작용이다. 나는 그래서 이렇게 생각한다. 성인은 사람들이 사물이 있는 상태로부터 상승하여 사물이 없는 상태에 도달하길 바라셨다고 말이다. 사물이 없는 상태(無物)을 말하지 않고 다만 사물을 탐구하라(格物)고 말씀하신 것도 그래서였다.

---

46) 무시(無始): 아직 시작이 없는 단계. 즉 형적(形迹)이나 표현(表現)이 아직 보이지 않는 초창기 상태를 가리킨다.

제5장[47]

용건의 말이다.

"『대학』「평천하」(平天下)장은 천하를 어떻게 다스릴지에 대해선 일언반구가 없습니다. 응당 어떻게 해야 백성들 사이에 효심이 일어나고 공경심이 발흥되며 배반하지 않게 되는지에 대해서도 말하지 않았지요. 그리고 다만 노인을 노인 대접해주고 어른을 어른으로 인정하며 외로운 이들을 어떻게 구휼할 것인지에 대해서만 말합니다. 이는 누구라도 세상을 안정시키고 싶다면 오직 자기 자신을 효성스럽고 우애로우며 자비롭게 만들라는 것이지요. 오로지 한 길로 수신을 근본으로 삼는 것만이 바로 평천하임을 알 수가 있습니다.

「치국」(治國)을 말하면서는 나라를 어떻게 다스려야 마땅한지 언급하지 않았습니다. 어떻게 임금을 섬겨야 온당한지, 어떻게 어른을 섬겨야 하는지, 어떻게 군중을 부려야 할지도 말하지 않았지요. 그리고 다만 효와 공경과 자애로움에 대해서만 말했습니다. 누군가 나라를 잘 다스리고 싶다면 오직 그 자신이 효와 공경과 자애로움을 실행할 수 있어야 합니다.

---

47) 이번 장 역시 계속해서 '수신'의 문제를 탐구한다.

「제가」(齊家)장에 이르러서도 어떻게 해야 가정이 가지런해진다고는 말하지 않았습니다. 어찌해야 아비가 아비답고 아들은 아들답게 되며, 형은 형답고 아우는 아우답게 되고, 남편은 남편답고 아내가 아내답게 되는지에 대해서도 언급하지 않았지요. 그리고 단지 '사람은 누구나 자기 자식의 허물을 알지 못하고, 자기 집 묘목의 성장을 알아채지 못한다'[48]고만 말했습니다. 만약 좋아하면서도 단점을 알고 미워하면서도 장점을 간파할 수 있어 지나치게 편애하지 않고 탐욕부리지 않는다면 제 스스로 편벽됨을 제거할 수 있으니, 저절로 몸이 닦아지면서 동시에 집안은 가지런해지지 않음이 없습니다. 그러니 누구든 집안을 잘 다스리고 싶다면 그 방법은 오로지 자기 몸을 사랑·미움·외경·동정심·게으름에 치우치지 않게 함으로써 효성·우애·자비로움이라는 나의 본성에 순종하면 그만일 뿐이지요. 오직 한 길로 수신을 근본으로 삼는 그 자체가 바로 제가임을 또한 알 수가 있습니다.

　「수신」(修身)장에 이르러서도 몸을 닦는 방법에 대해선 달리 이야기가 없습니다. 오직 분노·즐거움·두려움·근심 같은 몇 가지 마음

---

48) 『대학』 제8장. "이른바 그 집안을 가지런히 하는 것이 그 몸을 닦는 데 있다는 말은 다음과 같은 뜻이다. 사람은 누구나 친애하는 바에 편향이 있거나, 경멸하고 미워하는 바에 편향이 있고, 외경하는 바에 편향이 있으며, 불쌍히 여기는 바에 편향이 있고, 오만하고 게으른 바에 편향이 있다. 그래서 좋아하지만 단점을 알고 미워하더라도 장점을 파악하는 자는 세상에 드물다. 속담에 이런 말이 있다. '사람은 자기 자식의 결점을 알 수 없고, 자기 집 묘목이 자라는 것을 알지 못한다.' 이는 자기 몸을 닦지 않으면 그 집안도 가지런히 할 수 없음을 일컫는다"(所謂齊其家在修其身者: 人之其所親愛而辟焉, 之其所賤惡而辟焉, 之其所畏敬而辟焉, 之其所哀矜而辟焉, 之其所敖惰而辟焉. 故好而知其惡, 惡而知其美者, 天下鮮矣! 故諺有之曰: '人莫知其子之惡, 莫知其苗之碩.' 此謂身不修不可以齊其家.)

에 대해서만 이야기할 따름이지요. 분노가 없으면 저절로 천박한 미움과 오만한 게으름에 빠지지 않게 됩니다. 좋아함에 집착이 없다면 사랑에도 물론 편향이 없게 되지요. 두려움이 없다면 외경에도 치우침이 없을 것이고, 근심이 없다면 연민에도 당연히 편벽됨이 없을 것입니다. 마음이 바르면 몸이 절로 닦이고 집안도 저절로 가지런해지는데, 그것은 제가의 도리로써 내 몸을 닦기 때문이지요. 그러므로 가정을 떠나서는 몸을 닦는 방도가 따로 있을 수 없습니다. 수신의 도리로써 내 마음을 바로잡으니, 이 몸을 떠나선 마음을 반듯하게 할 방법이 또 따로 없는 것입니다. 그래서 "하나같이 모두 수신을 근본으로 삼는다"고 말하였습니다. 천자로부터 공후(公侯)와 경대부(卿大夫)에 이르기까지 모두 나라와 천하를 위임받고 있으니, 그 근본은 수신에 있는 것이 옳겠지요. 하지만 일반 평민의 경우에 이르면 그 외로운 형세가 제 한 몸뚱이와 일개 가정뿐이니, 그에게 나라와 천하가 무슨 상관이겠습니까? 그런데도 통틀어서 '일괄적으로'(壹是)라고 말한 이유가 대체 무엇일까요? 게다가 이미 '일괄해서'라고 말했으므로 평민과 천자는 똑같이 동등합니다. 온 세상을 통틀어 근본을 안 닦아도 되는 이가 하나도 없고, 그 근본을 먼저 세움이 당치 않은 이가 또한 사람도 없는 거지요. 저는 이를 두고 의구심을 품지 않은 적이 없습니다.

지금 천하를 둘러보면 평민인 자들은 자기비하가 너무나 심합니다. 자신을 지나치게 낮추다보니 제 스스로 나는 근본을 단정히 할 책임이 없다고 지껄이며 그 몸이 편벽에 빠져도 돌아보질 않는군요. 천자 자리에 앉아있는 자는 자신을 너무 높이 추켜세웁니다. 과시가 지나치다보니 자기는 통제하고 조종하는 권한을 쥐었다고 으스대며 평민들을 땅강아지나 개미처럼 깔보고 구휼하지도 않습니다. 천자조차

도 수신을 근본으로 삼지 않는 마당인데, 하물며 일반 평민이야 나위가 있겠습니까?"

질문에 대하여 나는 이렇게 답했다.

"천자에게는 치국과 평천하의 책임이 있으니, 정녕 수신제가를 근본으로 삼아야 마땅하다. 평민들 같으면 비록 치국·평천하의 책임은 없다지만 또 저마다 가정이 있고 각자 몸뚱이가 있으니 어떻게 수신하여 집안을 가지런히 하지 않을 수 있으랴? 만약 집안이 가지런하지 못하다면 재앙과 실패가 당장에 들이닥쳐 제 몸뚱이조차 보전할 수 없고 가정을 지키지 못할 형편으로 전락하니, 또 어떻게 수신을 근본으로 삼지 않을 수 있으랴? 그러므로 제가는 수신으로부터 관찰되는데, 천자든 평민이든 누구나 똑같아 구별이 없다. 이로부터 추론하건대 치국과 평천하는 단지 수신을 잘하는 데서 결판날 뿐으로, 치국·평천하의 방법이 따로 있는 것은 아니다."

용건이 다시 말했다.

"기왕지사 말씀과 같다면 평천하는 그저 노인을 노인 대접하고 어른을 어른 대접하며 외로운 이들을 구휼함으로써 효심과 공경과 자애라는 세 가지 덕목에 진력하면 충분할 것입니다. 왜 굳이 또 한편으로 이재(理財)⁴⁹)를 말하고 다시 용인(用人)⁵⁰)을 이야기해 허다한 행

---

49) 『대학』 제11장의 다음 내용을 가리킨다. "국가재정의 증식에는 바른 도가 있다. 생산자의 숫자는 많고 소비하는 자는 적게 하며, 생산자는 부지런히 움직이게 하고 세금을 쓰는 일은 되도록 천천히 한다. 그러면 재물이 항상 풍족할 것이다. 어진 사람은 재물 덕분에 자신을 드날리는데, 어질지 못한 이는 자기 몸을 망쳐 재물을 모은다. 군주가 어질면 의로움을 좋아하지 않는 백성이 없

정사무를 보태는 것인지요?"

내 대답은 다음과 같았다.

"자네는 그저 「평천하장」(平天下章)이 또 용인을 말하고 다시금 이재까지 언급한 줄만 알지 정치는 사람에게 달린 줄을 모르는군. 사람을 쓰는 것은 자신에게 달린지라, 용인 역시 수신을 근본으로 삼는다네. 재정을 증식하는 방도가 있어 재물이 항상 풍족하더라도 이재 역시 수신의 큰 도리에서 벗어날 수 없는 것이지. 한 가지씩 차례대로 이야기하면 되겠나?

우선은 닭과 돼지를 길러서 생길 이익을 살피지 않고, 소와 양을 키우지 않으며, 백성의 재물을 긁어모을 신하를 두지 말라고 하였네. 오직 인(仁)을 좋아하고 의로움(義)을 사랑하며 백성과 더불어 기쁨과 아픔을 함께한다면 곳간은 절로 채워진다 하였지. 그러면 거기다 대고 이재(理財)라는 이름을 붙여도 실제로는 공공성에 입각한 이재가 되고, 명목상 재화의 생산이라 부르더라도 사실은 재물을 뿌려 백성

게 되고, 의롭게 일을 하는데 그 끝맺음이 잘 안 되는 경우도 있지 않으며, 국고에 축적된 재화가 그 나라와 백성의 재물이 아닌 경우도 생기지 않는다" (生財有大道. 生之者衆, 食之者寡, 爲之者疾, 用之者舒, 則財恒足矣. 仁者以財發身, 不仁者以身發財. 未有上好仁而下不好義者也, 未有好義其事不終者也, 未有府庫財非其財者也.)

50) 역시 『대학』의 같은 장에 나오는 내용. "군주가 어진 이를 발견하고도 등용할 줄 모르고, 설사 등용했더라도 그를 앞장세우지 못한다면 그것은 태만이다. 착하지 못한 자를 보고도 물리칠 줄 모르고, 물리친 다음에도 더 멀리 내치지 못한다면 그것은 군주의 잘못이다"(見賢而不能擧, 擧而不能先, 命也; 見不善而不能退, 退而不能遠, 過也.) 이 구절의 '명'(命) 자에 대해 동한의 정현(鄭玄)은 '만'(慢)의 오자로 여겼다. 여기서도 그의 해석에 따랐다.

들을 이롭게 하는 행위가 될 뿐이네.[51] 이렇게 하면 이재가 바로 수신하는 방도가 되니, 어떻게 사고가 발생할 수 있겠나? 성실하여 별다른 기교를 부리지 않고, 마음이 너그러워 다른 이를 포용하는 도량이 있어야 한다고도 했지. 다른 사람에게 재주가 있으면 그 재주가 자기 것인 양 기뻐하고, 남이 준수하고 총명하면 진정으로 그를 좋아할 줄도 알아야 한다네. 이를 두고 용인(用人)이라 부르지만 기실은 감히 자기만 옳다고 내세우지 않음이고, 명목상으로는 인재 선발이라 불러도 그 실상은 남들이 좋아하는 바를 자기도 좋아하는 것일 따름이라네.[52] 이렇게만 한다면 용인 역시 수신의 방도가 되니, 어디서 또 재앙이 생겨나겠는가? 그래서 '누구나 똑같이 수신을 근본으로 삼아야 한다'고 말씀하신 것일세."

---

51) 같은 장에 나오는 노나라 대부 맹헌자(孟獻子)의 말을 인용하고 있다. "사두마차를 탈 수 있는 사대부 집안에선 닭과 돼지를 키워 생길 수 있는 이익을 따지면 안 된다. 제사에서 얼음을 쓸 수 있는 경대부 집안에선 소나 양을 키워 이익을 도모하지 않는다. 수레를 백 대나 가진 제후의 집에서는 백성의 재물을 착취하는 가신을 키우면 안 된다. 세금을 무겁게 걷는 신하를 둘 바에는 차라리 도둑질하는 신하를 두는 편이 낫다"(畜馬乘不察於雞豚, 伐冰之家, 不畜牛羊; 百乘之家, 不畜聚斂之臣. 與其有聚斂之臣, 寧有盜臣.)

52) 같은 장에 보이는 『상서』 「진서」(秦誓)의 내용을 인용하였다. "만약 다음과 같은 대신이 있다고 치자. 성실하지만 특별한 재주가 없고, 그 마음은 너그러워 남을 포용하는 도량이 있다. 남에게 능력이 있으면 자기에게 있는 양 기뻐하고, 남이 지혜와 덕을 겸비했다면 진심으로 그를 좋아해 말로만 그치지 않고 실제로도 그를 용납한다. 이런 인물을 기용하면 내 자손과 백성들을 보호할 수 있을 것이고 게다가 이익까지도 생겨나리라!"(若有一个臣, 斷斷兮無他技, 其心休休焉, 其如有容焉. 人之有技, 若己有之; 人之彦聖. 其心好之, 不啻若自其口出. 實能容之, 以能保我子孫黎民, 尚亦有利哉!)

제6장[53]

회림[54]의 말이다.

"사람들은 모두 부처님께서 '마음을 밝히라'(明心)[55]고 가르치셨다 말하는데, 공자님만큼 심성을 잘 밝혀낸 이가 없다는 걸 대체 누가 알까요! 『대학』「정심장」(正心章)[56]은 분명코 심성의 의미를 밝히는

---

53) 이번 장에서는 불교의 관점으로 『대학』에서 말하는 '정심'(正心)에 관해 토론한다.

54) 회림(懷林): 용담(龍潭)의 지불원(芝佛院) 승려들 중에서 이지가 가장 총애하던 제자. 이 책의 토론이 이뤄지던 당시도 이지를 따라와 심수(沁水)에서 그의 시중을 들고 있었다. 하지만 이 글이 쓰인 다음 해 만력 25년(1597)에 이지는 '곡! 회림'(哭懷林)이라는 4수의 시를 짓는다. 아마도 그 전해 가을이나 이 해 봄에 병들어 용담으로 돌아간 뒤 거기서 사망한 듯하다.

55) 명심(明心): 불교용어. 세속의 모든 잡념을 내버리고 잡념 때문에 잃어버린 본성을 깨닫는 것을 말한다.

56) 주희의 『대학장구』에서 전(傳)의 제7장. 전문은 다음과 같다. "이른바 수신이 자기 마음을 바르게 하는 데 달렸다 함은 다음과 같은 뜻이다. 내 몸에 분노가 있으면 마음을 바르게 할 수 없고, 두려움이 있어도 마음이 바로 될 수 없으며, 편애함이 있으면 마음이 반듯할 수 없고, 근심이 있어도 마음을 단정하게 할 수가 없다. 마음이 어지러우면 집중하지 못하니, 보아도 보이지 않고 들어도 들리지 않으며 먹어도 그 맛을 알지 못한다. 이를 두고 수신은 그 마음을 바르게 함에 있다고 일컫는다"(所謂修身在正其心者: 身有所忿懷, 則

내용입니다.

마음에는 본래 물상이 없습니다.[57] 만약 분노 등의 감정이 맺힌다면 마음속에 뭔가가 들어있는 거지요. 사물이 마음속에 들었는데 어떻게 다른 사물을 받아들일 수가 있겠습니까? 더군다나 이미 분노하는 바에 휘둘리고 있다면 분노가 내 마음속에 도사린 격이라, 좋아하고 즐기는 마음이 찾아온들 또 어떻게 응대할 수 있겠는지요? 왜 그럴까요? 손님이 항상 내 거처에 죽치고 있다면 주인에겐 한가한 겨를이 생겨날 수 없기 때문이지요. 또 분노가 이미 자리를 잡았다면 그것이 동쪽에 있을까요? 서쪽에 있을까요? 아니면 가운데일까요? 동쪽에 있다면 서쪽이 비니, 서쪽은 필시 바르지 않게 될 것입니다. 서쪽에 있다면 동쪽에 결함이 생기므로 동쪽은 틀림없이 반듯해질 수 없겠지요. 가운데에 있다면 동과 서에 모두 틈이 생겨나 동서가 다 같이 바르지 않게 될 것입니다. 이로부터 유추하건대 물상이 소재한 곳이라면 어디든 그러하지 않음이 없으니, 누가 그 바른 위치를 확정할 수 있겠습니까? 그러므로 분노 등의 감정에 휩쓸리면 누구든지 그 바른 상태를 얻지 못하게 되지요. 바로 마음은 태허(太虛)와 같아서 본래

不得其正; 有所恐懼, 則不得其正; 有所好樂, 則不得其正; 有所憂患, 則不得其正. 心不在焉, 視而不見, 聽而不聞, 食而不知其味. 此謂修身在正其心.)

57) 이 구절은 마음에 대한 불가의 관점을 표현한다. 선종의 오조(五祖) 홍인(弘忍)의 제자 신수(神秀)가 "몸은 보리의 나무이고, 마음은 밝은 거울과 같다. 수시로 부지런히 털고 닦아서 먼지와 티끌 묻지 않게 하리라"(身是菩提樹, 心如明鏡臺. 時時勤拂拭, 莫使有塵埃.) 하고 읊자, 육조 혜능(慧能)은 아직 부족하다고 여겨 다음과 같은 게송을 읊었다. "보리는 본래 나무가 없고, 밝은 거울은 또 받침대가 없네. 부처의 성품은 언제나 청정하니, 어디에 먼지와 티끌이 있을까"(菩提本無樹, 明鏡亦無臺. 佛性常淸淨, 何處有塵埃.) 회림의 말은 혜능의 게송을 인증한 것이다.

어떤 물상도 없으니, 존재 자체는 인정될지라도 찾아내 증명할 길이 없는 것입니다.

상황이 이렇다면 마음은 정녕 그 소재지가 없다고 해야 할까요? 만약 마음에 거처가 없다면 보아도 보이지 않고 들어도 듣지 못하며 먹어도 맛을 모를 테니, 온갖 행위가 다 소용없는 짓거리가 되고 말 것입니다. 만약 보았을 때 보이고 귀 기울이면 들리며 먹었을 때 맛이 느껴진다면 정신적 감응이 결핍되지 않은 것이죠. 상황이 이와 같은데 또 어떻게 마음은 깃드는 곳이 전혀 없다고 말할 수가 있겠습니까? 거처가 있다면 바르게 되질 못해 사물에 감응할 수가 없습니다. 그 마음씀씀이가 사물에 쏠리면서 정신이 맥을 추지 못하니, 마음을 바로잡는 방도가 되지 못하는 거지요. 거처가 없다면 결국 그 주체가 없다는 말이니, 어떻게 사물에 반응할 수 있겠습니까? 그런 마음은 공허하여 작용이 없으므로 역시 마음을 바르게 할 방도가 되지 못하겠지요. 거처가 있다면 실로 제대로 된 마음이 아니고, 거처가 없다 해도 역시 제대로 된 마음이 아닌 것입니다. 이런 이치를 확실히 알아야만 마음을 바로잡게 되지요. 그래서 '이를 두고 일컫기를 수신은 그 마음을 바르게 하는 데 달렸다'고 하였습니다. 마음을 어떻게 해야 바로 할 수 있는지에 대해선 끝내 말하질 않았는데, 왜냐하면 공부하는 사람들 스스로 그 이치를 깨달아 알길 바란 때문이지요."

나는 이렇게 생각한다.

『대학』의 이 「정심」장은 바로 공부자의 명심도(明心圖)이다. 복희(伏羲)씨의 한 획은 천 획 만 획으로 자연스럽게 변환[58]하며 끝이 없

---

58) 전설에서 삼황(三皇)의 하나인 복희씨가 팔괘(八卦)를 처음 고안해냈고, 이

으니, 이를 상도[59])라고 한다. 물상이 생겨난 다음에는 이미지가 만들어지지만, 내 마음의 처음 모습은 아니라고 하겠다.[60]) 위대한 우임금의 구주[61])와 여기서 나온 천 종류 만 종류의 법은 저절로 널리 드러나면서 후세에까지 전해지게 되는데, 이는 숫자로 이뤄진 수도(數圖)이다. 그림이 있은 연후에 숫자가 생겨나니,[62]) 내 마음으로부터 더한

는 또 64괘로 발전하였다. 먼저 --(陽爻)와 —(陰爻)의 두 획을 그어 양의(兩儀)를 만들고 계속해서 ==(太陽), ==(少陽), ==(少陰), ==(太陰)의 사상(四象)을 그린다. 이어 양효와 음효를 더해 ≡(乾), ☷(坤), ☳(震) 등 팔괘를 만드는데, 다시 팔괘 둘을 겹치면 ䷀(乾), ䷁(坤), ䷝(離) 등의 64괘가 되어 변화하는 모든 일을 묘사하게 된다. 팔괘의 성립에 대해선『주역』「계사전」하편의 제2장에서 다음과 같이 자세히 설명하고 있다. "옛날에 포희씨가 천하를 다스렸다. 하늘을 우러러 상을 관찰하고, 땅을 굽어보며 법을 관찰했다. 금수의 아름다움과 땅에서 자라는 식물들의 마땅함을 관찰하면서 가까이로는 자기 몸에서, 멀리는 만물에서 이치를 찾아냈다. 이리하여 처음으로 팔괘를 만들어 신명의 덕에 통하게 하고 만물과 같은 마음이 되게 하였다"(古者包犧氏之王天下也, 仰則觀象於天, 俯則觀法於地, 觀鳥獸之文, 與地之宜, 近取諸身, 遠取諸物, 於是始作八卦, 以通神明之德, 以類萬物之情.)

59) 상도(象圖): 팔괘와 64괘의 괘상(卦象) 및 384효의 효상(爻象)을 가리킨다. 괘상과 효상은 모두 이미지와 상징의미를 지닌 도형과 부호로 이뤄져 있기 때문에 '상도'라고 부른 것이다.

60) 불교에서는 "마음에는 본디 물상이 없다"(心本無物)고 인식하는데, 상도는 "사물이 있은 연후"에나 가능하기 때문에 태초에 물상이 없는 그 마음이 아니라고 말한 것이다.

61) 구주(九疇): 하느님이 우임금에게 내렸다고 하는 나라를 다스리는 아홉 종류의 큰 법.『상서』「홍범」(洪範)편에서는 구주를 오행(五行)·오사(五事)·팔정(八政)·오기(五紀)·황극(皇極)·삼덕(三德)·계의(稽疑)·서징(庶徵)·오복(五福)과 육극(六極)이라고 설명하고 있다.「홍범」전문은 다량의 숫자를 사용해 표기하는 까닭에 '숫자로 이루어진 그림'(數圖)이라고 부른 것이다.

62)『좌전』「희공」(僖公) 15년조에 "사물이 생겨난 연후 도상이 있게 되고, 도상이 그려진 다음에는 널리 퍼지며, 수량이 많아진 뒤에 수(數)가 생겨났다"

층 멀어진 것이다. 그러므로 자고이래 마음만큼은 그리기가 어려웠는데, 공부자 한 분만은 그것을 그려내실 수가 있었구나. 오호라! 누가 알았으랴, 그분이 『주역』과 「홍범」을 뛰어넘은 훨씬 높은 차원에서 과거의 성인들이 표현하지 못한 바를 펼쳐내실 줄 말이다!

(物生而後有象, 象而後有滋, 滋而後有數.)는 대목이 보인다.

제7장[63]

　　"『중용』에서는 '하늘이 사람에게 명하신 바가 성(性)'이라고 말하
는데, 이 '명'(命)이란 것이야말로 성의 근원입니다. 만약 명을 모른
다면 그 근원을 알 도리가 없으니, 무슨 수로 군자가 되겠는지요? 명
을 알고 나면 온갖 사안이 다 마땅해지면서 예(禮)를 알고 말(言)을
이해하는 공부도 그 안에 저절로 깃들게 됩니다.[64] 어찌 명을 알고 난
뒤에 다시 예를 알고 언어를 이해하는 성취가 생겨나는 것이겠습니
까! 혹은 예를 알고 언어를 이해하는 성취란 바로 명을 알았기에 떨
어지는 실질적 결과일까요? 대저 하늘의 명은 소리도 없고 냄새도 없
는데 어떻게 그에 관한 말들이 생겨났을까요?[65] 언어는 명과 별 상관

---

63) 이번 장에서는 지명(知命)·지인(知人)·지언(知言) 등의 관계에 대해 토론
　　한다.

64) 『논어』「요왈」(堯曰)편. "공자께서 말씀하셨다. '객관적 규율인 명을 알지 못
　　하면 군자가 될 수 없고, 도덕규범인 예를 알지 못하면 공업(功業)을 이룰 수
　　없으며, 언어를 분변(分辨)하지 못한다면 타인을 이해할 수가 없다'"(子曰:
　　'不知命, 無以爲君子也. 不知禮, 無以立也. 不知言, 無以知人也.')

65) 『중용』마지막 장에서 『시경』「대아·문왕」(大雅文王)편의 "하늘이 만물을
　　키우시는 일은 소리도 없고 냄새도 없어라"(上天之載, 無聲無臭.)는 구절을
　　인용하는데, 이 문장에서 다시 차용되었다.

이 없는 듯싶은데, 왜 두 가지를 그렇게나 서둘러서 나란히 거론하셨는지요?[66] 공부자는 명에 관해선 아주 드물게 말씀하셨으니, 어떻게 그분이 말한 내용이 바로 그 드물게 말씀하셨다는 '명'(命)을 가리키는 것이겠습니까?"[67]

『중용』에선 "사람을 알고자 한다면 먼저 천도에 대해 몰라서는 안 된다"[68]고 하였고, "백대 삼천 년 뒤의 성인이 보더라도 아무 의혹이 없어야 한다'[69]고도 말하였다. 사람의 도리가 무엇인지 알았기 때문이니, 인간을 이해함은 군자에게 정녕 중요한 일인 것이다. 언어를 이해하지 못하면 '사람이 가야 할 길'(人道)을 알 길이 없으니, 말을 이해한다는 것은 또 군자에게 더없이 중요한 덕목이 된다. 가령 소인(小人)을 관찰해보자. 그들은 천명이 뭔지를 모르니, 이런 까닭에 성인께서 내리신 유익한 말씀을 이해하지 못하고 도리어 그것을 모독한다. 천명에 관한 성인의 훌륭한 말씀을 이해하지 못한즉슨 성인이 대인(大人)이신 줄 알지 못하고 기필코 그들을 얕잡아보고야 마는

---

66) 위의 「요왈」편 말씀에서 공자가 지언(知言)과 지명(知命)을 나란히 거론한 상황을 가리킨다.

67) 『논어』 「자한」(子罕)편. "공자는 이익과 운명과 인도(仁道)에 관해선 아주 드물게 말씀하셨다"(子罕言利, 與命, 與仁.)

68) 출전은 『중용』 제20장. 즉 사람을 사랑하고 현인을 존숭하고 싶다면 천명을 몰라선 안 된다는 뜻인데, 주희는 『장구』에서 이 구절을 다음과 같이 해설하였다. "어버이와 친하게 되는 인을 남김없이 실현하려면 반드시 현인을 존숭하는 의로움을 거쳐야 하고, 그래서 또 사람을 알아야 한다는 것이다"(欲盡親親之仁, 必由尊賢之義, 故又當知人.)

69) 『중용』 제29장. "귀신에게 물어도 의심이 없으면 하늘을 아는 것이고, 백세 삼천 년을 기다려 나타난 성인이 판결해도 의혹이 없으면 인간을 아는 것이다"(質諸鬼神而無疑, 知天也; 百世以俟聖人而不惑, 知人也.)

것이다.[70] 대인을 깔보는 행위는 인도를 이해하지 못하는 까닭이다. 성인의 말씀을 모독하는 것은 말을 이해하지 못한 때문이고.

---

70) 이 문장은 『논어』 「계씨」편의 다음 구절을 응용하였다. "군자에게는 세 가지 외경이 있다. 천명을 경외하고, 대인을 경외하고, 성인의 말씀을 경외한다. 소인은 천명을 알지 못하므로 두려워하지 않는다. 대인을 깔보고 성인의 말씀을 모독한다"(孔子曰: '君子有三畏: 畏天命, 畏大人, 畏聖人之言. 小人不知天命而不畏也, 狎大人, 侮聖人之言.')

제8장[71]

유용상의 말이다.

"『중용』이란 책의 내용은 죄다 우리 공자 선생님께서 사람들이 명(命)을 알도록 드러내 보이신 학문입니다. 그래서 첫머리에 '하늘이 명하신 것이 성'이라고 말한 뒤 이어 '하늘이 문왕께 내린 명이시여, 아름답고 덕스러워 영원히 그치질 않는구나!'[72] 하였고, 마지막에서 또다시 「하늘이 만물을 키우시는데 소리도 없고 냄새도 없어라.」 지극할진저!'라고 끝맺음을 하였습니다. 명에 대한 설명이 이처럼 자세하고, 사람들이 명에 대해 알기를 바라는 마음이 또 이토록이나 간절했던 것입니다. 그런데 『중용』은 명을 설명했고 명은 또 중용(中庸)의 철학을 근본으로 삼고 있는 까닭에 『중용』을 내세워 책이름이 되게 하였지요.

---

71) 이번 장에선 유용상(劉用相)이 지명(知命)·지례(知禮)·지언(知言)·지인(知人)의 관계에 대해 설명한다. 유동성이 또 지언의 중요성에 대해 강조하고, 이지는 자공이 공자의 사람됨과 말을 이해하지 못한 것을 예로 들어 다시금 지인과 지언의 어려움에 관해 이야기한다.

72) 출전은 『시경』「주송·유천지명」(周頌維天之命).『중용』제26장에 인용되고 있다. "維天之命, 於穆不已."

중(中)이란 지극히 똑발라서 한쪽으로 치우치지 않음이고, 용(庸)은 항상성이 지대해 제멋대로 바뀌지 않음입니다. 이를 두고 지극히 공정해 불편부당하고 항구적이어서 변화하지 않는 도리(理)라고 일컬으니, 그 도리는 바로 예(禮)이면서 곧 중용인 것이지요.[73] 그래서 또 예를 알아야 한다(知禮)[74]고도 말했습니다. 예를 안다는 것은 중용을 이해함이고, 중용을 이해하는 것인즉슨 천명을 깨닫는 일입니다. 그런데 심원하면서도 징조가 없어 탐색이 불가능한 천도로부터 비롯된 뭔가를 명이라고 일컬으니, 명인즉슨 허(虛)하다는 의심을 받습니다. 만약에 리(理)를 말하지 않는다면 어쩌면 공적[75]에 떨어질

---

73) 리(理)와 예(禮)와 중용은 각각 독립된 개념이지만 고래로 '리'는 '예'라고 해석되기도 했다. 『예기』 「중니연거」(仲尼燕居)에서 공자는 "예는 리"(禮也者, 理也)라 말했고, 「악기」(樂記)편에서는 "예는 리에서 바뀔 수가 없는 부분"(禮也者, 理之不可易者也.)이라 하였다. 여기에 대해 청대 손희단(孫希但)은 주(注)에서 "예는 밖에서 만들어졌으면서도 온갖 사안의 '리'에 들어맞는다. ……만약 그것이 바뀔 수 있다면 주재할 수 있는 마땅한 리가 아니게 되므로 예가 되기에 부족해진다"(禮由外作, 而合乎萬事之理 …… 若其可易, 則非理之當而不足以爲禮矣.)고 설명했다. 이 지는 이 책의 상권 제15장에서 "사람들 마음에 똑같이 여겨지는 바는 예가 되는데, 본래가 천변만화하는 생기발랄한 리"(禮爲人心之所同然, 本是一箇千變萬化活潑潑之理.)라고 설명하여 '예'를 고대 계급사회의 행위준칙이자 도덕규범으로 보고 있다. 그런데 '중용'은 "불편부당하고 지극히 공정해 영원히 바뀌지 않는 도리"(大中至正常久不易之理)로서 공문(孔門)의 최고 도덕규범으로 간주되니, 리와 예, 중용은 상통하는 부분이 있었던 것이다.

74) 출전은 『논어』 「요왈」편. "공자가 말씀하셨다. '명을 알지 못하면 군자가 될 수 없고, 예를 알지 못하면 성취를 이룰 수 없으며, 언어를 분변하지 못하면 타인을 이해할 수 없다"(子曰: '不知命, 無以爲君子也. 不知禮, 無以立也. 不知言, 無以知人也.')

75) 공적(空寂): 불가에서는 제상(諸相)을 공(空), 생멸(生滅)이 없는 상태를 적(寂)이라고 일컫는다. 즉 사물에 자성(自性)이 없고 본래부터 생멸이 없는

수도 있겠지요. 생멸이 없는 그 상태를 명이라고 말한다면, 어찌 명을 안다고 하겠습니까! 진짜로 꽉 차 현허(玄虛)하지 않으며 막을 수 없는 상태로부터 비롯된 것을 일컬어 리(理)라고 하는데, 리인즉슨 행위로 연결되지요. 만약 명에 대해 말하지 않는다면 자칫 전요[76]에 막혀버릴 수도 있습니다. 전요를 갖고 리라 주장한다면, 어찌 리를 안다고 하겠습니까! 그러므로 진짜로 명을 아는 자라면 예에 관해 꾸민 소리는 하지 않습니다. 어째서 그럴까요? 제아무리 고요하고 엄숙해도 실제로는 끊임없이 움직이는 중이라, 본래 지극히 공허(至空)한데 또 극도로 꽉 차 있기(至實)도 하니, 그리하여 진공(眞空)이 되는 때문이지요.[77] 진실로 예를 아는 자라면 명에 대해서 헛소리하지 않습니다. 어찌하여 그렇겠습니까? 비록 끊임없이 움직이긴 하지만 내

상태를 가리킨다.

76) 전요(典要): 항상성이 있어 변치 않는 준칙이나 기준. 『주역』「계사전」하편에 다음과 같은 용례가 보인다. "도가 되는 것은 자주 옮겨다니니, 변동하면서 머무르지 않는다. 우주에 두루 흘러 올라가고 내려옴이 무상하고 강함과 부드러움이 번갈아 바뀌니, 한 자리에 고정된 법규가 될 수 없다"(爲道也屢遷, 變動不居, 周流六虛, 上下无常, 剛柔相易, 不可爲典要.)

77) 이지는 『분서』권3의 「심경제강」(心經提綱)에서 "기실 내가 말하는 색은 바로 공이니, 색의 바깥쪽에 공이 따로 있는 것은 아니다. 내가 말하는 공이란 사실은 색이니, 공의 바깥에 색이 따로 있을 수 없구나. 색이 없을 뿐 아니라 공 또한 없는 상태, 이것이 바로 진공이다"(其實我所說色, 卽是說空, 色之外無空矣; 我所說空, 卽是說色, 空之外無色矣. 非但無色, 而亦無空, 此眞空也.) 라고 설명했다. 본문에서 말하는 '지공'과 '지실'은 공과 색으로부터 인신된 것인데, 여기서의 지공(至空)은 천도(天道)의 무성무취(無聲無臭)를, 지실(至實)은 『중용』에서 말하는 성(誠)을 가리킨다. 주희는 『장구』제16장의 주(注)에서 '성'에 대해 다음과 같이 설명하고 있다. "성이란 진실하여 망령됨이 없음을 일컫는다. 음과 양이 합해지거나 흩어지는 어떤 경우도 실재가 아닌 것이 없다. 그러므로 그 발현을 가릴 수 없음이 이와 같구나"(誠者, 眞實無妄之謂. 陰陽合散, 無非實者. 故其發見之不可揜如此.)

면은 또 장엄하고 고요하니, 본래 지극히 꽉 차 있으면서도 한편으론 극도로 공허한 때문이지요. 그래서 묘유[78]가 될 수밖에 없습니다. 진공(眞空)과 묘유(妙有), 이 두 가지를 일컬어 '지극한 성실'(至誠)[79]이라고 합니다. 성실하지 않으면 어떻게 사물이 있을 것이며, 천명이 귀하다 한들 그것을 어디에 쓰겠습니까?[80] 묘유와 진공을 두고는 쓸모가 크지만 형체는 은미하게 숨겨져 있다고들 말합니다.[81] 은은하게 감춰져있지 않다면 어디서 광대한 쓸모가 나겠습니까! 예는 또 어떻게 존립하고요?[82] 요즘의 공부하는 자들은 예 때문에 참된 마음과 믿음이 엷어지게 된다는 노자의 말씀[83]만을 받들 따름입니다. 저

---

78) 묘유(妙有): 불교용어. '있지 아니한 있음'(非有之有)을 가리키며, '공 아닌 공'(非空之空)인 진공(眞空)과 상대되는 말이다.

79) 성(誠)은 본래 도덕적으로 신실하여 속임이 없는 상태를 말하는데, 『중용』에서 철학의 영역으로 발전시켰다. 진실하여 망령됨이 없다는 뜻이지만 천도(天道)나 하늘이 부여한 인성(人性)을 가리키기도 한다.

80) 『중용』 제25장은 "성은 사물의 끝과 시작이니, 성실하지 않으면 사물도 없다"(誠者物之終始, 不誠無物)고 하면서 '성'이 세계의 본원이고, 사물은 성의 산물이거나 결과라고 여겼다. 또한 "하늘이 명하신 것을 일컬어 성이라 한다"(天命之謂性), "성실함은 하늘의 도"(誠者, 天之道也)라고 하여 성실함이 사람에게 체현되는 것은 하늘이 부여한 성(誠)의 착한 성질 덕분이고, 천명이 귀한 까닭은 그것이 사람에게 성(誠)을 부여하는 때문이라 하였다.

81) 『중용』 제12장은 "군자가 고수하는 도는 밝게 드러나면서도 은미하여 찾아내기 어렵다"(君子之道費而隱.)고 말한다. 여기서 비(費)는 쓸모가 넓다, 은(隱)은 형체가 은미하다는 뜻.

82) 예 역시 성(誠)과 천명(天命)으로부터 생겨난다는 취지에서 한 말로, 『중용』 제27장을 참조하고 있다. "위대할진저! 성인의 도여! 광대무변 흘러넘쳐 만물을 발육시키니, 하늘처럼 숭고하며 너그럽구나. 성인의 도가 넉넉하고 위대하구나! 예의가 삼백이요, 세세한 의례는 삼천 가지나 되는구나"(大哉聖人之道! 洋洋乎! 發育萬物, 峻極于天. 優優大哉! 禮儀三百, 威儀三千.)

83) 『노자』 제38장을 가리킨다. "대저 예라는 것은 속 깊이 우러나는 참된 마음

들은 노자가 병통으로 여기며 탓한 예는 바로 공자가 사치할지언정 검소한 편이 낫다고 했을 때의 예[84], 선배와 후배가 배운다고 할 때의 예[85], 자하가 예는 나중이냐고 반문했을 때의 예[86]라는 사실을 전혀 모릅니다. 그들이 우리 공부자에게는 극기복례(克己復禮)의 예[87]가 있고 안자(顔子)에게는 박문약례(博文約禮)의 예[88]가 있는 줄을 어찌 알겠습니까! 모름지기 간추려 집약하고 난 뒤라야 깨닫게 되고,

---

과 믿음이 엷어지게 만들어 혼란의 단초가 된다"(夫禮者, 忠信之薄, 而亂之首.)

84) 『논어』「팔일」편의 다음 대목을 가리킨다. "예는 사치스럽기보다는 차라리 검소해야 한다"(禮, 與其奢也, 寧儉.)

85) 『논어』「선진」편. "선배들은 먼저 예악에 나아갔으나 다듬어지지 않은 치들이고, 후배들은 나중에 예악을 배워 군자로 보인다. 만약 둘 중에 선택한다면 나는 먼저 배운 이들을 쓰겠다"(先進於禮樂, 野人也; 後進於禮樂, 君子也. 如用之, 則吾從先進.)

86) 『논어』「팔일」편. "자하가 물었다. 「어여쁜 미소에 보조개 생기고, 아름다운 눈동자 흑백이 분명하니, 흰 빛이 광채를 더하는구나.」 이 노래가 무슨 뜻인지요?' 공자가 말씀하셨다. '그림 그릴 때 흰색 덧칠은 나중에 한다는 말이다.' 자하가 '예가 나중에 오는 것처럼 말이지요?' 하자, 공자가 말씀하셨다. '나를 깨우쳐 일으키는 자가 상이로구나. 비로소 너와 더불어 시를 말할 수 있겠구나'"(子夏問曰: 「巧笑倩兮, 美目盼兮, 素以爲絢兮.」 何謂也?' 子曰: '繪事後素.' 曰: '禮後乎?' 子曰: '起予者商也! 始可與言詩已矣.')

87) 『논어』「안연」편. "공자가 말씀하셨다. '자기를 이겨내고 예로 돌아가는 것을 인이라고 한다. 하루라도 자기를 극복하고 예로 돌아갈 수 있다면 천하가 모두 인에 귀의할 것이다'"(子曰: '克己復禮爲仁. 一日克己復禮, 天下歸仁焉.')

88) 『논어』「자한」편. "안연이 한숨을 쉬며 탄식하여 말했다. '우리 선생님의 도는 우러러볼수록 높아만지고 뚫으면 뚫을수록 견고해지네. 바라볼 땐 앞에 계시더니 문득 또 뒤에 계시는구나. 선생님은 찬찬히 사람을 이끌어 앞으로 나아가게 하시네. 학문으로 나를 넓혀주시고 예로써 집약해주시네'"(顔淵喟然歎曰: '仰之彌高, 鑽之彌堅; 瞻之在前, 忽焉在後. 夫子循循然善誘人, 博我以文, 約我以禮.')

자신을 이겨내고 나서야 예로 돌아가게 된다고 했던가요?[89] 집약하여 깨닫고 나면 근본으로 돌아가 만물의 화생(化生)을 도탑게 하는 큰 덕을 얻을 수가 있습니다.[90] 자기를 극복해서 예로 돌아가게 되면 근본을 세우고 천하를 통합함으로써 인정(仁政)에 따르도록 만들 수가 있지요. 이는 안자가 홀로 우뚝 자립했으면서도 편향된 바가 없을 수 있던 까닭입니다.[91] 만약에 예를 모른다면 대체 무슨 수로 천하의 큰 근본을 세우겠습니까? 그러므로 예를 아는 것이 중요하지요. 하지만 예와 명(命)을 알 수 있는 방도란 『중용』책을 읽어서 성인의 말씀(言)을 이해하는 것밖에는 없습니다. 성인의 말씀을 이해하게 되면 저절로 성인의 사람됨을 알 수가 있지요. 성인이 누군지를 알게 되면 저절로 내 마음을 알 수 있는 사람이 되고, 천하를 인으로 돌아가게 하는 사람을 이해하게 되어, 만물과 혼연일체 한 몸을 이루는 존재가 됩니다. 나와 성인과 천지와 만물이 근본적으로 아무 구별이 없게 되는 거지요. 이처럼 사람을 이해하게 되면 그로부터 예가 성립하고

---

89) 공자가 말한 '극기복례'의 예와 안연이 말한 '약아이례'(約我以禮)의 예는 위에서 말한 세 가지 사례의 예, 즉 노자가 비난한 예와는 다름을 말하고 있다. 즉 자기를 이겨내고 단속하는 모든 행사는 예가 요구하는 바에 따라 행해지게 된다는 뜻이다.

90) 『중용』제30장. "만물은 같이 자라면서도 서로 해치지 않고, 길은 나란히 뻗었어도 서로 어긋나지 않는다. 작은 덕은 시냇물처럼 흐르고 큰 덕은 만물의 화생을 도탑게 하니, 이것이 바로 천지가 위대한 까닭이다"(萬物并育而不相害, 道并行而不相悖, 小德川流, 大德敦化, 此天地之所以爲大也.)

91) 『중용』제32장을 인용하여 안자가 지성(至誠)의 경지에 다다른 것을 예찬하고 있다. "오직 천하의 지극한 성이라야 천하의 상도(常道)를 장악할 수 있고, 천하의 근본을 세울 수 있으며, 천지의 화육을 알 수가 있다. 그런 지극한 성이 대체 무엇에 편향되리오?"(唯天下至誠, 爲能經綸天下之大經, 立天下之大本, 知天地之化育. 夫焉有所倚?)

거기서부터 명이 생겨나니, 바야흐로 군자(君子)라고 말할 수 있습니다. 그러므로 '명을 알지 못하면 군자가 될 길이 없다'[92]라고 말하였지요.

다음은 유진천(劉晉川)의 말이다.

"이처럼 상세히 규명해보니 중용이야말로 지극하기 이를 데 없군요. 『중용』을 읽는 자라면 말(言)을 몰라서는 아니 되겠습니다. 맹자는 성인보다 나중에 태어났고 그 말씀을 들어서 이해했던 분인지라 스스로 말을 안다(知言)[93]고 일컬으며 자신을 암암리에 사숙(私淑)[94]한 경우로 비유했더랬지요. 증자는 요행 성인을 뵙고 그 말씀을 직접 들었던 분인 까닭에 『대학』을 저술하셨고 『중용』을 해설하여 자사(子思)에게 전수하셨습니다. 안자(顔子) 같은 분은 더불어 얘기할 때 해찰하지 않았지요.[95] 그와 이야기를 나누면 종일토록 공자 말씀

---

92) 출전은 『논어』 「요왈」편. 이 구절은 『논어』의 마지막 단락인데, 명(命)과 예(禮)와 언(言)으로 『논어』 전체의 내용을 압축하는 효과를 내고 있다. "공자께서 말씀하셨다. '명을 알지 못하면 군자가 될 수 없고, 예를 모르면 제대로 설 수가 없으며, 말을 분변하지 못하면 다른 사람을 알아볼 수 없다'"(子曰: '不知命, 無以爲君子也. 不知禮, 無以立也. 不知言, 無以知人也.')

93) 출전은 『맹자』 「공손추」(公孫丑) 하편. "나는 다른 이의 말을 잘 분석해 알아듣는다. 나는 내 호연지기를 잘 배양할 줄 안다"(我知言, 我善養吾浩然之氣.)

94) 『맹자』 「이루」 하편. "맹자가 말했다. '군자의 은택도 다섯 세대면 끊어지고, 소인의 유풍도 다섯 세대가 지나면 단절된다. 나는 공자님의 제자가 된 적은 없지만 그 유풍이 단절되기 전에 배운 사람으로부터 가르침을 전수받았다'"(孟子曰: '君子之澤五世而斬, 小人之澤五世而斬. 予未得爲孔子徒也. 予私淑諸人也.')

95) 『논어』 「자한」편. "공자가 말씀하셨다. '내가 이야기하는데 지루해하지 않고 따라오는 자는 안회뿐일진저!'"(子曰: '語之而不惰者, 其回也與!')

에 기뻐하지 않을 때가 없으니, 공자님조차도 나한테 도움이 되지를 않는다[96]고 평하셨습니다. 지금은 한 마디도 남아있질 않으니, 어찌 슬프지 않겠습니까! 지금 알고자 하는 바는 고작 『대학』과 『중용』 같은 책에 실린 말씀들뿐이지만 또 이해가 되질 않으니, 정녕 제가 먼저 그분들(증자와 자사)을 내치는 격이로군요! 스스로 예에서 돌아서는 꼴이고요! 제 스스로 하늘로부터 부여받은 그 명을 끊는 꼬락서니라 하겠습니다!"

탁오가 말했다.

"말을 이해하는 일(知言)은 정말 어렵습니다! 사람을 알아보는 것 (知人)도 정녕코 쉽지 않고요! 중니의 제자로 그 문하에 든 이가 삼천을 헤아리는데, 가장 총명하다고 일컬어지기로는 자공(子貢) 만한 이가 없었습니다. 하지만 공부자는 '나를 알아주는 이가 없다'고 탄식하셨지요. 그런데 자공은 부끄러운 줄도 모른 채 어떻게 선생님을 알아주는 이가 없느냐고 반문[97]했으니, 공부자의 사람됨을 자공은 알

---

96) 다음 두 구절을 합성하여 안회의 사람됨을 평가하였다. "공자가 말씀하셨다. '회는 나를 도와주는 사람이 아니로다! 내가 무슨 말을 하든 기뻐하지 않는 경우가 없으니'"(子曰: '回也非助我者也, 於吾言無所不說.') 『논어』 「선진」 편; "공자가 말씀하셨다. '내가 회와 더불어 온종일 이야기했으나 전혀 거스름이 없는지라 그가 바보처럼 느껴졌다. 그가 물러간 뒤 그의 개인적 처신을 살펴보니 나를 계발시키기에 충분했다. 회는 어리석지 않다'"(子曰: '吾與回言終日, 不違如愚. 退而省其私, 亦足以發. 回也, 不愚.') 「위정」편.

97) 『논어』 「헌문」(憲問)편. "공자께서 '나를 알아주는 이가 없구나!' 하고 말씀하시자, 자공이 말했다. '어떻게 선생님을 알아주는 이가 없을까요?' 공자가 다시 말씀하셨다. '하늘을 원망하지 않고 사람을 탓하지 않노라. 낮은 데서 배워 높은 경지에 이르렀으니, 나를 아는 이는 저 하늘일진저!'"(子曰: '莫我知也夫!' 子貢曰: '何爲其莫知子也?' 子曰: '不怨天, 不尤人. 下學而上達. 知

수가 없었던 겁니다. 이걸 보면 자공은 사람에 대해 전혀 알지를 못했어요. 그럼에도 공자는 그에 대한 기대를 아주 접지는 않으신 채 다시금 말씀하셨습니다. '나는 아무 할 말이 없구나!' 자공은 부끄러운 줄도 모르고 또다시 반문하지요. '선생님께서 말씀하지 않으시면 저희들은 무엇을 조술(祖述)합니까?'[98] 이렇듯 자공은 또 언어에 관해서도 전혀 몰랐습니다. 자공 같은 현인조차 사람을 몰라보고 언어를 이해하지 못했는데, 자공보다 떨어지는 이들이라면 또 알 만한 노릇이지요! 아아! 말을 알아듣는 것은 정말로 어렵습니다! 사람을 알아보는 일이 정녕코 쉽지 않다보니 말을 알아듣는 것도 진실로 쉽지 않습니다그려!"

我者, 其天乎!')

98) 『논어』「양화」(陽貨)편. "공자가 '나는 이제 더 이상 말하지 않겠다'고 말씀하시자, 자공이 입을 열었다. '선생님께서 말씀하지 않으신다면 저희들은 후세에 무엇을 전합니까?' 다시 공자가 말씀하셨다. '저 하늘이 무슨 말을 하더냐? 사시가 운행되고 만물이 태어나는데, 하늘이 무슨 말을 하더냐?'"(子曰: '予欲無言.' 子貢曰: '子如不言, 則小子何述焉?' 子曰: '天何言哉? 四時行焉, 百物生焉, 天何言哉?')

제9장[99]

"성인께서는 '부자 되기를 추구할 수 있다'더니, 또다시 '원한다고 해서 다 얻을 수는 없다'[100]고도 말씀하셨습니다. 부귀란 원래 추구하기에 마땅치 않다는 말씀이겠지요."

이 문제에 대해 나는 이렇게 말하였다.

"성인께서 말씀은 비록 부귀를 '뜬 구름 같이'[101] 본다고 하셨지만, 일단 부귀를 획득하자 또 원래부터 부귀했던 사람처럼 처신하셨습니다. 비록 '정당한 수단으로 획득한 부귀가 아니라면 누리지 않는다'

---

99) 이번 장에서는 공자 및 다른 사람들의 부귀를 대하는 태도에 관해 토론한다.

100) 『논어』「술이」편. "공자께서 말씀하셨다. '부유함이 추구해서 가질 수 있는 것이라면 채찍 잡는 마부 일이라도 나는 하겠다. 만약 구한다고 될 일이 아니라면 차라리 내가 하고 싶은 일을 하리라'"(子曰: '富而可求也, 雖執鞭之士, 吾亦爲之. 如不可求, 從吾所好.')

101) 『논어』「술이」편. "공자께서 말씀하셨다. '나물밥에 물마시고 팔 굽혀 베개 삼아도 즐거움이 그 안에 있네. 의롭지 않게 부유하고 귀해지는 것이란 내게 그저 뜬 구름 같구나'"(子曰: '飯疏食飲水, 曲肱而枕之, 樂亦在其中矣, 不義而富且貴, 於我如浮雲.')

고 말씀은 하셨지만, 또 한편으론 '부귀는 누구나 욕망하는 것'[102]이라고도 하셨지요. 이제 그분이 노나라 재상을 지내던 시절을 살펴봅시다. 고작해야 석 달 남짓이니 얼마 동안이나 그랬을까 싶긴 하지만, 흰옷에는 고라니 가죽옷을 겹쳐 입고 누런 빛깔 윗도리는 여우갖옷을 받쳐 입었으며 검은색 윗도리에는 새끼염소갖옷으로 색깔을 맞추셨으니[103], 그분은 부귀함을 한껏 즐기셨던 것입니다. 방한용 가죽옷은 한 벌만으로 만족하지 않았고, 갖옷 위에 걸치는 장옷 역시 한 세트가 아니었어요. 「향당」편에 실린 글에는 이와 비슷한 내용이 허다합니다. 성인께서는 부귀를 원치 않은 적이 없다고 생각합니다. 그런데도 부귀를 추구하면 안 된다고 말하다니, 너무 지나친 언사가 아닙니까?"

이야기는 계속 이어졌다.

"추구한다고 부자 되는 것은 아니란 말씀도 타당하진 않은 듯싶습니다. 지금 세상에는 협잡질로 제 잇속만 챙기는 자들이 그 재주와 힘만 믿고 미천한 지위로부터 입신하여 엄청난 거부가 되는 일이 왕왕 있습니다. 이 모두는 제 손바닥에 침 뱉기처럼 쉽사리 이뤄져 사람들의 동경과 부러움을 사니, 진정 꾀와 힘으로 부귀를 성취할 수 있다고들 여기는 거지요. 그래서 저는 재물이란 실로 추구할 만하다는 생각이 듭니다. 다만 사람들이 한사코 거기에나 매달리면 안 되겠지요."

---

102) 『논어』 「이인」(里仁)편. "부귀는 사람들이 원하는 바이지만 정당한 방도로 얻은 것이 아니라면 거기 머물지 않겠다"(富與貴是人之所欲也, 不以其道得之, 不處也.)

103) 『논어』 「향당」(鄕黨)편. "검정색 윗도리에는 검은 털 염소가죽 갖옷을 받쳐 입으셨고, 흰색 윗도리에는 흰 고라니 가죽옷을 받쳐 입으셨으며, 누런색 윗도리에는 누런 여우가죽 갖옷을 갖춰 입으셨다"(緇衣羔裘, 素衣麑裘, 黃衣狐裘.)

나는 이렇게 말했다.

"성인은 자중하시니 다른 이에게 청탁 따위는 물론 하실 턱이 없지요. 그런데 염치없는 모리배들이 도처에서 발호하는 정상을 연달아 보시고는 실로 혐오감이 치받는 바람에 애쓴다고 될 일도 아니라는 의론을 발하셨을 뿐입니다. 그 뜻은 대체로 이 모두가 운명에 정해져 있으니 억지로 도모한다 해서 얻어질 건 아니란 거고요. 그래서 '부유함이 만약 도모해서 얻어질 수 있는 것'이라면 '나도 그렇게 하겠다'고 말씀하셨습니다. 하지만 그것이 만약 구해서 될 일이 아니라면 어찌해야 할까요!

지금 그대는 속임수와 힘에만 의지하는 세상 사람들이 제 손바닥에 침 뱉는 일처럼 손쉽게 부자 되는 정황을 보더니 부귀는 추구해서 달성할 수 있다고 말합니다. 하늘이 부자에게 부를 일굴 재능을 내리시고 또 치부할 수 있는 형세로 도와주며 엄청난 참을성을 주시고 시세를 파악하는 견식을 부여한 줄은 모르고 하는 소리죠. 예컨대 도주[104]와 의돈[105]의 무리, 정정[106]과 탁왕손[107] 같은 이들에게 하늘은 또 풍

---

104) 도주(陶朱): 도주공 범려(范蠡)를 가리킨다. 그는 월왕 구천을 도와 오나라를 멸망시킨 뒤 곧바로 강호에 배를 띄워 도(陶, 지금의 산동성 정도현定陶縣 서북쪽) 땅에 이른 뒤 주공(朱公)이라 변성명하고 장사에 매진해 19년 동안 세 번이나 천금을 벌었다. 사적이 『사기』 권41 「월왕구천세가」(越王句踐世家)와 권129 「화식열전」(貨殖列傳)에 보인다.

105) 의돈(猗頓): 위(魏)나라 출신으로 의돈은 그의 호(號). 성명과 생졸연대는 미상이다. 전국시대 초기의 수공업자이자 상인인데 도주공에게 계책을 듣고 산서 일대에서 10년 동안 소와 양을 키워 왕공에 버금가는 재산을 쌓았다. 『사기』 「화식열전」과 『집해』(集解)에서 인용한 『공총자』(孔叢子)에 보인다.

106) 정정(程鄭): 생졸연대는 미상. 서한 시대 촉군(蜀郡)의 임공(臨邛, 지금의 사천성 공래시邛崍市) 출신이다. 철광산을 개간한 뒤 제련한 철과 철기를 다시 서남부의 소수민족에게 팔아 거부가 되었다. 『사기』 「화식열전」에 보인다.

부한 여건을 부여하셨는데, 이는 또 하늘의 뜻이지 사람의 작용은 아니었습니다. 만약 하늘이 부여하는 바가 아니라면 고을 안의 누군들 부귀를 도모하고 싶지 않았겠습니까? 설마하니 이들 한두 명뿐이었을까요?

일단 큰 고을의 상사[108]를 대상으로 논해봅시다. 숫자가 많은 곳은 천 명까지 헤아릴 테고 어떤 곳은 팔백 명도 되겠지요. 이들 팔백 명은 모두 부귀현달을 꿈꾸는 자이겠지만 그들 중에 금인(金印)을 차고 허리춤에 옥대(玉帶)를 두르는 이는 많아봐야 기껏 삼사십 명에 그칩니다. 이들 삼사십 명은 추구해도 무방한 경우겠지요. 그렇다면 이 나머지 칠백 오륙십 명은 필시 추구하면 안 되는 거였습니다. 과연 어느 편이 정론이어야 할까요? 이런 확률의 관점에서 보자면 부자 되기를 추구하면 안 되는 것이 자명합니다. 추구해도 될 수가 없다면 그것은 정녕 하늘의 뜻이고 운명일 테지요. 추구해서 성공한다면 그것도 하늘의 뜻이고 운명인 것이니, 모두가 사람의 능력 밖 일입니다. 하늘의 뜻이라면 우격다짐으로 행하지 않아도 절로 그렇게 되고, 운명이라면 부르지 않아도 알아서 당도합니다.[109] 그런데도 제 스스로 치욕을 부르는 짓거리나 자행하고들 있으니, 그저 슬플 따름입니다그려!"

---

107) 탁왕손(卓王孫): 본적은 조(趙)나라지만 진(秦)이 조를 멸망시키자 그 조상이 임공으로 옮겨왔다. 정정과 마찬가지로 제철사업을 해서 큰돈을 벌었는데 집안의 하인이 천 명을 헤아렸고 임금과 맞먹는 부를 쌓았다고 한다. 역시 『사기』 「화식열전」에 보인다.

108) 상사(庠士): 명·청 시대 부·주·현학(府州縣學)에 재학 중인 생원(生員). 수재(秀才) 혹은 제생(諸生)이라고도 불렀다.

109) 『맹자』 「만장」(萬章) 상편. "인위적으로 만들지 않아도 그렇게 되는 것은 하늘의 뜻이고, 인위적으로 나한테 오게 하지 않았어도 스스로 오는 것은 운명이라 한다"(莫之爲而爲者, 天也; 莫之致而至者, 命也.)

제10장[110]

"무릇 재물과 이익을 찾아다니며 때를 놓칠까봐 안절부절 두려워하는 것은 소인배들 짓거리입니다. 그래서 맹자는 '왜 꼭 이익을 말씀하시는지요? 다만 인의가 있을 따름입니다!'[111] 하고 말씀하셨지요. 오늘날에는 몸이 대인[112]의 지위에 있고 마음으론 군자의 생각을 한다는 이들조차 쩨쩨하게 소인들과 허둥지둥 이익을 다투니, 정말

---

110) 이번 장에서는 이지의 인성론(人性論)을 확인할 수 있다. 이지는 득과 실에 관한 견해에서 성삼품설(性三品說)의 영향을 받았다. 사람을 상지(上智)·중인(中人)·하우(下愚)의 세 종류로 분류해 "상등의 지자와 열등한 바보만은 달라지게 할 수가 없다"(唯上知與下愚不移.)는 공자의 견해에 찬동한 것이다. 하지만 그는 권세와 이익을 추구하는 마음(勢利之心)이 우리에게 주어진 자연스런 품성이기 때문에 성인이라도 세리지심이 없을 수 없고 도척일지라도 인의지심(仁義之心)을 지니고 있으며, 상지와 하우는 겨우 한 끝 차이를 다툴 뿐이라고 천부인성을 설명하여 좀더 구체적인 인성론으로 나아갔다.

111) 양혜왕이 먼 길을 찾아온 맹자를 치하하며 그의 원행으로 자기 나라에 무슨 이익이 생길지 묻자 맹자가 대답한 말이다. 출전은 『맹자』 「양혜왕」(梁惠王) 상편. "王何必曰利? 亦有仁義而已矣."

112) 대인(大人): 연장자나 덕이 높은 사람 등등 여러 의미가 있으나, 여기서는 지위가 높은 왕공귀족 같은 이를 가리킨다.

창피할 따름입니다!"

어떤 이가 거기에 대꾸하여 말했다.

"사람이 태어나 세상 살다보면 재물을 목숨처럼 여기게 됩니다. 하루라도 돈이 없으면 꼼짝할 수 없으니, 어찌 조급하지 않을 수가 있겠습니까? 그렇더라도 다만 그 자연스런 흐름에 순응하고 그 당연한 바를 행하면서 지나친 탐욕은 부리지 말고 따지거나 다투지 않을 수 있어야 합니다. 이렇게 해서 돈이 드나드는 그곳이 바로 의로움을 행하는 자리가 되면 외물(外物)과 자신이 함께 만족하고 그 미덕이 한층 드러날 테니, 어디에 부끄러움이 있겠습니까!"

나 탁오의 말이다.

"이 안에 담긴 도리 역시 설명이 어렵네요. 만약 정말로 의로움을 행할 마음이 있고 또 본래가 의를 중시하는 사람이라면 종일토록 이익에 관해서만 말하더라도 그것은 또 진종일 행사한 의로움이 됩니다. 다만 이런 부류의 인사는 절대적으로 숫자가 적지요. 많은 이가 의로움을 행한다는 명목을 빙자하지만 실제로는 이를 핑계로 제 잇속이나 챙깁니다. 오로지 돈 벌 궁리뿐인 자들에 비해 더욱 심하게 부끄러운 경우인데, 저들은 바야흐로 자기 꾀가 통했다고 여기니 더한층 천박할 따름이지요. 그러므로 세상의 군자들은 다만 재물과 이익의 바깥으로 몸을 빼서 유혹에 물들거나 오염되지 않아야 합니다. 그래야만 초탈해서 재물에 매이지 않을 수 있고 의로움을 행한다는 핑계로 자신을 속이지 않게 됩니다.

그렇더라도 세상 사람들이 재물에 부림을 당하는 이유는 또 대부분 욕심에서 일어나지요. 마음속에 고이는 욕망은 너무나 범위가 넓

고 눈·코·입·귀가 좋아하는 것은 무궁무진한 까닭에 제아무리 평
범한 필부라도 재물을 모으지 않을 수가 없습니다. 기실 한 평범한 사
내와 한 평범한 계집이 먹고 입는 데 드는 비용이래야 얼마나 되겠습
니까! 본디 쉽게 자족할 노릇인데도 만족하려 들지 않고 도리어 중생
은 재물을 목숨으로 여긴다고 지껄여대니, 그들이 재물 때문에 허우
적거리다 죽는 것도 정녕 당연타 하겠습니다."

용건이 입을 열었다.
"권세와 재물밖에 모르는 이런 부류의 인간들은 본래 언급할 가치
조차 없겠지요. 만약 성인이라면 어찌 터럭 한끝이라도 사사로운 이
익을 탐내는 마음이 있겠습니까?"

나는 그에게 다음과 같이 일렀다.
"그 말 역시 잘못되었네. 무릇 성인 또한 사람일 뿐이지. 기왕에 훌
훌 털고 멀리 떠나거나 인간세상을 버리지 못한다면 자연히 먹거나
입지 않을 수 없다네. 곡기를 끊고 풀잎을 옷이라고 걸친 채 제멋대
로 황야에 숨어들 순 없으니 말일세. 그러므로 비록 성인일지라도 지
위와 돈을 좇는 마음이 없을 수 없고, 제아무리 도척(盜跖) 같이 나쁜
놈이라도 인의(仁義)의 마음이 아주 없는 것은 아니라네. 그래서 백
이(伯夷)는 수레 천승(千乘)의 나라를 양보할 수 있는 성인인데도 서
백(西伯)이 노인을 잘 봉양한다는 말을 듣자 북해(北海)에서부터 쫓
아가 그에게 귀순하였지. 태공(太公)은 본디 매처럼 기세가 힘찬 성
인이었지만 시절이 뜻대로 굴러가질 않자 동해(東海)에서부터 찾아
와 문왕(文王)에게 몸을 의탁했다네. 모두 권세와 재물 때문이었지.
장대한 기골의 회음후(淮陰侯) 한신(韓信)이 빨래하는 노파에게 밥

을 얻어먹은 것도 돈 때문이고, 진평[113]의 본거지가 누추하고 외진 골목이지만 그 집 문밖에 귀인들이 타고 온 수레바퀴 자국이 그득했던 것도 정세 때문이었네. 이렇게 본다면 재물과 권세는 확실히 영웅들의 필요조건이고 위대한 성인도 필히 활용하신 바이니, 어떻게 소유하지 말라고 말할 수 있겠나? 때문에 나는 '제아무리 위대한 성인일지라도 권세와 이익을 좇는 마음이 없을 수 없다'고 생각한다네. 그렇다면 권세와 이익을 좇는 마음은 또 우리에게 부여된 천성임을 알아야 하겠지.

　도척은 지극히 흉포했지만 효자의 집을 지나칠 땐 들어가지 않았고, 혹여 곧은 선비가 사는 고을이란 소문을 들으면 뿔뿔이 흩어진 채 그냥 지나쳤으며, 어쩌다 평생 한 번이라도 은혜를 입게 되면 온갖 수단을 동원해 보답하길 잊은 적이 없었네. 이런 일들은 모두 인의지심(仁義之心)이 천성에 뿌리박혀 막거나 제지하지 못하는 때문이니, 그런데도 도척을 두고 인의지심이 없다고 말할 수 있을까? 그러므로 나는 '비록 도척이라 할지라도 그 역시 인의지심은 갖고 있다'고 생각한다네. 다만 그 양이 많고 적음을 갖고 의론하는데, 그러다보니 성인이 계시고 또 도척이 있더니 급기야는 하늘땅만큼이나 격차가 크게 벌어지게 되었지.

　만약 오 할은 '권세와 이득'(勢利)을, 나머지 오 할로 인의(仁義)를

---

113) 진평(陳平, ?~기원전 178): 서한의 개국공신으로 양무(陽武, 지금의 하남성 원양原陽) 사람이다. 집이 가난해 성곽 근처 누항에 살면서 다 해어진 자리를 문으로 삼을 정도였지만 황로(黃老) 사상을 좋아했고 많은 귀인과 사귐을 맺었다. 진나라 말기에 기의하여 처음에는 항우를 도왔지만 나중에 유방에게 귀순했고 어려울 때마다 해결책을 내놓았다. 곡역후(曲逆侯)에 봉해졌고, 혜제와 여후(呂后) 시대에 승상을 지냈다. 『사기』 권56 「진승상세가」(陳丞相世家)에 보인다.

추구하는 경우라면 중간쯤 가는 보통사람(中人)일걸세. 이런 중인은 자기에게 유리한 쪽으로 상하 이동할 수 있는 까닭에 습관들이는 데 신중하지 않으면 안 된다네. 도척과 더불어 지내는 데 익숙해지면 듣는 바와 보는 것이 모두 도척이라, 그의 일생도 급기야는 도척이 되고 말거야. 성인과 함께 지내는 데 익숙해지면 듣는 바와 보는 바가 모두 성인이니, 한평생 지내다보면 그도 결국은 성인이 될 테지. 그러므로 천하에는 오직 중인이 가장 많을뿐더러 또 중인만이 바뀔 수가 있다네. 이는 성인께서 습관의 중요성을 강조하고 스승이며 벗과의 관계를 가볍게 보지 않은 까닭일세.

가장 지혜로운 인물(上智)과 가장 어리석은 바보(下愚)는 변하지 않는다[114]는 말씀을 살펴보세나. 이 말이 또 어떻게 반드시 인의가 백 퍼센트 발현된 연후 상지(上智)가 되고 권세와 이익을 백 퍼센트 추구한 다음에야 하우(下愚)가 된다는 뜻이겠는가? 권세와 이익의 지평에 겨우 십 퍼센트만 더해도 변화하여 위로 올라가지 못하게 되고, 인의에 단지 십 퍼센트만 더해도 변화하여 아래로 내려가지 못하는 법이라네. 원래 여기서의 십 퍼센트란 죄다 하늘이 특별히 아끼고 배려해주신 결과인 때문이지. 인의의 영역에 십 퍼센트만 추가해도 곧바로 중인(中人)의 상태를 넘어서게 되니, 이는 하늘이 상지(上智)를 아끼셔서 그들로 하여금 함부로 옮겨가지 못하게 한 방도일세. 권세와 이익에 십 퍼센트를 더하면 중인 이하로 내려가게 되는데, 이 역시 하늘이 하우(下愚)를 중시하여 그들의 이동이 불가능하도록 만들어놓은 것이지. 그러므로 상지와 하우는 단지 십 퍼센트만을 놓고

---

114) 『논어』 「양화」(陽貨)편. "공자께서 말씀하셨다. '오직 상지와 하우만이 쉽게 움직이지 않는다'"(子曰: '唯上知與下愚不移.')

다툴 뿐이야. 상지는 비록 십 퍼센트의 무게만 더했을 뿐이라지만, 그러나 바로 이 십 퍼센트 때문에 태산 같은 무게가 더해져 흔들리거나 움직이지 않게 되니, 어떻게 강제로 옮기거나 빼앗을 수 있겠나? 하우가 추구하는 권세와 이익에 겨우 십 퍼센트의 무게만 추가되더라도 바로 이 십 퍼센트 때문에 하해와 같은 깊이가 생겨나 말끔히 씻어버리거나 뒤엎을 수 없게 되니, 강제적인 변화야 말할 필요도 없을 걸세. 그러므로 '호걸지사는 비록 문왕이 안 계셔도 스스로 분발하여 노력한다'[115]고 말하였다네. 자발적으로 공부하며 수시로 익힐 수 있으니, 전수받으면 반드시 익숙해지고말고. 그래서 또 '내가 어찌해볼 도리가 없다!'[116]고 말씀하신 것일세.

　이른바 성인과 함께 지내더라도 감화를 받아 달라질 순 없다[117]고 하였지. 그래서 똑같은 악덕을 지닌 자들이 서로 부추겨 나쁜 습성을

---

115) 출전은 『맹자』 「진심」(盡心) 상편. "문왕 같은 성왕이 계시고 나서야 떨쳐 일어나는 자들은 범용한 백성이다. 하지만 호걸지사는 문왕이 계시지 않아도 분연히 떨치고 일어난다"(待文王而後興者, 凡民也. 若夫豪傑之士, 雖無文王猶興.)

116) 이 말은 『논어』에 두 차례 보이는데, 모두 공자가 노력하지 않는 이는 어쩔 도리가 없다는 취지에서 하신 말씀이다. "제대로 된 바른 말을 따르지 않을 수 있는가? 잘못을 고치는 것이 귀한 일이다. 거슬림이 없는 듣기 좋은 말에 기쁘지 않을 수 있겠는가? 왜 칭찬하는지 실마리를 캐보는 것이 바람직하다. 기뻐하기만 할 뿐 원인분석을 하지 않고, 따르기만 할 뿐 잘못을 고치지 않는 사람이라면 나도 어찌해볼 도리가 없다"(法語之言, 能無從乎? 改之爲貴. 巽與之言, 能無說乎? 繹之爲貴. 說而不繹, 從而不改, 吾末如之何也已矣.) 「자한」편; "'어쩌나, 어쩌나' 하고 말하지 않는 자들에 대해선 나도 어찌해볼 도리가 없다"(不曰'如之何如之何'者, 吾末如之何也已矣.) 「위령공」편.

117) 『논어집주』(論語集註)에 실린 정자(程子)의 말을 인용했기 때문에 '이른바'(所謂)라고 서두를 뗀 것이다. 원문은 다음과 같다. "雖聖人與居, 不能化而入也."

쟁이다가 자연스레 같은 지경에 이르게 되는데, 이 또한 학습인 것이네. 익혀서 위로 올라갈수록 다시는 내려오지 못하게 되고 반대로 아래로 내려갈수록 더는 위쪽으로 오를 수가 없게 되니, 급기야는 각자의 성취가 백 퍼센트까지 도달하게 될 뿐일세. 그래서 '습관이 서로를 멀어지게 한다'[118]는 말씀이 나오게 되었지. 이는 또 상지와 하우가 꼼짝 못하도록 만드는 습관의 작용이기도 하네.

　오호라! 그 시작은 단지 십 퍼센트의 차이일 뿐이라, 흡사 거리가 멀지 않고 매우 가까운 듯하기 때문에 '사람의 본성은 서로 비슷하다'고 말씀하셨지. 그런데 그 끝에 가선 급기야 백 퍼센트로까지 차이가 벌어져 한쪽은 성인이 되고 다른 쪽은 도척이 되는데, 천양지차로 달라지는 정황이 이렇더구먼. 그대는 다른 생각은 할 것도 없이 그저 자신의 십 퍼센트가 어느 쪽으로 더 기울었는지 그것만 헤아리게나. 권세와 이익인가? 아니면 인의(仁義) 쪽인가? 어느 쪽으로든 많이 기울게 되면 옮겨가 바뀌는 일이 불가능할 걸세. 별로 많이 기울지 않아 다만 오 할로 나뉘었고 가볍고 무거운 차이가 없다면 이는 곧 이동하여 옮겨갈 수 있음이고, 이는 곧 습관이 될 수 있다는 것이지. 그렇다면 나는 자네를 위해 크게 기뻐하겠네!"

---

118) 『논어』「양화」(陽貨)편. "공자께서 말씀하셨다. '사람의 본성은 서로 비슷하지만 습관이 서로를 멀어지게 한다'(子曰: '性相近也, 習相遠也.')

제11장[119]

유진천이 말했다.

"도덕적 품성(德性)과 학문탐구(問學)[120]를 우리 선배들은 두 가

---

119) 이번 장은 유동성(劉東星)과 이지가 『중용』의 '존덕성'(尊德性)과 '도문학' (道問學)의 관계에 대해 토론한다. 유동성은 두 가지가 별개의 사안이며 하나로 통일하기는 어렵다고 여겼다. 설사 존덕성과 도문학을 성취한다 해도 국가의 흥망과는 무관하다는 입장을 고수하며 도문학에 주력하는 도학자를 비판했던 것이다. 이에 대해 이지는 도문학이 바로 존덕성을 위한 것이며, 양자는 분리될 수 없다고 말한다. 덕성이란 '내 마음에 원래부터 존재하는 조상의 유물'(吾心之故物)이므로 존덕성할 수 있어야 성인의 능사(能事)를 완성할 수 있다는 것이다. 정치에서는 '다른 사람을 기준으로 다스리라'(以人治人)고 말하며, "요순과 길 가는 사람이 같고, 성인과 범인이 똑같다"(堯舜與途人一, 聖人與凡人一.)는 성범평등(聖凡平等)의 주장을 펴고 있다.

120) 덕성(德性)은 인간에게 품수된 자연지성(自然至誠)을, 문학(問學)은 지식탐구를 일컫는다. 이 글에서 논의하는 덕성과 문학은 모두 『중용』제27장의 논의에서 비롯한 것으로, 원문은 다음과 같다. "위대하구나, 성인의 도여! 광대무변 흘러넘쳐 만물을 발육시키니, 하늘처럼 숭고하며 너그럽구나. 성인의 도가 넉넉하고 위대하도다! 예의가 삼백이요, 세세한 의례는 삼천 가지나 되는구나. 이 모두는 덕 있는 이를 기다린 뒤 행해질 것이다. 그러므로 지극한 덕이 아니면 지극한 도가 응집되지 않는다고 말하여진다. 이리하여 군자는 덕성을 존중하고 학문탐구의 길을 가는구나. 광대함에 도달해서도 정미함을 극진히 하고, 고명함에 이르렀지만 여전히 중용의 도리를 따른다.

지 별개의 일로 나누었고, 그래서 주·육(朱陸)의 논쟁[121]이 있었습

기존의 지식을 학습하여 새로운 앎을 획득하고, 후덕한 내면을 돈독히 함으로써 예를 숭상하게 된다. 이런 까닭에 높은 지위에 있어도 교만하지 않고, 낮은 자리에서도 윗사람을 배반하지 않는다. 정치가 맑아 나라에 도가 있으면 그 언사로 한 나라를 흥하게 할 수 있고, 정치가 혼탁하면 그 침묵으로 자신을 보전하기에 충분하구나.『시경』「대아·증민」편에서 '이미 지혜로운데 사리까지 밝으니 그 몸을 잘 보전하도다'라고 했는데, 바로 이를 두고 읊으신 노래였어라!"(大哉, 聖人之道! 洋洋乎發育萬物, 峻極于天. 優優大哉! 禮儀三百, 威儀三千, 待其人然後行. 故曰: 苟不至德, 至道不凝焉. 故君子尊德性而道問學, 致廣大而盡精微, 極高明而中庸. 溫故而知新, 敦厚以崇禮. 是故居上不驕, 爲下不倍; 國有道, 其言足以興, 國無道, 其默足以容.『詩』曰: '旣明且哲, 以保其身.' 其此之謂與!)

121) 주희(朱熹, 1130~1200, 자는 원회元晦)와 육구연(陸九淵, 1139~93, 자는 자정子靜)은 남송의 학자로, 주희는 정주학파(程朱學派)를, 육구연은 심학파(心學派)를 대표한다. 두 사람 다 마음(心)이 선천적으로 부여받은 리(理)라는 점에는 동의하지만 전자는 통상 객관적 유심론을, 후자는 주관적 유심론을 주장했다고 일컬어진다. 주희는 "이치를 탐구함으로써 마음을 밝혀야 한다"(窮理以明心)고 주장했다. 마음속에는 온갖 이치가 다 들어있지만 보통 사람은 기질(氣質)에 가려진 터라 반드시 격물치지를 거쳐야만 그 이치가 밝혀진다고 보았기 때문에 "궁리의 요체는 필경 독서에 있다"(窮理之要, 必在於讀書.)(「갑인행궁편전주찰이」甲寅行宮便殿奏札二)고 말했다. 반면에 육구연은 "마음을 밝힘으로써 이치를 궁구해야 한다"(明心以窮理)고 주장하며, "우주가 바로 내 마음이고, 내 마음이 바로 우주"(宇宙便是吾心, 吾心便是宇宙)(「잡설」雜說), "마음이 바로 이치"(心卽理也)(「여이재」與李宰)라고 인식했다. 마음이 맑아지면 사물의 이치는 저절로 드러나 외부에서 구할 필요가 없다고 보았던 것이다. 논쟁이 계속되자 송 효종(孝宗) 순희(淳熙) 2년(1175), 여조겸(呂祖謙)이 두 학파의 반목을 조정해볼 목적으로 신주(信州, 지금의 강서성 상요현上饒縣)에 위치한 아호사(鵝湖寺)에서 주희와 육구연을 불러 회합하게 하였다. 하지만 주희는 '도문학'(道問學)을 강조하고 육구연은 여전히 '존덕성'(尊德性)을 주장하는 바람에 결과는 별무소득이었다. 주희의 사적은『송사』권429「도학전」(道學傳)과 왕무횡(王懋竑)의『주자연보』(朱子年譜)에, 육구연의 사적은『송사』권434「유림전」(儒林傳)과『송원학안』권58「상산학안」(象山學案)에 실려 있다.

니다. 요즘은 '덕성의 존중'(尊德性)이 바로 학문탐구라고들 말하는데, 왠지 그럴 거라는 믿음이 가질 않는군요. 만약 덕성이 이미 존엄하여 그 한 가지로 문제가 다 해결된다면 어째서 또 수많은 곁가지가 있는 겁니까?[122] 광대(廣大)하고 정미(精微)하다는 도(道)는 어디에 있고요? 옛것을 익히고 후덕한 내면을 도탑게 한다는 것은 대체 어느 동네 얘긴지요?[123] 어디서부터 손을 대야 할까요? 그처럼 덕을 연마한들 고작 자기 혼자만의 앞가림에 불과하니, 어떻게 위든 아래든 자리를 맡아 올바르게 처신하고 한 나라의 흥망성쇠에 관여할 수 있겠습니까? 이미 국사를 담당한 몸이라면 또 어떻게 그 자신의 안전을 지킬 수 있고요? 명철보신이라면 공(公, 이지를 가리킴) 같은 분이 그럴싸하게 이루셨지만, 그것이 천하와 국가에 또 무슨 도움이 되더이까? 종일토록 수고롭게 지내면서 손으론 끊임없이 책장을 넘기고 눈길은 책에서 떼질 못하면서 학문의 길을 걸어오셨지만 그러한 '존덕

---

122) 아호의 논쟁에서 주자는 육상산의 '존덕성'이 선종(禪宗)의 돈오(頓悟)와 유사하다 비판했고, 육상산은 주자의 '도문학'이 지리(支離)하다고 질책하며 "쉽고 간략한 공부가 끝까지 지속되며 확대되고, 번잡한 교육은 오히려 시류에 따라 부침한다"(易簡工夫終久大, 支離事業竟浮沈.)(「화아호교수운」和鵝湖敎授韻)고 비판했다. 본문에서 유동성이 한 '온갖 것을 하나로 끝장낸다'(一了百當)거나 '수많은 곁가지'(許多枝節) 같은 말들은 모두 육상산의 학설에 근접한 것이다.

123) 오직 존덕성만을 강조하며 책을 읽지 않으면 온고지신과 돈후숭례(敦厚崇禮)를 할 수 없다는 의미에서 한 말이다. 주희는 '온고지신'과 '돈후숭례'에 대해 『장구』에서 다음과 같은 주를 달았다. "일의 이치를 분석하는데 터럭 한 끝의 오차도 없게 하고, 일처리에선 과·불급의 오류가 없게 하며, 뜻을 헤아려 날마다 몰랐던 바를 새로 알게 되고, 예를 절도 있게 행해 미처 삼가지 못했던 것을 날마다 새로 삼가게 된다. 이런 일들은 모두 치지의 영역에 속한다"(析理則不使有毫釐之差, 處事則不使有過不及之謬, 理義則日知其所未知, 節文則日謹其所未謹, 此皆致知之屬也.)

성'이 또 어디에 드러난다는 것인지요? 학문이 뭔지도 모르는 사람은 거개가 윗자리에 있더라도 아랫사람에게 양보하고 때론 입을 열거나 혹은 침묵하면서 역시나 알아서들 시의에 맞추더군요. 그런데 앞뒤 꽉 막힌 도학자는 낡은 규범을 고집하고 자기 의견만 내세우며 자극적인 언사로 분탕질 치고 분노만 치솟게 만드니, 저는 내심 혼란스럽기만 합니다! 더군다나 요즘의 존덕성하겠다며 불교를 믿는 자들은 두 눈 감고 정신집중에나 몰두하며 학문은 전혀 거들떠보질 않으니, 이는 또 무슨 소리랍니까? 그리고 도학자라 호칭하는 작자들은 제각기 자기주장만을 고집합니다. 들떠서 조야하게 구는 것을 광대(廣大)함이라 떠벌리고, 자질구레한 일에 매달리면 정미(精微)하다고 칭찬하며, 비굴하게 자기를 낮추고 남을 두려워하면 교만하지 않다 치부하고, 일을 무서워하고 타인에게 굴종하면 배반을 모른다고 하며, 격앙한 채 끝도 없이 지껄이면 나라 구할 인재라 간주하고, 치욕을 삼키면서 인내하면 포용할 줄 안다고 여기며, 제 몸의 안전만 구차하게 챙기는 자는 명철보신을 잘한다고 추켜세우니, 학문에서 귀하게 여길 것이 또 무엇이랍니까? 그렇게 해서 천하와 국가에 도움이 될 것은 또 무엇이고요?"

탁오는 다음과 같이 응수했다.

"사람의 덕성은 본래가 지극히 높고 독보적인 것이지요. 이른바 독자적(獨)이고, 모든 것의 원천(中)이며, 큰 근본(大本)으로 말해지고, 지극한 덕(至德)으로도 일컬어집니다. 하지만 도를 행하려는 노력이 없다면 신독[124]이 무엇인지 어찌 알겠습니까? 무슨 경로로

---

124) 신독(愼獨): 혼자 있는 곳에서도 근신하여 자신의 행위가 도덕기준에 부합

중(中)[125)]에 도달하고, 무슨 수로 근본[126)]을 세우며, 어떻게 최고의
도를 응집[127)]시킨단 말인지요? 그러므로 덕성은 본래 지극히 존엄해
짝이 될 상대가 없습니다. 하지만 반드시 학문 닦는 노력을 통해 길이
열린 다음이라야 천지간 지극히 높고 귀하며 사랑하고 추구할 만한
것들이 내 안에 항상 깃들게 되지요. 그래서 성인은 존덕성을 강조하
셨고, 이 때문에 학문을 닦는 허다한 공부법을 마련하셨습니다. 신독
(愼獨)을 하고 중(中)에 도달해야 하는 까닭에 도를 닦는 데 관한 수
많은 가르침을 말씀으로 내놓으셨지요. 『중용』이란 책 한 권의 내용
은 죄다 수도(修道)에 관한 성인의 가르침이자 학문의 성취에 관한
말씀입니다. 이는 도문학과 존덕성이 둘로 나뉘지 못하는 까닭이지
요. 어떻게 존덕성에는 도문학이 필요치 않다고 말할 수가 있겠습니
까? 분명 사람들이 학문을 닦음으로써 자신의 덕성을 존중하도록 만

하도록 만드는 것. 유가의 수신방법 중 하나로 『중용』 제1장에 보인다. "숨
은 것보다 더 잘 드러나는 것은 없으며, 미세한 것보다 더 확실하게 나타나
는 것은 없다. 그러므로 군자는 그 홀로 있음에 신중하다"(莫見乎隱, 莫顯乎
微. 故君子愼其獨也.)

125) 『중용』 제1장. "희로애락이 아직 발현되지 않은 상태를 '중'이라 일컫고, 이
미 발현되어 절도에 들어맞는 상태를 '화'라고 말한다. 중은 천하의 큰 근본
이요, 화는 천하 사람이 달성해야 하는 도리이다. 중과 화에 도달하면 하늘
과 땅의 자리가 바로잡혀 그 사이의 만물이 잘 자라게 된다"(喜怒哀樂之未
發, 謂之中; 發而皆中節, 謂之和; 中也者, 天下之大本也; 和也者, 天下之達道
也. 致中和, 天地位焉, 萬物育焉.)

126) 『중용』 제32장 참조. "오직 천하에 지극한 성이라야 천하의 인륜도리를 장
악하여 다스릴 수 있고, 천하의 근본을 수립할 수 있으며, 천지만물의 화육
을 알 수가 있다"(唯天下至誠, 爲能經綸天下之大經, 立天下之大本, 知天地
之化育.) 여기서 '대본'(大本)은 근본적인 도덕, 즉 중용지도를 가리킨다.

127) 앞의 『중용』 제27장 해석 참조. "지극한 덕이 아니면 지극한 도가 응집되지
않는다"(苟不至德, 至道不凝焉.)

들려는 내용뿐이지요. 이런 이유로 덕성은 본래 지극히 넓고 극도로 거대한 것으로 정의되니, 이른바 '천하가 싣지 못한다'[128]는 이를 두고 한 말이었습니다. 그리고 또 지극히 정밀하고 극도로 미세하다 했지요. 정밀함은 순임금 조정의 '유정'(唯精)이고, 미세함인즉슨 순임금 조정의 '유미'(唯微)[129]입니다. 그런데 『중용』에서는 또 '보이지 않아도 환히 드러난다'(夫微之顯)[130] 하고, '미세한 것보다 더 확실하게 나타나는 것은 없다'(莫顯乎微)[131]고 말했으니, 내 덕성의 정밀함과 미세함에 대한 그 묘사가 너무나 지당하고 극진합니다그려! 무릇 광대하면서도 한편으론 또 정미하니, 어떻게 내 덕성의 존귀함이

---

128) 출전은 『중용』 제12장. "군자가 고수하는 도는 밝게 드러나면서도 은미하여 찾아내기 어렵다. 비록 필부필부라도 알 수가 있지만, 그 지극한 부분에 이르러선 제아무리 성인일지라도 알지 못할 바가 존재한다. 평범한 사내와 계집이라도 행할 수 있지만, 그 가장 오묘한 부분에 이르면 성인이라도 행하지 못할 바가 있다. 천지처럼 큰 대상이라면 그 불확실성에 대해 사람들이 유감을 품을 수 있다. 그러므로 군자의 말이 크면 천하가 그것을 지탱하여 받들 수 없고, 말이 왜소하더라도 천하가 그것을 깨뜨리지 못한다. 『시경』에 이르기를 '솔개는 창공을 향해 날고, 물고기는 연못에서 튀어오른다'고 했는데, 이는 도가 위아래로 두루 비춤을 은유한다. 군자의 도는 평범한 남녀에서 시작되지만, 그 극치에 다다르면 온 천지를 환하게 밝힌다"(君子之道, 費而隱. 夫婦之愚, 可以與知焉; 及其至也, 雖聖人亦有所不知焉. 夫婦之不肖, 可以能行焉; 及其至也, 雖聖人亦有所不能焉. 天地之大也, 人猶有所憾. 故君子語大, 天下莫能載焉; 語小, 天下莫能破焉. 詩云: '鳶飛戾天, 魚躍于淵.' 言其上下察也. 君子之道, 造端乎夫婦, 及其至也, 察乎天地.)

129) 『상서』「우서·대우모」(虞書大禹謨)에 순임금의 다음 말씀이 실려 있다. "사람의 마음은 불안하기만 하고, 도를 향한 마음은 미약하기만 하다. 오로지 정신을 하나로 모아 성실한 마음으로 중정(中正)의 도리를 지키시라"(人心惟危, 道心惟微, 惟精惟一, 允執厥中.)

130) 출전은 『중용』 제16장.

131) 출전은 『중용』 제1장.

현현되지 않을 수가 있겠습니까!

덕성은 본래 지극히 높고 지극히 맑으니, 제아무리 밝은 하늘이라도 그 밝음을 비기기엔 부족하고, 푸르디푸른 하늘이라도 그 높이를 견주기엔 충분치가 않습니다. 거기다 또 지극히 '불편부당'(中)하고 '일상적'(庸)이지요. 한가운데 딱 알맞게 자릴 잡았으니 동서남북 어디도 비빌 데가 없고 머물 수 있는 장소나 정해진 방향도 없지요. 이런 까닭에 부득이한 억지 작명으로 중(中)이라 부르게 되었습니다.[132] 중앙에 위치한지라 사람들 누구나 닿을 수 있고, 성실하여 스스로 멈추는 일도 본디부터 없습니다.[133] 만세(萬世)가 지나도 바뀌지 않을 '항구적 규범'(常)인 까닭에 천고에 없어지지 않을 덕이 바로 그 안에 들었으니, 이것이 일상성(庸)이 아니면 대체 무엇이겠습니까? 고명한 데다가 중용의 도리까지 따르니, 또 어떻게 덕성의 존엄함이 드러나지 않을 수가 있겠습니까? 덕성이 드러나도 그 시작은 알 수가 없는데, 이는 원래부터 내 마음에 들어있는 것인 까닭이지요. 이는 현재로부터 과거의 처음 순간으로 거슬러 올라가더라도 마찬가지일 것입니다. 바꿔서 현재에서 미래로 나아가더라도 날마다 새로울 뿐 낡은 것이 없습니다. 오늘이 새롭고 내일이 새로우면 모레 또한 새롭겠지요. 언제나 똑같이 이 마음은 해묵은 골동품이면서도 새로워지는 일이 끝이 없으니, 이른바 '해와 달이 비록 오래되었지만 천

---

132) 『노자』 제25장의 다음 문장을 원용했다. "나는 그 이름을 알지 못해 문자를 써서 '도'라 말하고, 억지로 작명하여 '크다'라고 부른다"(吾不知其名, 字之曰道, 強爲之名曰大.)

133) 『중용』 제26장. "성이란 사물의 끝이며 시작이니, 성실하지 않으면 사물도 없다. ……그러므로 지극한 성은 쉼이 없다"(誠者物之終始, 不誠無物. ……故至誠無息.)

고에 늘 새롭구나'라는 말 그대로입니다. 해와 달조차 그러한데 덕성이야 나위가 있을까요? 그것은 언제나 오래된 고물이면서도 늘 이처럼 새로우니, 어떻게 또 덕성의 존엄함이 드러나지 않을 수가 있겠습니까!

대지와 같이 넓고 두터워 제아무리 충분히 두꺼운 것이라도 내 덕성의 두터움에는 비길 수가 없습니다. 이걸 보면 덕성은 흡사 위에서부터 아래로 내려온 것 같지요.[134] 그러다 다시 아래에서 위로 올라가게 되면 아홉 층의 누대를 쌓기도 하고, 하늘 높이 치솟은 궁궐을 지을 수도 있으며, 구름 뚫고 우뚝 선 전각을 건축할 수도 있습니다. 이른바 시간이 흐를수록 단단해져 뚫기도 갈수록 어려워지고 또 너무나 높아서 갈수록 우러르지도 못한다는 옛말 그대로지요.[135]

어째서 그 중요한 바(덕성)는 두터울수록 견고해지고, 이른바 그 예(禮)라는 것은 왜 또 나날이 융성하여 갈수록 추앙될까요! 이는 충성스럽고 신실하면 너끈히 덕으로 나아갈 수 있음을 의미합니다. 내면이 충실하여 빛을 발할 수 있고[136], 만물을 도탑게 만드는 덕성이

---

134) 사람은 땅 위에 있고 대지는 무한히 두텁기 때문에 위에서 아래로 내려왔다는 비유를 든 것이다.

135) 『논어』「자한」편에서 안연은 공자의 도에 대해 찬탄하며 이렇게 말한다. "우러를수록 높아만 가고, 뚫을수록 단단해진다"(仰之彌高, 鑽之彌堅.) 이 글에서는 덕성에 관한 묘사로 원용되었다.

136) 『맹자』「진심」 하편에서 따왔다. "모두 그를 따르고 싶어 하면 착한 사람이고, 그러한 덕이 몸 안에 구현되어 있으면 미더운 사람이다. 미덕으로 온통 충만한 이는 아름다운 사람이고, 내면의 충실함이 드러나 빛을 발하면 대인이라 일컫는다. 대인(大人)이면서 남들을 감화할 수 있으면 성인(聖人)이라 부르고, 성인이면서 알지 못할 깊이를 지닌 이는 신인(神人)이라 일컫는다"(可欲之謂善, 有諸己之謂信, 充實之謂美, 充實而有光輝之謂大, 大而化之之謂聖, 聖而不可知之之謂神.)

시냇물처럼 자연스럽게 흐르니[137], 덕성의 존엄함이 어떻게 또 드러나지 않을 수 있겠습니까? 종합해 보건대 모두가 덕성의 힘인 거지요. 그런데 사람들은 그것을 받들어야 할 이유를 잘 모르니, 이런 까닭에 도문학의 수고가 필요하게 되었습니다. 만약 학문탐구의 효용성을 알지 못한다면 광대함은 누가 달성하고, 정미함은 누가 극진히 하며, 고명함은 누가 이루고, 중용의 도는 누가 달성하겠습니까? 그리고 '옛것을 익혀 새것을 알고'(溫故而知新) '후덕한 내면을 돈독히 하여 예를 숭상'(敦厚以崇禮)하는 일은 또 누가 수행하고요? 그러므로 성인은 학문탐구를 중시하셨습니다. 학문을 깊게 연마하는 것이 바로 덕성을 존중하는 방도인 까닭이지요. 덕성을 존엄하게 할 수 있다면 성인의 능력은 남김없이 발휘됩니다. 이렇게 해서 어떤 이는 국가경영에 참여하게 되고, 혹자는 세속을 벗어나려 하며, 누군가는 은둔하고, 누군가는 모습을 드러내게 되지요. 어떤 이는 강하고 어떤 이는 부드러우며 누구는 되고 누구에겐 불가능합니다. 정녕 모든 것이 우리 사는 세상의 고르지 못한 물정세태인지라, 성인께서도 있는 그대로 내버려두셨지요. 그래서 '사람으로써 사람을 다스린다'[138]고 말한 것입니다.

무릇 교만하거나 배반하지 않고 말하거나 침묵하는 모든 언행을

---

137) 『중용』 제30장의 다음 구절을 원용하였다. "작은 덕은 시냇물처럼 쉼 없이 흐르고, 큰 덕은 만물의 화생(化生)을 도탑게 한다"(小德川流, 大德敦化.)

138) 각자의 상황 따라 다스림으로써 제각기 할 일을 하도록 유도한다는 뜻. 『중용』 제13장의 "그러므로 군자는 다른 이를 기준으로 하여 사람을 다스리니, 잘못을 깨달아 고치면 더 이상 간여하지 않고 멈춘다"(故君子以人治人, 改而止.)는 구절을 원용했는데, 이에 대해 주희는 『장구』에서 "원래 사람을 책망하더라도 그가 알 수 있고 행할 수 있는 바를 갖고 나무라야 한다"(蓋責之以其所能知能行.)고 보다 구체적으로 설명한 바 있다.

시의에 합당하게 맞추는 것이야말로 우리들 처세에서 가장 잘 통하는 오랜 원칙입니다. 이는 비록 학문을 닦은 적이 없더라도 덕성을 존중하는 사람이라면 더러는 훌륭히 잘해낼 수 있지요. 그러므로 성인의 뜻은 다음과 같으니, '너희는 덕성을 존중하는 사람을 이인(異人)으로 여기지 말라, 저들의 그런 행위는 뭇 사람들 역시 가능한 바에 불과하다. 사람들은 다만 본성에 따라 움직일 뿐이니, 성인의 행위라 해서 지나치게 높여 보진 않는 게 좋겠다'라는 것이지요.

요·순(堯舜)과 길 가는 행인이 같고, 성인과 범인이 다르지 않습니다.[139] 지금의 관점으로 보자면 문왕은 큰 성인이 아니겠습니까? 그런데 그런 분이 유리(羑里)에서 옥에 갇힌 죄수가 되어 목숨조차 거의 보전하지 못할 뻔했으니[140], 제아무리 문왕이라도 때로는 침묵해야 용납이 된다는 걸 모르신 때가 있었던 겁니다. 다행히도 산의생[141] 무리가 있어 특별히 기발한 계책으로 서백(西伯)을 호랑이 아가리에서 탈출시켰지요. 하지만 몸은 요행 위험에서 벗어났어도 임금을 불

---

139) 이지의 이 말은 맹자나 왕양명의 다음과 같은 말들에서 계발되고 영향 받았다고 할 수 있다. "요순과 보통사람이 똑같을 따름이다"(堯舜與人同耳.) 『맹자』 「이루」(離婁) 하편; "성인을 일반백성에 비하더라도 역시 비슷하다" (聖人之於民, 亦類也.) 『맹자』 「공손추」(公孫丑) 상편; "사람이 태어날 때부터 구비되는 양지와 양능은 필부필부와 성인이 다 똑같을 뿐이다"(良知良能, 愚夫愚婦與聖人同) 『전습록』(傳習錄) 중편.

140) 문왕이 모함을 받아 유리(羑里, 지금의 하남성 탕음현湯陰縣 북쪽)에 감금되자 산의생 등이 미녀와 명마, 보석 등을 은나라 주왕(紂王)에게 바치고 그를 석방시킨 일이 『사기』 「주본기」(周本紀)에 보인다.

141) 산의생(散宜生): 주나라 초기의 대신으로 문왕사우(文王四友) 중의 한 명이다. 문왕을 보좌하며 굉요(閎夭)·강상(姜尙)·태전(太顚) 등과 함께 계책을 짜내 문왕을 유리에서 탈출시켰다. 훗날 무왕을 도와 주왕을 토벌하기도 했다.

의에 빠뜨렸다는 허물까지 모면할 순 없었습니다.[142] 공부자께서 '지위가 높아도 교만해선 안 된다'고 스스로 일컬으신 것은 바로 이 경우를 두고 하신 말씀이었지요. 대저 윗자리를 차지했을 때도 교만하면 안 되거늘 은둔하여 낮은 데 임한 참이야 나위가 있겠습니까! 그러나 아프다는 핑계로 유비(孺悲)를 만나지 않았으면 그것으로 충분한데 어째서 거문고를 가져와 노래까지 부르셨을까요?[143] 양화(陽貨)에게 답방하지 않으면 그만이지 왜 군이 그가 집에 없는 때를 염탐해 찾아간단 말입니까?[144] 공부자를 두고 교만하다는 것은 정녕 아니 될 말이지만, 교만하지 않았다는 것 또한 나는 감히 믿지를 못하겠

---

142) 주왕(紂王)에게 뇌물을 바치고 문왕이 석방된 일을 가리킨다. 문왕의 입장에서는 주군을 불의에 빠뜨린 것이기 때문에 허물이 될 수 있다.

143) 『논어』「양화」편. "유비가 공자를 만나려고 했지만, 공자는 병을 핑계로 만나주지 않았다. 명을 전하는 심부름꾼이 방문 밖으로 나서자마자 공자는 거문고를 끌어다가 노래하면서 그가 노랫소릴 듣도록 하였다"(孺悲欲見孔子, 孔子辭以疾. 將命者出戶, 取瑟而歌. 使之聞之.) 유비는 노나라 출신으로 일찍이 노 애공(魯哀公)이 공자에게 보내 사상례(士喪禮)를 배우게 했다는 기록이 『예기』「잡기」(雜記) 하편에 실려 있다.

144) 『논어』「양화」편. "양화가 공자를 만나려고 했다. 공자가 만나주질 않자 그는 삶은 통돼지를 예물로 보냈다. 공자는 그가 부재중인 틈을 타 예방하러 갔다가 도중에 그와 맞닥뜨렸다. 양화는 공자에게 '이리 오시오! 내 그대에게 할 말이 있소이다' 하더니, '보석 같은 재능을 가슴에 품고 그 나라를 혼미하게 내버려두는 것을 인이라 말할 수 있겠습니까?'라고 물었다. 공자가 '아닙니다' 하고 대답하자, '종사하길 좋아하지만 자주 때를 놓치는 걸 두고 지혜롭다 말할 수 있겠습니까?'라고 말했다. '그렇지 않지요.' '해와 달이 흘러가고 있습니다. 세월은 내 뜻대로 흘러가진 않지요.' 공자가 말씀하셨다. '그렇습니다. 제가 장차 벼슬을 하지요.'"(陽貨欲見孔子, 孔子不見, 歸孔子豚. 孔子時其亡也, 而往拜之, 遇諸塗. 謂孔子曰: '來! 予與爾言.' 曰: '懷其寶而迷其邦, 可謂仁乎?' 曰: '不可.' '好從事而亟失時, 可謂知乎?' 曰: '不可.' '日月逝矣, 歲不我與.' 孔子曰: '諾. 吾將仕矣.')

습니다. 이런 걸 보면 처세에 관한 성인의 말씀에는 또 일반인의 의론에 합치되지 않는 구석이 많다는 게 드러나죠. 하지만 그것이 또 어떻게 성인에 대한 관찰일 것이며 그분을 탓하기에 충분한 사안이 되겠습니까? 특히 '보신'(保身)이나 '명철'(明哲) 운운하는 말들은 공부하는 자들이 핑계거리로 내세우면 아니 될 듯싶습니다. 왜냐하면 이는 '위험한 나라에는 들어가지 않고 어지러운 나라는 거주하지 않는다'[145]는 경우를 두고 하신 말씀이기 때문이지요. 기왕에 임금이 주는 녹을 먹고 누군가의 나라에 출사했다면 나랏일에 있어선 가정을 잊고 공적인 경우에는 사사로운 개인을 잊어버리는 것이 그 사람의 의(義)입니다. 입 꼭 다문 채 침묵을 지킴으로써 환심이나 사려는 주제에 어떻게 되레 나는 명철을 실천할 거라고 강변한단 말입니까! 게다가 공부자는 또 '신하는 충성으로 임금을 섬겨야 한다'[146]고 말씀하지 않으셨던가요? '임금을 섬길 때는 그 일을 정성껏 한 뒤 그 밥을 먹어야 한다'[147]고 했고, '임금을 섬길 때는 자기 몸을 바칠 수 있어야 한다'[148]고도 말씀하셨습니다. 저들 도학자들이 유독 이런 말들을

---

145) 『논어』 「태백」(泰伯)편. "위험한 나라에는 들어가지 않고, 어지러운 나라에는 거주하지 않는다. 세상에 도가 있으면 자신을 드러내고, 도가 없다면 은둔하여 숨는다. 나라에 도가 있는데도 빈천하다면 부끄러운 일이고, 도가 없는데도 부유하고 귀하다면 그 자체가 치욕이다"(危邦不入, 亂邦不居. 天下有道則見, 無道則隱. 邦有道, 貧且賤焉, 恥也; 邦無道, 富且貴焉, 恥也.)

146) 출전은 『논어』 「팔일」편. "정공이 물었다. '임금은 신하를 어떻게 부리고, 신하는 임금을 어떻게 섬겨야 할까요?' 공자가 대답하셨다. '임금은 신하를 예로써 부리고, 신하는 임금을 충으로 섬겨야 합니다'"(定公問: '君使臣, 臣事君, 如之何?' 孔子對曰: '君使臣以禮, 臣事君以忠.')

147) 『논어』 「위령공」편. "공자가 말씀하셨다. '임금을 섬김에서는 먼저 그 일을 잘 해낸 다음에 그 보수를 말해야 한다'"(子曰: '事君, 敬其事而後其食.')

148) 『논어』 「학이」편에 보이는 이 대목은 공자가 아닌 제자 자하의 말이다. "자

절취하여 스스로를 분식하는 행위는 도를 해치는 짓거리입니다.

아아! 세상을 살아가며 치국평천하를 직접 이루고 싶은 자라면 어쨌든 나랏일 다루는 경륜지학이 별도로 있어야 하니, 대학(大學)의 도리를 굼뜨다고 여기며 강구하지 않는 일이 있어선 안 됩니다. 바야흐로 오늘날은 성스런 천자가 윗전에 계시고 현명한 공경(公卿)이 아랫자리에 있습니다. 직무에 임해 녹을 먹고 충성을 다해 주군에게 보답하니, 보신(保身)의 관점 따윈 입에 올려서도 안 될 뿐만 아니라 마음속에 싹조차 틔우면 안 됩니다. 만약 그런 마음이 있다면 그거야말로 불충이지요. 지금이 대관절 무슨 시절입니까? 어떻게 춘추시대 같은 난세라 하겠는지요? 공자는 불행히도 그런 시대를 살았던 까닭에 간곡한 언사로 명철(明哲)할 것을 말씀하셨습니다.[149] 하지만 비간(比干)은 심장이 도려내졌어도 공자는 또 그를 대단히 어진 인물

하가 말했다. '현인을 현인으로 모시면서 아리따운 여인 좋아하듯 대하라. 부모를 섬길 때는 그 힘을 다하고, 임금을 섬길 때는 자기 몸을 바쳐라. 벗과 사귈 때 말에는 신의가 있어야 한다. 그런 이라면 비록 배우지 않았더라도 나는 반드시 그를 배웠다고 하리라'"(子夏曰: '賢賢易色, 事父母能竭其力, 事君能致其身, 與朋友交言而有信. 雖曰未學, 吾必謂之學矣.')

149) 『중용』제27장에서 "나라에 도가 없으면 그 침묵으로 자신을 보전할 수 있다"(國無道, 其默足以容.)고 한 것은 『중용』의 저자 말이라서 공자의 언론으로 간주하긴 어렵다. 공자가 말씀하신 '명철'은 『논어』의 다음 편장들에서 확인된다고 봐야 할 것이다. "나라에 도가 있으면 말과 행동이 다 꼿꼿해야 하지만, 도가 없다면 행동을 꼿꼿이 하되 말은 겸손해야 한다"(邦有道, 危言危行; 邦無道, 危行言孫.)「태백」편; "천하에 도가 있으면 모습을 드러내고, 도가 없으면 은둔하여 숨는다"(天下有道則見, 無道則隱.)「헌문」편; "나라에 도가 있다면 버려지지 않고, 도가 없으면 형벌을 면한다"(邦有道, 不廢; 邦無道, 免於刑戮.)「공야장」편; "나라에 도가 있으면 출사하고, 나라에 도가 없으면 물러나 모든 것을 거둬서 가슴속에 품어둘 뿐이다"(邦有道, 則仕; 邦無道, 則可卷而懷之.)「위령공」편.

로 여기셨지요.[150] 어떻게 거기다 대고 공자님은 명철함을 좋아하여 비간이 제 몸조차 보전하지 못한 것을 거듭 질책하셨다고 말할 수 있겠습니까? 더군다나 지금이 또 어떤 시절인가요? 하릴없이 녹만 받아먹는 자나 존덕성의 공부가 안 된 자만 질책하면 그만일 뿐이지요. 존덕성 할 수가 있는데 온몸을 던져 임금을 섬기지 못한 자는 일찍이 존재한 적이 없습니다.

대저 자신과 가정을 중시하면 천자에 대한 생각이 엷어지기 마련이고, 명분에 대한 관심이 깊으면 천자에 대한 생각 또한 가벼워집니다. 비록 길고 짧은 차이는 있지만 천자를 염려하지 않는 건 매한가지겠지요. 이런 까닭에 인정(사적인 염려)과 의리(군주에 대한 염려)를 제대로 분간 못해 위아래 간격이 벌어지는 것은 예나 지금이나 똑같으니, 대관절 누가 그 허물을 자임하려 들까요? 이는 존덕성의 공부가 긴박할 수밖에 없는 까닭입니다. 만약 힘이 달려 책임을 감당 못하고 연배가 높아 정신이 혼미하고 둔한데도 사직하고 돌아갈 줄 모른다면 곧바로 비난과 축출이 뒤따르게 되니, 이는 명철함과는 본디 아무 관계도 없다 하겠습니다.[151]

---

150) 『논어』「미자」(微子)편에 다음과 같은 기록이 실려 있다. "미자는 떠났고, 기자는 노예가 되었으며, 비간은 간언하다 죽었다. 공자께서 말씀하시길, '은나라에는 어진 사람 세 명이 있었다'고 하였다"(微子去之, 箕子爲之奴, 比干諫而死. 孔子曰: '殷有三仁焉.') 비간은 은나라 주왕의 숙부인데 주왕의 음행(淫行)이 그치질 않자 "사람의 신하된 자로서 죽음으로 말리지 않을 수 없다"(爲人臣者不得不以死爭)며 충간을 강행했다. 주왕은 노해 "내가 듣자하니 성인의 심장에는 일곱 개의 구멍이 나 있다더라"(吾聞聖人心有七竅)고 소리치며 비간을 죽이고 그 심장을 도려냈다는 이야기가 『사기』「은본기」(殷本紀)에 보인다.

151) 이 구절은 앞에서 유동성이 "명철보신이라면 공 같은 분이 얼추 이루신 듯 하다"고 말한 데 대한 이지 나름의 답변으로 보인다.

대저 『중용』이란 책은 오로지 존덕성의 성취에 대해서만 말하고 있습니다. 이는 요·순 이래로 전해져온 학문이고, 공자님이라도 거기서 별다를 수는 없습니다. 『대학』 한 권은 전적으로 대인(大人)의 공부에 관해서만 논의하고, 비록 평범한 백성일지라도 이 세상에 밝은 덕을 밝히지 못할 이는 없다고 하였지요. 이것인즉슨 공자님이 독보적으로 체득한 학문이니, 천고의 어떤 성인도 그분과 같다고 할 수는 없겠습니다."

제12장¹⁵²⁾

회림(懷林)이 말했다.

"『대학』의 '정심장'(正心章)이 성인께서 그린 '명심도'(明心圖)¹⁵³⁾라고 한다면, 『논어』에 나오는 '아는 게 있다'(有知)와 '아는 게 없다'(無知)¹⁵⁴⁾는 말씀 역시 마음 밝히는 길을 일깨우는 도상이라 하겠습니다. 성인께서 만약 '내가 아는 게 있겠느냐?'고 말씀하셨다면, 이는 안다는 사실에 대해 스스로 의문을 품으신 거지요. '나는 아는 게 없다'고도 했는데, 이걸 보면 또 자신의 무지를 스스로 확신하신 듯도 합니다. 알든 모르든 항상 이처럼 처신하며 감히 안다고 우쭐대지 않으셨지요. 왜 그랬을까요?

---

152) 이번 장은 제6장에 이어 다시금 회림과 더불어 '명심도'를 논한다.

153) 승려인 회림이 말하는 '명심'(明心)은 세속의 잡념을 끊고 잃어버린 본성을 깨닫는 일이다. 따라서 '명심도'는 번뇌의 잡념 없이 맑고 고요한 마음으로 나아가는 길을 깨우쳐주는 서적 혹은 도상을 비유하는 말이 된다. 앞의 제6장에서도 '명심'이 같은 의미로 쓰이고 있다.

154) 『논어』「자한」편. "공자가 말씀하셨다. '내가 아는 게 있는가? 나는 아는 것이 없다. 다만 농부가 묻는데 아무 내용 없는 어리석은 질문이라도 나는 그 양끝을 전부 드러내서 성의를 다해 답변해준다'"(子曰: '吾有知乎哉? 無知也. 有鄙夫問於我, 空空如也, 我叩其兩端而竭焉.')

'내가 아는 게 있겠느냐'고 말한 경우를 상정해보지요. 시골농부가 질문을 해오는데 나는 실로 멍청할 뿐이어서 마음속에 지식이라곤 전혀 없는 무식쟁이만 같습니다. 흡사 농부의 물음에 답하기에도 부족한 사람처럼 말이죠. 반대로 '내가 모르겠느냐'고 말하는 경우 같으면 양 극단(兩端)[155]을 모두 헤아리면서 그에게 온갖 것 다 쥐어짜낸 답변을 들려줄 겁니다. 그 대답이 어디서 나왔는지 자신은 또 알지도 못한 채 말이죠. 그렇다면 내가 유식하다고 뻐겨서도 안 되고, 나는 아는 게 없다고 떠벌려도 역시 안 됩니다. 이는 또 공부자께서 그려내신 명심도지요. 실로 그렇지 않은가요?"

나는 이렇게 생각한다.

만약 이 말대로라면 공부자는 가는 곳마다에서 사람들에게 '명심'을 보여주신 분이 된다. 마음이란 원래 방향이고 처소고 간에 없는 것이다. 때문에 들어갈 장소가 있다 해도 찾아지지 않지만, 깃들 자리가 없으면 또 얻어지질 않는다. 마음은 또 원래 지식과는 상관없는 것인 까닭에 붙들고 있다 해서 앎이 쌓이는 건 아니다. 하지만 붙잡고 있다 보면 완전히 무지해질 수도 없게 된다. 오직 침묵하는 가운데 인식한 것만이 참된 '앎'(知)이다. 들어갈 자리가 있든 없든 지식이 쌓이든 말든 정녕 나하고 무슨 상관이겠나!

---

155) 주희는 『장구』에서 양단(兩端)에 대해 이렇게 설명하였다. "양쪽 끄트머리와 같은 뜻이다. 끝과 시작, 근본과 말엽, 형이상과 형이하, 자세하고 소략한 그 어떤 것도 포괄하지 않는 바가 없다"(兩端, 猶言兩頭. 言終始·本末·上下·精粗, 無所不盡.) 즉 가능한 모든 논리를 다 제시해서 성의껏 대답해준다는 의미이다.

제13장¹⁵⁶⁾

"천하의 일은 의(義)에 합당하면 그걸로 그만이기 때문에 성인께서는 '오직 의로움에 따를 뿐'¹⁵⁷⁾이라고 말씀하셨지요. 그렇다면 군자는 세상일에 있어 의로움으로 바탕을 삼으면 그것으로 다 가려지는데 왜 또 예를 행하라, 겸손하게 표현하라, 또 신의로써 일을 완성

---

156) 이번 장은 공자가 이야기한 의(義)·예(禮)·겸손(遜)·믿음(信)에 관해 논술한다. 예와 겸손은 역대로 유가가 강조하던 바였다. 공·맹·순자는 모두 국가경영의 각도에서 예를 논했는데, 특히 순자는 "예는 인심에 따르는 것을 근본으로 삼는다. 그러므로 『예경』에 기재되지 않았더라도 인심에 따른 것은 모두 예가 된다"(禮以順人心爲本, 故亡於禮經而順於人心者, 皆禮也.)(『순자』「대략」大略편)면서 강조하여 마지않았다. 『예기』에서도 "인심에 부합한다"(合于人心)(「예기」禮器편); "인정에 따른다"(順人情)(「상복사제」喪服四制편)고 하면서 민심과 민의(民意)에 따르는 것이야말로 '예'라고 일컬었다. 이지는 이번 장에서 "예란 누구나 지니고 있지만 저마다 다른 내용"(禮者, 人人各具, 人人不同.)이라고 정의한다. 예는 사람들이 "저마다 자기에게 편안한 자리를 획득하는 것"(各得其所)이니, 그 실행은 "피차가 만족하고 모두의 뜻이 화합하도록"(彼我皆得, 衆志皆洽) 만드는 것이라고 일깨운다. '예'에 관한 이러한 논의는 15장으로 계속 이어지고 있다.

157) 『논어』「이인」(里仁)편. "공자가 말씀하셨다. '군자는 세상일에 대해 억지로 구하지 않고 일부러 반대하지도 않는다. 다만 의로움에 따를 뿐이다'"(子曰: '君子之於天下也, 無適也, 無莫也, 義之與比.')

시켜라, 하고 말씀하신 겁니까?[158] 이미 쓸데없는 췌언 아닌가요?"

질문에 대한 나의 답변이다.

단독으로 의(義) 하나만 갖고 얘기하더라도 네 가지 덕[159]은 모두 구비된다. 그래서 '의'를 총괄명칭으로 삼았는데, 흡사 건괘(乾卦)에 네 가지 덕[160]이 내재한 것과도 같다. 이제 각각을 거론하여 설명하는 까닭은 바로 그것들이 의로움의 작용을 최고치로 끌어올리기 때문이다.

대저 천하의 일이란 내게 있어 당연한 것이라도 남에게는 마땅치 않은 것이 확실히 존재하니, 그러면 예가 따라오질 못하게 된다. 예는 사람이라면 누구나 지니고 있지만 저마다 다른 내용이기 때문이다.

만약 온 집안에 웃음꽃 만발한 잔치가 벌어졌는데 유독 한 사람만 구석에서 울고 있다면 다른 이들도 편안하기 어려운 법이다. 때문에 반드시 예로써 그를 달랜 연후라야 피차가 만족하고 모두의 심정이 흐뭇해지게 된다. 다들 이미 화기애애 어우러졌는데 만약 누군가가 유별나게 굴면서 그 일이 자기 공이라 우긴다면, 이는 불손한 것이다. 그러므로 의사는 반드시 겸손하게 표현해야 한다. 그렇게 남에게 겸양의 미덕을 발휘하더라도 나 자신은 그것이 왜 좋은지 알지 못하고,

---

158) 「위령공」편. "공자가 말씀하셨다. '군자는 의로움을 바탕으로 삼고, 예로서 행동하며, 겸손하게 말하고, 신의로써 일을 완성시킨다. 그래야만 군자라고 할 것이다!'"(子曰: '君子義以爲質, 禮以行之, 孫以出之, 信以成之. 君子哉!')

159) 이 문장의 '네 가지 덕'(四德)은 위에서 말한 의·예·손·신(義禮遜信)을 가리킨다.

160) 여기서는 『주역』 건괘(乾卦)의 괘사(卦辭)인 '원·형·이·정'(元亨利貞)을 가리킨다. 「문언전」(文言傳)에선 이 네 가지를 두고 사덕(四德)이라 불렀다.

공을 남한테 돌리지만 내게는 그것이 공이 된다는 의식조차 없어야 한다. 그런즉슨 의(義)라는 명분도 없고 예(禮)라는 꼬리표도 안 달리게 되니, 이를 두고 은근하면서도 겸손하다고 일컫는다. 사람들로 하여금 이런 겸양이 아름다운 줄도 모르게 만들어버린 것이다. 이 같은 경우는 원래 진심에서 우러나와 정성스런 뜻에 근본을 둔지라 시작에 맞춰 끝이 이뤄지고 안과 밖이 완전히 일치한다. 이는 충(忠)과 신(信)[161]을 원칙으로 삼았기 때문이니, 그런 사람이라면 어찌 군자가 아닐 것이랴!

세상에서 어려운 일은 다만 덕(德)을 양보하는 것인 까닭에 공자는 이렇게 말씀하셨다.

'예와 겸양으로 나라를 다스릴 수 있다면 무슨 어려움이 있으랴!'[162]

---

161) '충신을 위주로 한다'(主忠信)는 표현은 다음과 같이 『논어』에 여러 차례 나온다. "공자가 말씀하셨다. '군자가 무게가 없으면 위엄이 서지 않고, 배워도 견고하게 붙들지 못한다. 매사 충성과 신의로 일관하며, 자기보다 못한 자를 벗하지 않고, 허물이 있으면 고치기를 꺼리지 않는다'"(子曰: '君子不重則不威, 學則不固. 主忠信, 無友不如己者, 過則勿憚改.') 「학이」편; "속에서 우러나온 마음과 미더운 말이 근본이 되어야 한다. 자기보다 못한 자를 친구로 삼지 않고, 허물이 있으면 고치기를 꺼려하지 않는다"(子曰: '主忠信, 毋友不如己者, 過則勿憚改.') 「자한」편; "자장이 덕을 높이고 미혹을 분변하는 방법을 묻자, 공자가 말씀하셨다. '충과 신을 원칙으로 삼고, 의로움을 행하는 것은 덕을 숭상하는 일이다. 어떤 대상을 사랑하면 그것이 잘되길 바라고, 미워하면 죽기를 바라게 된다. 기왕에 잘되기를 바랐지만 또 한편으론 죽기를 원한다면, 이는 미혹된 것이다'"(子張問崇德辨惑. 子曰: '主忠信, 徙義, 崇德也. 愛之欲其生, 惡之欲其死. 既欲其生, 又欲其死, 是惑也.') 「안연」편.

162) 『논어』 「이인」편. "공자가 말씀하셨다. '예와 겸양으로 나라를 잘 다스릴 수 있을까? 그렇게만 한다면 무슨 어려움이 있겠는가? 예와 겸양으로 나라를

중유(仲由)는 겸양하지 않았고, 이 때문에 공자는 쓴웃음을 지으셨다.[163] 원래 겸양할 수만 있다면 천하에 복잡한 일은 생겨나지 않는다. 이제 와서 보면 공부자는 평소 '인(仁)에 관한 한 누구에게도 양보하지 않는다'[164]고 말씀하셨을 뿐이니, 인에 관한 것 말고는 양보해선 안 되는 일이 하나도 없음을 알 수가 있다.

지금의 관점으로 보건대 백이(伯夷)와 태백(泰伯)은 의당 한 나라를 소유한 군주가 되었어야 하는데, 이는 두 사람이 의롭기 때문이다. 하지만 태왕(太王)은 계력(季歷)을 세우려는 심산이었고 고죽군(孤竹君)은 숙제(叔齊)를 후계자로 삼으려는 뜻이 있었으니, 두 사람이 만약 적장자임을 내세워 의(義)를 주장한다면 태왕이나 고죽군의 염원은 달성될 수 없고, 태왕과 고죽군에게 순종하려는 두 사람의 예도 어그러졌을 것이다. 그러므로 예라는 각도에서 판단하자면 태백은 종묘의 대통을 잇기에 결코 마땅치 않았다. 만약 표가 나게 계력을 그 자리로 밀었더라면 아마도 태왕이 편안할 수 없었을 것이다. 이렇듯 표시나지 않게 예를 따른다는 것은 자식 된 처지에선 더군다나 어려운 일인 까닭에 태백은 결국 머리카락을 풀어헤치고 미친 듯 발광

잘 다스리지 못한다면 대체 예를 어찌할 것인가?'"(子曰: '能以禮讓爲國乎? 何有? 不能以禮讓爲國, 如禮何?')

163) 공자와 여러 제자들이 각자의 포부에 관한 대화를 나눌 때 자로(子路, 자는 중유仲由)가 보여준 바는 다음과 같았다. "자로가 대뜸 나서며 대꾸했다. '천승의 나라가 강대국 사이에 끼어 군대가 쳐들어오고 그 때문에 기근이 들더라도 제가 다스리면 삼 년 만에 백성을 부려 용감하게 만들고 또 바른 도리를 알게 할 수가 있겠습니다.' 공자께서 빙그레 미소지으셨다"(子路率爾而對曰: '千乘之國, 攝乎大國之間, 加之以師旅, 因之以饑饉; 由也爲之, 比及三年, 可使有勇, 且知方也.' 夫子哂之.) 출전은 『논어』「선진」편.

164) 『논어』「위령공」편. "공자께서 말씀하셨다. '인에 관한 것이라면 스승에게도 양보하지 않는다'"(子曰: '當仁不讓於師.')

하며 만형[165]의 땅으로 달아나 숨어버리고 만다. 계력으로 하여금 나라를 얻는 결실이 있게 하고 태왕이 왕위를 계력에게 전하고 싶어 한다는 말이 나오지 않게 하면서도 태백은 또 나라를 양보한 흔적이 없게 했던 것이다. 이 일은 의로움의 극진함이고 예의 정밀함이었다. 홀대당하면서도 겸손하게 양보하여 천하가 눈치 못 채고 고금을 통틀어 알아채지 못하게 하였으니, 이런 행사는 백이에게선 기대할 수 있는 바가 아님이 자명하다.

백이는 다만 양보한 행위가 거론될 수 있을 뿐 양보를 능란하게 잘한 경우라고는 말할 수 없다. 겸손하지도 않았으니, 모름지기 사양하는 흔적조차 남지 않도록 양보해야 비로소 겸손인 것이다. 그런데 여기선 다만 나라를 사양한 한 가지 사안만을 말할 뿐이지만 기실 어떤일이든 죄다 마찬가지라고 하겠다. 어찌 나라를 양보한 경우에만 국한될 것이랴?

장자방[166]이 한 고조의 힘을 빌어 한(韓)나라를 다시 일으킨 것은 의로움이고, 끝까지 지모(智謀)를 다해 고조의 창업을 완성시킨 것인

---

165) 만형(蠻荊): 옛날 장강의 중부 유역에 해당하는 형주(荊州) 일대. 춘추시대 초나라 지역이었다.

166) 장자방(張子房): 장량(張良). 자는 자방. 그 아비와 조부가 모두 전국시대 한(韓)나라의 재상을 지냈다. 진나라가 한을 멸망시키자 장량은 자객을 고용해 박랑사(博浪沙)에서 진시황을 저격했지만 실패했다. 그러나 유방을 도와 진에 반기를 든 뒤에는 한왕(韓王)을 다시 세우고 옛 한나라의 십여개 성을 수복하였다. 이후 책사로 활약하며 홍문연(鴻門宴)에서 꾀로 유방을 탈출시켰고, 초나라와의 전쟁에서 승리를 거둔 뒤엔 유후(留侯)로 봉해졌다. 황로(黃老)의 도에 정통해 권좌에 미련을 두지 않았으며, 만년에는 두문불출하면서 벽곡으로 수련하고 적송자(赤松子)를 따라 운유(雲遊)했다고도 한다. 한신(韓信)·소하(蕭何)와 더불어 한초삼걸(漢初三傑)로 이름을 떨쳤으며, 『사기』「유후세가」(留侯世家)에 자세한 생평이 보인다.

즉슨 예(禮)의 실행이면서 의(義)에도 부합하는 일이었다. 종당에 가선 벽곡[167]하여 음식을 먹지 않고 일만 호의 봉작을 사양했으니, 겸손한 처신이면서 예에도 들어맞는다. 시종일관 한 마음이어서 성실하고 미더우며 거짓이 없던 까닭에 한 고조는 유독 그만을 깊이 믿어 의심하지 않았다. 오호라! 이 어찌 군자의 처세에서 본받아야 할 기본원칙이 아닐 것이랴! 만약 한신이 그때 당시 왕 자리를 사양하고 회음(淮陰)의 제후가 되는 것으로 만족했더라면 또 어떻게 멸족까지 당하는 참화를 맞았겠는가![168]

어떤 이가 말했다.

"회음후는 당시 사양하지 않았을 뿐더러 무례하기까지 했습니다. 거짓으로 왕 노릇 하겠다고 요청하는 주제였으니, 거기에 무슨 예가 있었겠어요?"

나는 이렇게 생각한다.

회음후는 비단 무례했을 뿐만 아니라 의롭지 않기까지 하였다. 고릉(固陵)의 언약에서 신의는 이미 바닥까지 떨어진 상태였다. 만약 한 고조가 장자방의 말을 들어 작위와 영토를 먼저 봉해주지 않았더

---

167) 벽곡(辟穀): 오곡을 먹지 않는 도가의 수련법. 약물 섭취까지 배제하진 않으며 도인(導引) 같은 호흡 및 신체단련요법을 병행한다.

168) 한신(韓信)은 위(魏)·조(趙)·연(燕)·제(齊)를 평정한 뒤 군공을 믿고 유방에게 자신을 가왕(假王, 정식이 아닌 비공식 왕)에 봉해달라 요구했는데, 유방은 변란을 방지할 목적으로 그를 제왕(齊王)에 봉했다. 항우를 격멸한 뒤 유방은 한신의 군대를 빼앗고 그를 초왕(楚王)에 봉했지만 모반을 꾀한다는 고변이 들어오자 회음후(淮陰侯)로 강등시켰다. 훗날 과연 반란을 꾀하므로 주살하고 삼족을 멸해버렸다.

라면 해하(垓下)의 싸움은 결과가 어찌 되었을지 알 수 없는 노릇이었다.[169] 그러므로 한 가지를 잘하면 네 가지 미덕[170]도 아울러 갖춰지지만 그 한 가지가 빠지면 의로움도 덩달아 상실하게 되니, 겸양을 어찌 도외시할 수 있으랴? 맹자는 '사양지심은 예의 시초'[171]라고 말했으니, 사양하는 행위야말로 예의 기본인 것이다. 시간과 공간을 막론하여 양보했기 때문에 성공하고 양보하지 않아서 실패한 경우는 너무나 많았다. 오호라! 어찌 양보하지 않을 수 있으랴! 사양지심은 미덕이기도 하니 또 어떻게 사양하지 않을 수 있겠나! 사양한 자취조차 남지 않도록 사양해야 비로소 태백처럼 일을 성취하고 그제야 겸손이 드러나는 법이다.

오호라! 지극하고도 극진하여라! 더 이상 보텔 말이 없구나! 만전을 기해야 우환도 따르지 않는다! 진실하면 이득이 따라오고말고!

---

169) 기원전 202년 겨울, 항우와 유방은 홍구(鴻溝)를 경계로 서쪽은 한나라, 동쪽은 초나라의 영토로 삼자고 약조했다. 그렇지만 유방은 장량과 진평의 계책에 따라 기회를 틈타 항우를 급습했다. 원래는 한신의 군대와 합류하여 고릉(固陵, 지금의 하남성 회양현淮陽縣 서북방)까지 추격하기로 계획했는데, 뜻밖에도 한신은 약속을 어기고 나타나지 않았다. 유방이 다시 장량의 의견을 들어 한신에게 엄청난 규모의 땅을 하사하자 한신이 그제야 모습을 드러내 마침내 초를 멸망시킬 수 있었다. 『사기』「항우본기」에 보인다.

170) 위에서 말한 사덕(四德), 즉 의·예·손·신(義禮遜信)을 말한다.

171) 출전은 『맹자』「공손추」 상편. "사양지심은 예의 실마리이다"(辭讓之心, 禮之端也.)

제14장[172)

"『시경』의 「관저」 시는 좋은 아내를 만나지 못해 엎치락뒤치락 잠 못 이루며 오매불망 님 생각에 그 심사가 슬픈 광경을 묘사했지요. 부인을 만나고 나선 종치고 북치며 금슬 좋게 어울려 노는데 싫증을 모르니, 그 쾌락이 음탕하게 여겨질 정도고요. 그런데도 공자는 '음란하지 않고'(不淫) '서럽지 않다'(不傷)고 말씀하시니, 무슨 까닭인지요?"

내 생각은 이러하다.

이 대목은 바로 "내가 통곡했느냐?"(有慟乎)라고 하신 말씀과 같은 맥락이다. 무릇 군자가 요조숙녀 때문에 슬퍼하지 않는다면 대체 누구를 위해 슬퍼하겠느냐?[173) 그런즉슨 「관저」는 질탕한 쾌락의 노

---

172) 이번 장에선 『시경』 「주남·관저」(周南關雎)편에 관한 공자의 평론에 대해 토론한다. 즉 『논어』 「팔일」(八佾)편의 「관저」의 노래는 즐겁지만 음탕하지 않고, 슬프지만 상심에 이르진 않는다"(關雎, 樂而不淫, 哀而不傷.)는 구절에 대해 기존과는 다른 해석을 선보인다.

173) 이 구절은 『논어』 「선진」편의 다음 대목에서 끌어왔다. "안연이 죽자 공자가 그 때문에 통곡하셨다. 따르던 제자가 '선생님께서 통곡을 하시는군요!' 하고 말하니, 공자가 말씀하셨다. '내가 통곡을 했느냐? 내가 이 사람을 위

래가 된다. 하지만 자기 스스로 그것을 질탕하다고 읊을 수는 없었겠지. 슬픔이 지나쳐 정신이 손상될 지경이었지만 제 입으로 아프다고 말할 수는 없었던 것이다.

<hr />

해 통곡하지 않는다면 누구를 위해 슬퍼하겠느냐?'"(顔淵死, 子哭之慟. 從子曰: '子慟矣!' 曰: '有慟乎? 非夫人之爲慟而誰爲?') 안회의 죽음에 통곡한 공자가 이 글에서는 요조숙녀 때문에 잠 못 이루는 군자에 비유되는데, 요조숙녀를 위해서라면 군자가 과도하게 슬퍼하거나 즐거워하더라도 당연함을 강조하고 있다.

제15장[174]

"오늘날 정령과 형벌, 덕과 예[175]를 말하는 자들은 예의 진정한 의

---

174) 이번 장에서는 '예'(禮)와 공자가 말한 "예로써 가지런히 한다"(齊之以禮)
는 대목에 관해 새롭게 해석한다. 이지는 "사람 마음에 다 똑같은 바가 예가
되는데, 본래가 천변만화하는 활발하지 그지없는 이치"(禮爲人心之所同然,
本是一箇千變萬化活潑潑之理.)라고 하면서, 치자를 향해 "좋아하고 싫어함
을 백성들이 바라는 바에 따르면서 자신의 욕망을 기준으로 삼지 않는 것을
일컬어 '예'라고 한다"(好惡從民之欲, 而不以己之欲, 是之謂禮.)고 말한다.
그런데 이는 원래 『분서』「사물설」(四勿說)에서 다음과 같이 풀이된 것이
었다. "원래 속마음에서 우러나 바깥으로 표현되면 그것을 '예'라 이르고,
외부로부터 안으로 들어온 것이라면 '비례'라고 불렀다. 하늘로부터 내려
왔다면 예라고 부르지만, 사람에게서 얻은 것이라면 비례라고 하였다. 일부
러 배우고 염려하고 사색하고 애쓰지 않고도 부지불식간 내게 이르는 것은
예라 이르지만, 눈이나 귀로 보고 듣거나 마음으로 측량하면서 앞사람의 언
행을 추수해 스스로 닮고 빗대어 도달하는 것이라면 비례라고 하였다"(蓋
由中而出者謂之禮, 從外而入者謂之非禮; 從天降者謂之禮, 從人得者謂之非
禮; 由不學・不慮・不思・不勉・不識・不知而至者謂之禮, 由耳目聞見, 心思
測度, 前言往行, 彷彿比擬而至者謂之非禮.) 위와 같은 인식에 근거하여 이
지는 '백성들의 욕망'이 정령과 형벌에 의해 억압되면 안 될 뿐만 아니라 덕
과 예로 제한되어서도 안 된다고 주장한다. 반드시 "백성들의 욕망에 따라"
(從民之欲) "사물들이 각자 있어야 할 자리에 놓인"(物各付物) 뒤 원하는
대로 자유롭게 뻗어나갈 수 있으면 "제각기 자신의 삶을 이행하고, 저마다
자신이 원하는 바를 얻게 되어"(各遂其生, 各獲其所願有.) 모두가 제자리를
잡을 수 있다고 하였다. "예는 저절로 가지런해지는 것"(禮則自齊)이지만

미를 모르는 것 같습니다. 그저 관례대로 법제금령을 통한 단속만을 떠들어대니, 어떻게 백성들의 생각을 바로잡고 그들을 순화시킬 수가 있겠습니까? 저들은 예(禮)를 중간(中)[176]이 되는 것으로만 알고 있기 때문에 가지런히 한다는 핑계를 대며 획일적으로 만듭니다. '중'이란 사람들에게 넘치거나 모자라는 차이가 나지 않게 하는 것이고, 가지런함인즉슨 사람들의 고르지 못한 바를 고르게 만들어 평등하게 하는 것이지요.

무릇 천하는 끝없이 넓고 백성의 숫자는 지극히 많습니다. 사물이 고르지 않고 차이가 나는 것 또한 당연한 정황이고요.[177] 중(中)은 정해진 자리가 없으니, 또 누가 지나치다 해서 덜어내고 모자란다고 보태어 고정시킬 수가 있겠습니까? 만약 일일이 단속하고 획일적으로 정리하려 들면 비단 시간만 또 모자란 게 아니기 때문에 결국은 늘 하

정리되지 않은 무질서야말로 '지극히 가지런한 상태'(至齊)라고 정의한 것이다. 이런 발언들은 "천리를 보존하고 인욕을 멸한다"(存天理, 滅人慾)는 정주이학의 주장이나 "백성들을 덕으로 인도하고 예로써 가지런히 한다"(道之以德, 齊之以禮)는 공자의 사상을 전면 부정하는 것으로, 이지의 자유주의적 성향은 여기서 특히 두드러진다.

175) 『논어』「위정」편. "공자가 말씀하셨다. '백성을 정령으로 인도하고 형벌로써 바로잡으려 하면 그들은 형벌만 면하고 부끄러움을 모른다. 반면에 백성들을 덕으로 인도하고 예로써 가지런히 하면 부끄러워할 뿐 아니라 잘못도 바로잡을 줄 알게 된다'"(子曰: '道之以政, 齊之以刑, 民免而無恥; 道之以德, 齊之以禮, 有恥且格.')

176) 예와 중의 관계에 대해서는 다음 구절들을 참조할 수 있다. "예는 중도를 만들어내는 방법이다"(夫禮, 所以制中也.) 『예기』「중니연거」(仲尼燕居)편; "예는 백성들의 사치와 거짓을 절도로써 그치게 하여 그들의 행실이 중도에 들어맞게 한다"(禮所以節止民之侈僞, 使其行得中.) 『주례』(周禮)「대사도」(大司徒)편의 정현(鄭玄) 주(注).

177) 출전은 『맹자』「등문공」(滕文公) 상편. "무릇 사물에 차등이 있을 수밖에 없음은 사물의 자연스러운 정황이다"(夫物之不齊, 物之情也.)

던 대로 정령을 통한 규제의 장으로 나아가게 됩니다. 규제를 통한 저런 단속이 백성들의 마음을 바로잡아 교화시킬 수 없는 이유는 바로 그 조항들이 너무나 촘촘하기 때문이지요. 저들에게 내가 정한 법규를 따르라고 하는 것은 중(中)을 내세워 그들을 속박하고 그 불균형한 상태를 가지런히 만든 뒤 지나치게 넘치거나 모자라는 병폐를 없애겠다는 수작이 아닐 수 없습니다. 이는 천하를 강박하여 나를 따르게 하고 온 천하를 내몰아 예를 좇도록 강요하는 거지요. 사람들은 자연 그 번거로움에 괴로워하다 순종하지 않게 되니, 그때는 부득불 형벌에 의지하여 그들을 위협하게 될 뿐입니다. 이렇게 정령과 형벌은 절로 한 묶음으로 용렬한 관리가 써먹는 수단이 되니, 덕(德)으로써 인도하는 사람의 행사는 아니라 하겠습니다. 그런데 이것이 어찌 백성들을 덕으로 인도한다는 자들의 예가 된다는 겁니까? 저는 잘 모르겠습니다. 예가 또 어떻게 해서 그들을 가지런히 만들게 된다는 건지요? 만약 그 고르지 못한 바를 고르게 하면 백성들에게 어려움을 강박하는 결과가 되어 그들의 성정을 거스르게 되는데, 어떻게 마음을 반듯이 다잡으려 들겠습니까?"

나는 이렇게 생각한다.

이 질문은 대단히 좋다. 이런 의문이 생기는 것도 지극히 옳고말고. 원래 덕으로써 이끈다면 백성들 위에 있는 통치자는 온통 순수한 효(孝)·공경(弟)·사랑(慈) 같은 진실한 마음뿐일 것이다. 기왕에 궁행실천으로 덕을 행하는 이가 윗자리에서 인도하고 있으니, 아랫사람은 효와 공경과 사랑을 실천하지 못하는 자신을 절로 부끄러워하게 된다. 그런데 윗사람은 또 자기를 따르라고 강박하지도 않으니, 아랫사람은 그저 자기 힘으로 할 수 있는 바와 마음으로 하고 싶은 것만 하면 되는 것이다. 반드시 해야 할 일이라도 자유로운 상태에서 이뤄지는 형세가 되면 천 명이든 만 명이든 누구나 자신만의 천 가지 만가지 마음을 품게 되고, 그 수많은 다른 마음이 각자의 욕망대로 움직이게 되는데, 이런 상황을 두고 사물이 제각기 그 관련당사자에게 교부되었다(付物)[178]고 일컫는다. 이는 천지가 자질에 따라 각 대상을 후대하는 방법[179]이니, 이렇게 해서 만물은 나란히 자라면서도 서로를 해치지 않게 된다.[180]

오늘날 서로를 해치는 상황에서 벗어나질 못하는 것은 모두 그들이 나란히 크지 못하는 데서 비롯되는 사단일 뿐이다. 만약 그들로 하여금 더불어 생장하도록 내버려둔다면 큰 것은 크게 되고 작은 것은 작게 되니, 세상 어디에 또 제자리를 얻지 못할 사물이 있으랴? 이런 상황을 일컬어 '완벽한 질서'(至齊)라 하고, 이를 두고 '예에 의거했다'(以禮)고 말한다.

---

178) 부물(付物): 출전은 『주역』 「몽괘」(蒙卦) 육오(六五)의 효사(爻辭)인 "동몽이라 길하다"(童蒙, 吉)에 대한 왕필(王弼)의 다음 주석이다. "대저 여성의 몸으로 존귀한 자리에 있기 때문에 스스로 임무를 맡지 않고 살펴서 두 군데에 위탁한다. 사물을 유능한 이에게 맡기니 수고하지 않고도 총명해지고, 공을 이에 감당하게 된다"(以夫陰質居于尊位, 不自任察而委于二, 付物以能, 不勞聰明, 功斯克矣.) 육오의 「상전」(象傳)에서는 "동몽이 길한 것은 남에게 순종하며 스스로를 낮추기 때문"(童蒙之吉, 順以巽也.)이라 했는데, 원래 몽괘의 두 번째 효는 양효(陽爻)이고 다섯 번째 효는 음효(陰爻)로서 존귀한 자리에 거한다. 「상전」과 왕필 주는 모두 풀이하길, 육오의 존귀함에 위치한 음효가 만약 두 번째 양효에 사물을 맡기면 "사물을 유능한 인물에게 위탁하는 것"(委付事物與有能之人)(「공영달소」孔穎達疏)이 되어 길(吉)하고 아울러 순종하면서도 겸손한 미덕이 있다고 하였다.
179) 『중용』 제17장. "하늘이 만물을 키우실 때는 반드시 그 자질에 근거하여 후대하신다"(天之生物, 必因其材而篤焉.)
180) 출전은 『중용』 제30장, "萬物幷育而不相害."

무릇 천하의 백성들이 각자 자기 삶에 만족하고 저마다 원하는 바를 손에 넣었는데도 마음을 잡지 못해 순화되지 못하는 경우는 있지를 않았다. 속물 유자들은 예가 인간 마음에 공통적으로 들어있는 바인 줄을 모른다. 본래가 천변만화하는 생기발랄한 이치인데 그것을 꽉 붙들고는 고정되어 바뀔 수 없는 사물이라고 우겨대니, 그 바람에 또 가지런함이 뭘 의미하는지조차 모르게 되어버렸다. 그래서 질서를 잡겠다고 강압적으로 가지런히 정돈하려 드니, 이런 까닭에 제아무리 덕 있는 군주라도 정령과 형벌의 사용에서 벗어나질 못하게 되는 것이다.

아아! 예를 강구하지 않은 지도 오래되었다. 『대학』「평천하」장은 '백성들이 좋아하는 바를 좋아하고, 백성들이 미워하는 바를 미워하라'[181]고 말한다. 좋아하거나 싫어함을 백성들의 수요에 맞추고 자신의 욕망에 기준을 두지 않은 그런 상태를 '예'라고 일컬은 것이다. 예인즉슨 스스로 질서를 세워 가지런해지는 일인지라 별도로 그들에게 손댈 필요가 없다. 만약 좋고 싫음이 백성의 본성을 거스른다면 재앙이 곧바로 그 몸에 미칠 텐데, 하물며 그들을 가지런히 정돈하는 일이 가능하겠는가!

---

181) 『대학』 제11장. "백성들이 좋아하는 바를 좋아하고 백성들이 미워하는 바를 미워하는 이런 이들을 일컬어 백성의 부모라고 한다"(民之所好好之, 民之所惡惡之, 此之謂民之父母.)

제16장[182]

"『중용』은 선(善)을 밝히고 몸가짐을 성실히 하라 일렀고, 또 선을 택해 굳게 붙잡고 실천하라[183]고 말했습니다. 『대학』은 도달해야 할 경계를 알아야만 삶에 대한 총체적 인식을 획득할 수 있다 했지만, 한 편으론 또 앎에 이르러야 뜻이 성실해진다[184]고도 했지요. 제아무리 안자(顔子)라도 배움에서는 다만 중용을 택해 한 가지 선이라도 깨

---

182) 이번 장에서는 공자가 왜 '지급'(知及)과 '인수'(仁守) 외에 또 '장엄하게 임하고'(莊以莅) '예로써 감동시키라'(動以禮)고 했는지를 설명한다. 또 교육에 구현된 예의 본질에 관해서도 일깨운다.

183) 『중용』 제20장. "자기 몸을 성실하게 하는 데는 방도가 있으니, 선을 분명히 알지 못하면 자신을 성실하게 만들 수가 없다. ……성실해지려 노력한다는 것은 선을 택한 뒤 그것을 꼭 붙잡고 실천하는 것이다"(誠身有道: 不明乎善, 不誠乎身矣. ……誠之者, 擇善而固執之者也.)

184) 『대학』 「경」(經). "도달해야 할 경계를 알고 나면 지향이 굳건해지고, 뜻이 굳건하면 마음이 고요해지며, 고요하면 비로소 심신이 편안해지고, 심신이 안정되면 사려가 깊어지며, 깊은 사려가 생겨나면 비로소 세계에 대한 총체적 이해를 획득하게 된다. ……사물이 바르게 인식되면 앎에 이르고, 앎에 도달하고 나면 뜻이 성실해진다"(知止而後有定, 定而後能靜, 靜而後能安, 安而後能慮, 慮而後能得. ……物格而後知至, 知至而後意誠.)

닫게 되면 꼭 붙들고 놓치지 않았다[185]고 말할 따름이었죠. 그렇다면 학문의 도는 앎에 도달하고 어진 품성으로 지켜내면 그만인데, 무슨 이유로 또다시 장엄한 태도로 임하고 예로써 행동하라 이야기한 것인지요?"[186]

내 대답은 다음과 같다.

이는 백성에게 임하여 다스리고 백성들을 감화시키는 자들에게 한 말이다. 백성 앞에 서게 되면 위아래 구분이 생기니, 장중하지 않으면 백성이 방자해지면서 윗사람과 아랫사람의 예가 사라지게 된다. 백성을 감동시키면 '배움'(敎學)[187]이 확대되는 이로움이 있지만, 예가

---

185) 『중용』 제8장. "공자가 말씀하셨다. '안회의 사람됨이란, 중용을 택하여 한 가지 선이라도 깨닫게 되면 가슴에 깊이 새겨 다시는 잃어버리는 일이 없구나'"(子曰: '回之爲人也, 擇乎中庸, 得一善, 則拳拳服膺而弗失之矣.')

186) 『논어』 「위령공」편. "공자가 말씀하셨다. '지식으로 권력을 얻었더라도 인품이 모자라면 그것을 지켜낼 수 없으니, 비록 권력을 얻더라도 반드시 잃어버리게 된다. 지식으로 권력을 얻고 인품으로 그것을 지켜냈더라도 장엄한 태도로써 임하지 않으면 백성들이 공경하지 않는다. 지식으로 권력을 얻고 인품이 지켜낼 수 있고 장엄하게 임하더라도 예로써 행동하지 않으면 아직은 완전하다고 할 수가 없다'"(子曰: '知及之, 仁不能守之; 雖得之, 必失之. 知及之, 仁能守之. 不莊以涖之, 則民不敬. 知及之, 仁能守之, 莊以涖之. 動之不以禮, 未善也.') 여기서의 '지급'(知及)은 대부분의 주석가들이 "백성에게 임하는 자를 위해 하신 말씀"(爲臨民者發)으로 여기고 "백성을 다스리는 도를 말한다"(言治民之道)고 풀이하는데, 주희의 신주(新注)는 "앎이란 이런 이치를 제대로 이해하는 것"(知, 足以知此理.)이라며 추상적으로 해석하였다. 여기서는 고주(古注)를 따랐다.

187) '교학'(敎學)이 교육을 가리키는 사례로는 다음과 같은 문장들을 들 수 있다. "옥을 다듬지 않으면 그릇이 되지 못하고, 사람이 배우지 않으면 도를 알지 못한다. 이런 까닭에 옛날의 왕들은 나라를 세워 백성을 다스릴 때 교육을 가장 우선과제로 삼았다"(玉不琢, 不成器; 人不學, 不知道. 是故古之王

아니면 그들도 받아들이질 않으니 가르침을 펼치기가 어려워진다. 그러므로 제아무리 지식에 일가를 이루고 자기 내부의 인을 지켜낸다 하더라도 배운 바로부터 실제적인 성과가 있음을 보여줘야 한다.

간이(簡易)함과 질탕한 쾌락에 빠져 매사 대충대충 임하는 주제에 무위지치를 펼치니 앉아서도 태평을 이룩했다 잘난 체하고, 얼근히 취해 나자빠진 채로도 제나라 땅 동해(東海)를 호령하니 잘 다스려졌다[188]고 자랑하는 치들이 있다. 이런 경우인즉슨 자상백자[189]의

者建國君民, 敎學爲先.)『예기』「학기」(學記)편; "원래 고대의 세 왕조에서 사람을 개도할 때는 교학을 근본으로 하였다"(蓋三代導人, 敎學爲本.)『후한서』「장제기」(章帝記). '백성을 감동시킨다'(動民)의 '動'에 관해서는 종래 여러 가지 해석이 있지만, 이지는 교육을 통해 사람을 감화하고 영향을 미친다는 뜻으로 풀이했다.

188) 급장유(汲長孺, ?~기원전 112)는 하남성 복양(濮陽) 사람인데, 성격이 거만하여 예의를 갖출 줄 몰랐고 유협(遊俠)과 기절(氣節)을 숭상했다. 무제가 즉위한 뒤 알자(謁者)가 되어 하내(河內)의 화재 현장을 순시하다가 자의적으로 곡식을 풀어 난민을 구휼한 탓에 동해(東海) 태수로 방출되었지만 황로지학을 공부해 무위청정으로 관과 민을 다스렸다. 다병한 탓에 안방에서 나오질 않았지만 한 해가 지나자 동해 땅은 질서가 잡히고 완전히 안정되었다고 한다.『사기』권120「급정열전」(及鄭列傳)과『한서』권50에 사적이 실려 있다.

189) 자상백자(子桑伯子): 생평은 미상.『논어』「옹야」(雍也)편의 다음 문장에 보인다. "중궁이 자상백자에 관해 묻자, 공자는 '괜찮지, 간결한 사람이다' 하고 대답하셨다. 중궁이 '태도가 공경스럽고 행동은 간솔하게 그 백성에 임한다면 그것도 괜찮은 것이겠지요? 하지만 간솔하게 거히면서 행동까지 간솔하다면 너무 지나치게 간솔한 것 아니겠습니까?' 하니, 공자가 말씀하셨다. '옹의 말이 옳다!'"(仲弓問子桑伯子, 子曰: '可也簡.' 仲弓曰: '居敬而行簡, 以臨其民, 不亦可乎? 居簡而行簡, 無乃大簡乎?' 子曰: '雍之言然.') 『설원』(說苑)「수문」(修文)편에는 공자가 자상백자를 만난 상황이 좀 더 자세히 실려 있다. "공자가 자상백자를 만나러 갔을 때, 그는 의관도 갖추지 않은 채 맞이했다. 제자가 '선생님께선 왜 이런 사람을 만나시는지요?' 하

간결함이니, 어찌 안 된다 하랴? 하지만 그 사람 부리는 태도가 방종하여 공경스럽지 않으니, 그걸 어디다 쓰겠는가? 이리하여 무위(無為)의 다스림을 말씀하시면서 한편으론 또 몸가짐을 공손히 하여 남면[190]하라고 이르셨다.

가르치고 배우는 가운데 동반 성장한다는 교학상장[191]에 이르면, 완전히 개개인의 자질에 따라 북돋아주는 상태를 이른바 예(禮)라고 부른다. 만약 수준 높은 도리를 말할 만한데도 상대하지 않고,[192] 고

고 묻자, 공자가 대답했다. '그의 바탕은 아름답지만 문채가 결여되어 있다. 나는 그를 설득하여 문채를 더하게 하겠다.' 공자가 떠나자 자상백자의 문인들은 불쾌해하며 물었다. '무엇 때문에 공자를 만나셨습니까?' 자상백자가 대답했다. '그의 바탕은 아름답지만 문채가 너무 번잡하다. 나는 그 문채를 버리라고 설득하고 싶었다.' 이런 예에서 보건대 문채와 바탕이 다 같이 잘 닦인 사람을 군자라고 부른다"(孔子見子桑伯子, 子桑伯子不衣冠而處, 弟子曰: '夫子何爲見此人乎?' 曰: '其質美而無文, 吾欲說而文之.' 孔子去, 子桑伯子門人不說, 曰: '何爲見孔子乎?' 曰: '其質美而文繁, 吾欲說而去其文.' 故曰, 文質脩者謂之君子.) 위의 두 문장으로 판단하건대 자상백자는 은사(隱士)로서 도가의 초창기 인물 중 한 명인 듯하다.

190) 「위령공」편. "공자께서 말씀하셨다. '하는 일 없이 다스리신 자는 오직 순임금뿐일진저! 무엇을 하셨던가? 몸가짐을 공손히 하고 남쪽을 향해 앉아계셨을 따름이다'"(子曰: '無爲而治者, 其舜也與? 夫何爲哉, 恭己正南面而已矣.')

191) 교학상장(教學相長): 출전은 『예기』「학기」편. "아무리 맛있는 음식이 있어도 먹지 않으면 그 맛을 모르고, 제아무리 지극한 도라도 배우지 않으면 그 미덕을 알 수가 없다. 그러므로 배우고 나서야 부족함을 알고, 가르쳐보고 나서야 어려운 줄도 알게 된다. 부족함을 알고 나면 스스로 반성할 수 있고, 곤궁함을 알고 난 뒤에는 알아서 보강할 수 있다. 그러므로 가르침과 배움은 서로 도우며 성장한다"(雖有嘉肴, 弗食, 不知其旨也; 雖有至道, 弗學, 不知其善也. 故學然後知不足, 教然後知困. 知不足, 然後能自反也; 知困, 然後能自強也, 故曰: 教學相長也.)

192) 『논어』「이인」편. "공자가 말씀하셨다. '지력이 중간 이상인 사람에겐 도를

등한 학문을 말하면 안 되는 사람과 어울리며 또 떠벌린다면, 어느 경우든 시의에 맞지 않고 기회를 놓치게 되며 예에도 들어맞지 못하게 될 것이다. 그러므로 증자(曾子)가 '예' 하고 대답할 줄 알자 즉시 불러 '일이관지'[193]의 도를 일러주셨고, 자공(子貢)은 의구심을 품을 줄 아는 까닭에 박학다식에 관한 질문을 설정[194]하여 스스로 시비를 가리도록 일깨우셨다. 이는 모두 우리 공부자가 예로써 사람을 감동시킨 대목이니, 이른바 때를 살펴 감동으로 촉발시키고 배우는 이들을 옭아매지 않은 경우[195]들이다. 오직 안자 한 사람인즉슨 극기복례(克己復禮)의 가르침이며 박문약례(博文約禮)의 교훈까지 두루 섭렵하면서 한 가지 가르침에 만족하진 않았다.

말할 수 있다. 하지만 중간 이하의 사람에게는 도를 말해선 안 된다'"(子曰: '中人以上, 可以語上也; 中人以下, 不可以語上也.')

193) 「이인」편. "공자가 말씀하셨다. '삼아! 나의 도는 하나로 모든 것을 꿰뚫는구나.' 증자가 '예, 그렇습니다' 하고 대답하자, 공자는 밖으로 나가셨다. 문인이 다시 증자에게 물었다. '무슨 말씀인지요?' 증자가 말했다. '선생님의 도는 충과 서일 따름이다'"(子曰: '參乎! 吾道一以貫之.' 曾子曰: '唯.' 子出. 門人問曰: '何謂也?' 曾子曰: '夫子之道, 忠恕而已矣.')

194) 「위령공」편. "공자가 말씀하셨다. '사야, 너는 내가 많이 배워 다 아는 자라고 생각하니?' 자공이 응수하길, '그렇습니다. 아닌가요?' 하니, 공자가 대답하셨다. '그렇지 않다! 나는 한 가지로 세상 이치를 꿰뚫은 사람이란다'"(子曰: '賜也, 女以予爲多學而識之者與?' 對曰: '然, 非與?' 曰: '非也, 予一以貫之.')

195) 출전은 『좌전』 「은공」(隱公) 11년조. "[정 장공은] 때를 살펴 출동하고 후인에게 누가 되지 않았으니, 예를 알았다고 말할 수 있다"([鄭莊公] …… 相時而動, 無累後人, 可謂知禮矣.) 이지는 본문에서 원문을 약간 변형해 말하였다.

제17장[196]

"도에 뜻을 두고, 덕에 근거하며, 인에 머물고, 예에서 노닌다는 말이 무슨 뜻입니까?"[197]

질문에 대한 대답이다.

이는 곧 알면 좋아하게 되고 좋아하면 즐기게 됨을 일컫는다.[198]

무릇 도에 뜻을 두면 뜻은 정해진 자리가 생기고 거기서 움직이지 않는다. 하지만 아직 무엇을 획득한 상태는 아니다. 마음에 얻는 바가 있으면 그것을 '덕'이라고 일컫는다. 얻음이 있는 그 상태를 덕이라고 부르는 것이다. 얻은 것이 있으니 거기 의거해 인을 지키게 되지만, 그렇더라도 상실에 대한 두려움이 아직은 수시로 엄습하는 상태다. 그런데 인이란 본디 안에서부터 바깥으로 발휘되는 내 고유한 천

---

196) 이번 장에서는 "인에 의거한다"(依于仁)는 공자 말씀에 이의를 제기한 뒤, "천명을 일컬어 성이라 하고, 본성에 따르는 것을 도라고 한다"(天命之謂性, 率性之謂道)는『중용』의 논지에 따라 이 문제를 설명한다.

197) 출전은『논어』「술이」편. "志于道, 据于德, 依于仁, 游于艺."

198)『논어』「옹야」편. "배움에 있어 무엇을 아는 것은 좋아하느니만 못하고, 좋아하는 것은 즐기느니만 못한 법이다"(知之者不如好之者, 好之者不如樂之者.)

성[199])이니, 나는 다만 거기 의거해 행하면 그만일 뿐이다. 그것이 어떻게 딴 사람에게 탈취될 수 있어 내가 틀어쥐고 지켜야 할 바이겠는가? 하지만 '머문다'(依)고 말했으니 마음속엔 자기가 어질다는 생각이 여전하고, '인'(仁)을 들먹거리니 아직도 '자기'(己)라는 존재를 잊지 못했음이 드러난다.

무릇 괘와 효를 늘어놓고 덕성을 찬술하는 것(雜物撰德)[200])은 모두 인의 영역에서 행해지는 일이고, 광범위하게 조응하는 온갖 행위는 죄다 인의 실행이 된다. 인이 아닌 것이 없는 판에 여전히 인에 의지한다고? 그리하여 일상의 교제와 왕래에는 단지 육예[201])의 행사만이 남는다. 나가서 노닐 때는 다만 육예와 함께할 뿐이니, 거기엔 다른 도(道)가 없고 다른 덕(德)이 없으며 달리 체현시킬 인(仁)조차 남아있지 않은 것이다.

이른바 '두 가지를 잊은'(兩忘)[202])즉슨 저절로 하는 일에 빠져들며

---

199) 『맹자』 「고자」(告子)상편. "인의예지는 밖에서부터 나한테로 덧씌워지는 것이 아니니, 나는 본래부터 그것을 갖고 있다. 단지 자각하지 못할 뿐이다"(仁義禮智, 非由外鑠我也, 我固有之也, 弗思耳矣.)

200) 잡물찬덕(雜物撰德): 원래는 여러 개의 괘와 효가 각종 현상을 뒤섞어 보여주니 그 안에 들어있는 덕성을 열거해가며 설명한다는 뜻이다. 출전은 『주역』 「계사전」 하편. "만약 복잡한 사안이라면 덕을 지닌 이가 옳고 그름을 판별해야 하니, 즉 그런 중용이 아니라면 효는 갖춰지지 않는다"(若夫雜物撰德, 辯是與非, 則非其中爻不備.) 이 구절에 대해 공영달은 소(疏)에서 "천하의 사물을 잡다히 끌어 모아 그것으로 뭇 사람의 덕을 열거하고 법칙으로 삼는다"(雜聚天下之物, 撰數衆人之德.)는 뜻이라고 설명했다. 이 글에서는 '뭇 사람의 덕을 열거해 법으로 삼는 일'을 가리킨다.

201) 육예(六藝): 유가에서 말하는 여섯 가지 기예. 곧 예의 · 음악 · 활쏘기 · 말타기 · 서예 · 셈하기(禮樂射御書數)를 말한다.

202) 『논어』 「술이」편에서 공자는 자신에 대해 이렇게 묘사한다. "발분하면 밥먹는 것도 잊고, 기분이 좋으면 세상 모든 근심을 잊는다. 그래서 늙음이 다

즐기게 되니, 그래서 좋아하는 것은 즐기느니만 못하다고 일컬어졌
다. 공자의 즐거움은 그 가운데 있었고, 안자가 즐거워하며 고치지 않
은 것도 바로 이 부분이었다.[203] 그러므로 중니와 안자가 즐긴 지점
을 탐색하는 사람은 바로 이런 즐거움을 찾는 자인 것이다. 오호라!
그 말이 참으로 극진하구나!

가오는 줄도 알지 못한다"(發憤忘食, 樂以忘憂, 不知老之將至云爾.)

203) 『논어』 「옹야」편. "어질도다! 안회여! 한 소쿠리의 밥과 표주박의 물만 먹고
　　누추한 골목에서 산다. 사람들은 그런 근심을 견디지 못하지만 안회는 그
　　즐거움을 바꾸지 않는구나. 훌륭하다! 안회여!"(賢哉回也! 一簞食, 一瓢飮,
　　在陋巷. 人不堪其憂, 回也不改其樂. 賢哉回也!)

제18장[204]

『대학』「성의를 해석함」(釋誠意) 장은 첫머리에서 대뜸 이렇게 말한다.

"미색을 어여삐 여기듯이, 악취를 미워하듯이."[205]

원래 이 말은 좋아하거나 싫어하는 감정이 진실하여 속임 없는 상

---

204) 이번 장에서는 주로 『대학』에서 말하는 '성의'(誠意)에 관해 천명한다. 뜻을 성실히 하여 제가·치국·평천하에까지 이르면 저절로 세상이 평화로운 결과를 얻게 될 거라면서 이에 관한 공자·맹자의 언급도 설명하고 있다. 예컨대 맹자는 제 선왕(齊宣王)의 호색(好色)·호화(好貨)·호용(好勇)을 긍정하면서도 이것을 형세와 이익으로 유도해야 한다고 말한다. 하지만 이지는 그 말이 모두 진실한 마음에서 우러났으니 그것이 '성의'가 아니면 무엇이냐고 반문하면서 마음속의 욕망을 사실대로 드러내며 거짓말하지 않는 것이 뜻을 성실히 하는 길이라는 논지를 펼친다. 아울러 자신의 뜻에 반하는 '자기기만'(自欺)을 비판하면서 공자를 거론해 "성인 역시 보통사람과 같지만 자신을 속이지 않았을 뿐"이라는 성인관을 피력하고 있다.

205) 『대학』제6장의 다음 구절을 가리킨다. "그 뜻을 성실하게 한다는 것은 이른바 자신을 속이지 않는 '무자기'를 일컫는다. 흡사 악취를 미워하고 아름다운 여인을 어여삐하듯 마음에서 우러난 감정에 충실한 이런 상태를 일컬어 '자겸'이라 한다. 그러므로 군자는 그 홀로일 때라도 반드시 신중해야 한다"(所謂誠其意者, 毋自欺也, 如惡惡臭, 如好好色, 此之謂自謙, 故君子必慎其獨也!)

태를 비유하였다. 사람들로 하여금 이런 뜻을 알게 하자는 것이 '성의'이니, 성실함(誠)은 바로 진실(實)과 한 몸인 것이다. 이런 이치를 깨닫는 자체가 '독자적인 앎'(獨知)이니, 독자적으로 깨달으면 자신부터 감히 속이지 못하게 된다. 속이지 않으면 뜻이 성실해진다. 스스로를 기만하지 않은즉슨 자신에게 만족하고, 마음을 기만하지 않으니 그 마음이 흐뭇하며, 다른 사람을 속이지 않으므로 스스로 낙담해 기가 죽거나 은둔하여 숨어버리는 지경에 이르지 않게 된다. 그리고 감춰야 할 악덕도 없어지게 된다. 천 개의 눈이 직시하고 천 개의 손이 손가락질해도 근심이 없는 마당인데 열 개의 눈과 열 개의 손가락 정도야 무슨 대수이겠는가?[206] 얼마나 편안하고 만족스러울꼬! 이 얼마나 자유로운 상태란 말인가! 마음 또한 여기서부터 바르게 되고 몸 역시 이로부터 닦여지니, 이른바 한 가지가 제대로 되자 남은 백 가지가 저절로 자리를 잡더라는 말은 바로 이런 경우를 일컫는다 하겠다. 그런데 그 시초는 고작 속이지 않겠다는 이런 '독자적인 깨달음' 한 생각(一念)일 뿐이었다.

이 한 가지 일념이 흔들리는 것은 '의념'(意)이 작용하기 때문이다. 뜻이 성실하다거나 기만하지 않는 것은 오직 나만이 아는 사실이지만 온 세상 사람이 모두 알고 후세 사람들 역시 누구나 안다. 뜻이 성실하지 않다거나 자신을 기만하는 짓은 나 혼자 아는 내용이지만 온 세상 사람이 또 모두들 알고 후세 사람 역시 누구나 알게 된다. 어찌하여 그런가? 이는 누구에게나 똑같은 뜻이기 때문이다. 그래서 이렇

---

206) 『대학』 제6장에 나오는 증자의 말을 인용했다. "열 개의 눈이 바라보고 열 개의 손이 가리키니 그 얼마나 두려운가!"(十目所視, 十手所指, 其嚴乎!) 감시하는 사람이 너무 많아 스스로 나쁜 짓 하는 것이 용납되지 않고, 설사 나쁜 짓을 저지르더라도 감출 수가 없다는 뜻이다.

게 독자적으로 깨닫는 와중에 사실상 천하와 후세의 공통적 상식이
란 지형이 만들어지게 된다. 천하와 후세가 이미 빠짐없이 알고 있는
바인데 또 어떻게 속임수가 통하겠는가? 그리고 또 무슨 수로 남들
기만하는 짓거리를 자행하고? 이런 까닭에 나라를 다스리고 천하를
바로잡으려는 군자라면 속이지 않겠다는 일념을 온 세상에 펼치기가
어렵지 않다.

맹자는 제나라 선왕(宣王)에게 "왕께서는 호색을 병통으로 여기
지 마십시오!"[207]라고 말한다. 왕이 여색을 밝히는 자신의 행위가 무
슨 의미인지 진짜로 알기만 한다면야 온 나라의 사내와 계집이 모두
자기 짝을 얻게 되는 까닭이었다.[208] 재물을 좋아하는 것도 병통으로
여기진 않았다! 재물을 밝히는 자신의 행위가 뭘 뜻하는지 왕이 진짜
로 알기만 한다면야 그 나라의 먹고 입는 생계문제에 여유가 생기는
때문이었다.[209] 또 왕이 무력행사를 좋아하는 것도 병통으로 여기진

---

207) 이 구절 아래에 나오는 제 선왕의 호색(好色)·호화(好貨)·호용(好勇)에
관한 담론은 모두 『맹자』 「양혜왕」(梁惠王) 하편에 보인다. 제 선왕이 자신
에게는 여색과 재물과 힘자랑을 좋아하는 병통이 있다고 말하자 맹자는 형
세와 이익으로 그를 인도하며 인정을 베풀어 여민동락(與民同樂)하라고 권
유했는데, 이지는 이를 '성의'와 결합시켜 입론하고 있다. 선왕은 전국시대
제나라의 군주(기원전 319~301 재위)로 사적이 『사기』 권46 「전경중완세
가」(田敬仲完世家)에 보인다. 맹자는 대략 선왕 원년에서 8년까지 제나라
에 머물며 유세했다.
208) 맹자는 제 선왕에게 옛날 주나라 태왕(太王) 역시 여자를 좋아해 그 아내
를 몹시 사랑했다고 말하면서 다음과 같이 유세한다. "고공단보가 치세하
던 당시, 안에는 혼기를 놓쳐 원망하는 여자가 없고 밖으로는 어슬렁거리는
외로운 사내가 없었습니다. 왕이 여색을 밝힌다 해도 백성과 더불어 똑같이
즐긴다면 왕에게 무슨 어려움이 있겠습니까?"(當是時也, 內無怨女, 外無曠
夫. 王如好色, 與百姓同之, 於王何有?)
209) 역시 「양혜왕」 하편에서 맹자는 왕이 재물을 좋아하면 "거주민은 창고에 곡

말아야 한다고 주장했다! 왕이 자신의 호용(好勇)이 갖는 의미를 정말로 알기만 한다면야 한 차례 노여움에 온 나라 백성이 다 편안히 다리 뻗고 잘 수가 있으니, 백성들은 오로지 왕이 용맹하길 싫어할까봐 걱정일 것인 때문이었다.[210] 이런 사례로 미뤄보건대 왕에게 만약 병통이 없으면 그만이겠으나, 만약 별도의 다른 병통이 있었다면 그것은 죄다 독자적인 깨달음에서 나왔고 온통 진실하고 참된 마음과 뜻으로부터 발해진 것일 터였다. 터럭 한 오리만큼도 남을 속이려들지 않았으니, 그 뜻이 정성스럽지 않다면 어떻게 그러했겠나?

무릇 사람이 바로 이런 진실한 뜻을 갖고 거기에 의지하면 이 같은 진정한 앎도 생겨나기 마련이다. 그리하여 이를 확장시켜 다른 사람들에게 미칠 수 있으면 그들과 즐거움을 함께 하고 미움을 같이하게 되니, 다름 아닌 왕도정치인 것이다. 만약 제나라 왕 자신이 그런 마음을 병통으로 여기고 제거하려 들면, 그가 또 어떻게 남들의 병통을 용납하고 또 무슨 수로 백성들의 병통을 기꺼이 수용하겠나? 시간이 흘러도 자신의 병통은 없애지 못한 채 급기야 눈속임과 기만으로 세월만 흘려보내는 지경을 면치 못하고, 그러는 또 한편으론 백성들의 병통을 법에 따라 제거하겠다고 지껄여댔을 것이다. 너희들은 어찌하여 여색을 좋아하고 재물을 사랑하고 완력행사를 기꺼워하면서 내가 싫어하고 미워하는 짓을 저지르는 것이냐? 아아! 이 어찌 자신을

식을 축적하고, 길 떠나는 자는 자루에 식량을 쟁이게 된다"(居者有積倉, 行者有裹糧也.)고 말한다.

210) 맹자는 『시경』과 『서경』의 기사를 근거로 들면서 주 문왕과 무왕이 모두 "한 차례 분노로 천하의 백성들을 편안하게 만들었다"(一怒而安天下之民)고 말한다. 아울러 선왕 역시 분노를 확대시켜 천하 백성들을 편안하게 하면 백성들은 그가 무력행사를 좋아하지 않을까봐 걱정하게 될 거라고 단언하였다.

속이려는 한 생각이 뜻을 정성스럽게 만들지 못한 탓에 벌어지는 사단이 아니겠는가!

그러므로 군자에게는 뜻을 정성스럽게 하는 '성의'보다 더 중요한 일이 없다. 뜻이 정성스러우면 앞으로 밀고 나갈 수 있는 여지가 생겨난다. 이로부터 집안이 가지런해지고 나라가 다스려지며 천하가 평화로워지니, 그저 곧장 밀고 나가야 할 따름인 것이다. 그리하여 진일보 나아갈 수 있다면 그 자체가 수신이고, 그것을 다른 이에게까지 확장시키면 거기서 바로 제가와 치국과 평천하의 성과와 효력이 생겨나게 된다. 더 이상 달리 수신·제가·치국·평천하의 일이 존재하지 않게 되는 것이다. 좋아하는 것을 확장시킴으로써 남들과 그 기쁨을 함께해 온 천하에 통하게 하고 만고에 떨치는 이런 행사야말로 즐거움을 함께하는 것이다. 미움을 확장해 남들에게도 투사시킴으로써 그 미움이 온 천하에 통하게 하고 만고에 이르게 하는 이런 행위는 바로 미움을 함께하는 경우라 하겠다. 그러므로 뜻을 정성스럽게 하면 생각이 열리며 절로 여유가 넘치게 된다. 확장하여 밀고 나가는 것은 '관용'(恕)를 실현하기 위해 애쓰는 방도(强恕之道)[211]이다. 가까운 내 몸에서 원하는 바를 취해 타인에게까지 닿는 도리(取譬之道)[212]

---

211) 강서지도(强恕之道): 출전은 『맹자』 「진심」 상편. "만물은 모두 나에게 구비되어 있다. 내 몸에 돌이켜 성실할 수 있다면 그보다 더 큰 즐거움이 없을 것이다. 열심히 노력하여 충서의 도를 실천한다면 인을 구현함에 있어 그보다 가까운 방법이 없을 것이다"(萬物皆備於我矣. 反身而誠, 樂莫大焉. 强恕而行, 求仁莫近焉.)

212) 취비지도(取譬之道): 자신으로부터 출발하여 역지사지로 남들에게까지 이르는 것을 말한다. 출전은 『논어』 「옹야」편. "무릇 인이란 자신이 서고자 하면 다른 사람도 서게 해주고, 자신이 달성하고 싶으면 남도 달성하게 해주는 것을 말한다. 가까운 곳에서 자기 몸이 깨달은 바를 취해 남에게 펼칠 수

이고, 자신이 원치 않는 바를 남에게 베풀지 않는 도리(勿施之道)[213]
이며, 혈구지도(絜矩之道)[214]이기도 하다. 그래서 공자는 자공에 대
해 원치 않는 바를 남에게 베풀지 않는 이라고 인정하기를 꺼려하셨
다.[215] 한편으로 자신은 단지 성실한 군자에 불과하다고 말했는데,
자신이 능하지 못한 바를 확실히 알기에 감히 노력하지 않을 수 없다

있으면 그것이야말로 인을 실천하는 처방이라 일컬을 만하다"(夫仁者, 己
欲立而立人, 己欲達而達人. 能近取譬, 可謂仁之方也已.)

213) 물시지도(勿施之道): 중궁(仲弓)이 인에 관해 물었을 때, 공자는 이렇게 대
답한다. "내가 원치 않는 바는 남에게도 베풀지 말라"(己所不欲, 勿施於人.)
출전은 『논어』「안연」편.

214) 혈구지도(絜矩之道): 혈은 '헤아림'(度量), 구(矩)는 '곱자'(曲尺). 이로부
터 인신하여 '혈구지도'는 모든 것을 재는 잣대처럼 사물이나 인간관계에
적용할 수 있는 일정한 기준이나 원칙을 가리킨다. 출전은 『대학』제11장.
"이른바 천하의 평정이 그 나라를 다스림에 있다는 말은 다음과 같은 뜻이
다. 임금이 노인을 노인으로 공경하면 백성들이 효심을 일으키고, 임금이
연장자를 어른으로 대접하면 백성들 사이에 공경심이 일어나며, 임금이 고
독한 이를 구휼하면 백성들이 배반하지 않게 되니, 이런 까닭에 군자는 혈
구지도를 지녀야 한다. 윗사람에게서 미워한 바로 아랫사람을 부리지 말고,
아랫사람에게서 미워한 바로 윗사람을 섬기지 말 것이며, 선배에게서 혐오
스런 바를 후배에게 남기지 말고, 후배에게서 미워한 바로 선배를 따르지
말아야 한다. 오른쪽에게서 싫은 바로 왼쪽을 사귀지 말고, 왼쪽에게서 싫
은 바를 갖고 오른쪽과 사귀지 않아야 한다. 이를 두고 일컬어 혈구지도라
한다"(所謂平天下在治其國者: 上老老而民興孝, 上長長而民興弟, 上恤孤而
民不倍, 是以君子有絜矩之道也. 所惡於上, 毋以使下; 所惡於下, 毋以事上;
所惡於前, 毋以先後; 所惡於後, 毋以從前; 所惡於右, 毋以交於左; 所惡於左,
毋以交於右. 此之謂絜矩之道.)

215) 출전은 『논어』「공야장」편. "자공이 '저는 다른 사람이 저한테 뭔가 덮씌우
길 바라지 않고 저 또한 남에게 펼치는 일이 없기를 바랍니다'라고 하자, 공
자가 말씀하셨다. '사야, 그것은 네가 도달할 수 있는 경지가 아니란다'"(子
貢曰: '我不欲人之加諸我也, 吾亦欲無加諸人.' 子曰: '賜也, 非爾所及也.')

는 취지에서였다.[216)]

그렇다면 성인 역시 보통사람과 같으니, 그는 자신을 속이지 않을 따름이었다. 성인의 다스림에 다른 술수는 없으니, 그는 또 자신을 속이지 않는다는 이른바 '무자기'(毋自欺)를 잘 실천하신 데 불과하다. 그렇다면 자신을 기만하지 않음이 요체이고, 뜻을 성실하게 하는 것은 근본이 된다. 자신을 속이면 안 된다는 독자적인 깨달음이 중요한 것이다. 그런데 사람들이 종당에 가선 이런 독자적인 깨달음을 기만하게 되는 까닭이 대체 무엇일까? 바로 알아야 할 이런 진실에 대해 깜깜한 때문이렷다. 그러므로 『대학』은 '성의'를 해석하면서 반드시 '앎에 이르는 것'(致知)이 먼저라고 말한다. 오호라! 앎에 도달하면 그것으로 완결되는 것이다.

---

216) 『중용』 제13장. "군자의 도는 넷인데 나는 그중 어느 것도 잘하지 못한다. 자식에게 바라는 바로써 아버지를 섬기지 못했고, 신하에게서 바라는 바로써 임금을 섬기지 못했다. 아우에게 바라는 바로 형을 섬기지 못했으며, 친구에게서 바라는 바를 내가 먼저 베풀지 못했다. 일상적인 덕을 행해야 하고, 용렬한 말은 삼가야 하며, 부족함이 있으면 노력하지 않을 수 없고, 여유가 있더라도 감히 다 써버리질 않는다. 말하면 반드시 행실을 돌아보고 행동하면 말을 되돌아보아야 하니, 군자라면 어찌 삼가고 독실하지 않을 수 있으랴!" (君子之道四, 丘未能一焉: 所求乎子以事父, 未能也; 所求乎臣以事君, 未能也; 所求乎弟以事兄, 未能也; 所求乎朋友先施之, 未能也. 庸德之行, 庸言之謹, 有所不足, 不敢不勉, 有餘不敢盡; 言顧行, 行顧言, 君子胡不慥慥爾!)

하권下卷

제1장[1]

　순임금은 묻기를 좋아했을 따름이지만 한편으론 살피는 일도 즐기셨다. 관찰을 좋아한 것이 확실한데, 그가 살핀 것은 또 지극히 쉽고 통속적인 이언(邇言)이었다. 그를 두고 질문하기를 좋아했다 일컬으니, 사악[2]과 구관[3], 십이목[4]으로부터 꼴 베는 농부·나무꾼·수공업

---

1)　이번 장에선 이언(邇言)에 대한 해설을 통해 상고시대의 민주를 논한다. 『중용』 제6장에서 공자는 다음과 같이 말했다. "순은 크게 지혜로운 분일진저! 순은 가르침을 청하길 좋아하셨고 쉽고 일상적인 언어를 살펴 분석하길 좋아하셨다. 다른 이의 악한 점은 덮고 착한 면은 드러내 선양하셨다. 어느 상황이든 양 극단을 파악해 그중 합당한 바를 백성에게 적용하셨다. 이런 점이야말로 순께서 순이 되신 사연일진저!"(舜其大知也與! 舜好問而好察邇言, 隱惡而揚善, 執其兩端, 用其中於民, 其斯以爲舜乎!) 『논어』를 해석한 정현(鄭玄)과 공영달(孔穎達), 주희(朱熹) 등은 이 문장에 대해 별다른 언급이 없었지만, 이지는 '이언'이야말로 추요공고(芻蕘工瞽) 같은 백성들의 의중을 그대로 반영한다고 여겨 각별히 중시하였다. 백성을 하늘로 떠받든다는 고대의 애민사상을 가담항어를 통해 인증한 것이다.

2)　사악(四岳): 요임금 시절 사방(四方) 제후의 수장. 일설에는 공공(共工)의 후예라고도 한다. 우(禹)를 도와 치수에 공을 세운 뒤 강(姜)씨 성을 하사받고 여(呂) 땅에 봉해져 제후 가운데 우두머리가 되었다고 전해진다.

3)　구관(九官): 순임금 때 정치·형벌·농업 등을 관장하던 아홉 종류의 관리. 『상서』「요전」(堯典)에 보다 구체적인 관직명과 관리들의 이름이 보인다.

장인·악사에 이르기까지 새로운 걸 알고 싶어 누구한테든 묻지 않는 경우가 없었다. 그렇더라도 저들의 말을 모조리 살피고자 했던 건 필시 아니었을 터이다.

관찰대상은 오로지 저자거리에서 되는대로 지껄이는 조야하고 속된 말이었다. 그런 말들은 지극히 얄팍하고 알아듣기 쉬워 윗사람(上人)[5]은 말하지 않고 덕이 높은 군자도 즐겨 듣는 바가 아니련만, 순임금은 유독 그런 말 살피기를 좋아하셨다. 덕분에 백성들의 감춰진 아픔을 듣지 못함이 없고 진정과 거짓이 밝혀지지 않는 경우가 없었으니, 백성들이 좋아하고 미워하는 바를 빠짐없이 환히 꿰었던 것이다. 이언은 백성의 마음(中)[6]이니, 이른바 선량한 본성(善)이다. 무릇 착한 말이 본성에서 우러난 이언 가운데 들어 있으니, 이언을 어떻게 살피지 않을 수 있으랴? 살핀다고 말했으니 단지 질문에만 그치지 않았고, 살피길 좋아한다 말했으니 그저 질문하길 즐기는 데만 그치지도 않았다. 그렇다면 이언에 대한 성인의 행사는 착하고 아름답다.

대저 이언만을 좋다고 여기셨으니, 이언이 아니면 어떤 말도 어여쁘지 아니하셨다. 어찌하여 그럴까? 이언이 아닌 말은 백성의 마음이 아니고 백성이 원하는 바도 아닌 까닭에 착하지 않다고 보신 것이고,

---

4)　십이목(十二牧): 순임금 당시에는 전국을 12주(州)로 나누고 각 주의 우두머리를 목(牧)이라고 불렀다. 그러나 고래로 주는 아홉으로만 나뉘었고 열둘이 된 것은 진·한 시대의 일이라고 설명하는 경우도 있다.

5)　상인(上人): 윗자리에 있는 사람. 일반적으로 군주를 가리킨다.

6)　『중용』 제1장에서 '중'은 "희로애락이 아직 발현되지 않은 상태"(喜怒哀樂之未發, 謂之中)라고 설명된다. 이지는 백성들의 내심이나 감정, 사상과 욕망 모두를 지칭하는 용어로 '중'(中)을 차용해 썼는데, 이 글에서는 '마음'으로 번역하였다. 혹은 욕구에 적중했다는 의미에서 '마땅함'으로 풀이하는 경우도 있다.

그래서 악으로나 간주하였다. 요즘 사람들이 일컫는 바 나쁜 정치로 백성들을 해치는 그런 추악함과는 정녕 같지 않았던 것이다.

　기왕에 그것이 악이 되는 줄 알았다면 감춰서 치워두고 다시는 쓰지 말아야 한다. 그것이 선이 되는 줄 알았다면 칭찬하고 내세움으로써 그 마음을 백성들에게 적용시켜야 한다. 악을 감추고 선을 드러내야 양 끝이 완전히 장악[7]되어 가장 적합한 바가 백성들에게 행사되는 것이다. 성인은 마음(中)이 없기 때문에 백성을 자기의 마음으로 삼으셨다.[8] 무릇 백성이 원하는 바는 하늘도 반드시 존중하여 따르는데,[9] 하물며 백성들의 윗자리에 거하는 천자의 경우임에랴? 하늘이 임금을 세우시는 뜻은 백성을 위해 일하라는 것이다. 순은 오직 밤낮으로 백성의 마음을 충족시킬 방도만을 찾았고 그들의 소망이 이뤄지지 않을까봐 노심초사했으니, 어떻게 이언만을 살피기에도 허둥지둥 바쁘지 않을 수 있었으랴?

　이언이란 쉽고도 친근한 말이다. 관찰하는 행위가 쉽고 친근한 말

---

7)　악을 감추고 선을 드러냄이 바로 양 극단을 통제하는 것이라는 이지의 해석과는 달리 주희는 『중용장구』 주(注)에서 선 안에 양 극단이 있다고 인식했다. "양 극단이란 뭇 의론이 서로 달라 극단으로 치닫는 상태를 일컫는다. 대저 모든 사물에는 양 극단이 있으니, 마치 크거나 작고 두텁거나 얇은 상대적 차이가 있는 것과도 같다. 선의 한 가운데 있지만 또 그 양 극단을 파악하여 헤아림으로써 정중앙을 알아내야 한다. 그런 연후 합당하게 적용하면 그 선택은 살펴서 이뤄지고 그 실행은 지극해진다"(兩端, 謂衆論不同之極致. 蓋凡物皆有兩端, 如小大厚薄之類, 於善之中又執其兩端, 而量度以取中, 然後用之, 則其擇之審而行之至矣.)

8)　『노자』 제49장. "성인은 고정된 마음이 없으니, 백성의 마음을 자기 마음으로 삼는다"(聖人無常心, 以百姓心爲心.)

9)　출전은 『상서』 「태서」(泰誓)편. 『좌전』 「양공」(襄公) 31년과 「소공」(昭公) 원년조에도 같은 말이 보인다.

에만 그친다면 어떻게 지혜로워지겠나? 또 무슨 수로 큰 지혜를 형성한단 말인가? 원래 말이 쉽고 친근하기 때문에 한때의 민심이 바로 천대 만대의 인심이 되고 고금에 걸친 똑같은 마음으로 간주된다. 불편부당한 그 마음을 일컬어 백성(民)이라 하니, 한 백성의 마음이 바로 천만 백성의 마음이 되고 온 천하는 똑같이 한 백성으로 귀착하게 되는 것이다.

위대한 순임금(大舜)은 마음이 없으셨으니, 백성의 마음으로 자기 마음을 삼으셨다. 위대한 순임금은 자기만의 선(善)이 없었으니, 백성들이 지껄이는 이언을 자신의 선량한 본성으로 여기셨다. 그렇다면 위대한 순임금은 별다른 지혜가 없이 오로지 천하를 통합하고 고금을 관통함으로써 그 지혜를 완성시킨 것이로구나. 무릇 그 지혜가 천하를 합치고 고금을 꿰뚫는 정도에 이르렀으니, 그것을 일컬어 작은 지혜(小智)라 할까? 아니면 큰 지혜(大智)라 할까? 응당 저절로 알 노릇이렷다. 그래서 "순은 크게 지혜로운 분이로구나!" 하고 말씀하신 것이다.

제2장[10]

숨겨진 도를 탐구하는 것은 자기 한도를 넘어서려는 지자(智者)의 행위고, 괴상한 행동인즉슨 한계를 뛰어넘고 싶은 현자(賢者)의 수이다. 은미한 데다가 괴이하면 세상과는 저절로 다르게 되고 자연스럽게 일반을 뛰어넘는 외물(外物)이 되니, 시공간을 막론하여 그를 칭송하며 조술[11]하는 자가 알아서 나타나게 된다. 그래서 공자님은 "나는 그리하지 않겠다"고 말씀하셨다. 그럴 필요가 없는 쓸데없는 곳에

---

10) 이번 장은 『중용』 제11장에 보이는 공자의 다음 말씀을 해석한다. "숨어있는 도리를 찾아내고 괴상한 짓을 하면 후세가 그를 기록하여 칭찬할지도 모르지만, 나는 결코 그리 하지 않겠다. 군자가 중용의 도에 따라 행하더라도 중도에 그만두면 그 도가 지속될 수 없다. 나는 결단코 멈추지 않을 것이다. 군자는 중용에 의거한다. 세상에서 은둔해 사람들이 알아주지 않을지라도 후회하지 않는데, 오직 성자만이 그럴 수 있다"(素隱行怪, 後世有述焉, 吾弗爲之矣. 君子遵道而行, 半涂而廢, 吾弗能已矣. 君子依乎中庸, 遁世不見知而不悔, 唯聖者能之.)

11) 조술(祖述): 옛사람의 학설이나 행위를 본받아 따르는 것. 『중용』 제30장에 다음과 같은 용례가 보인다. "중니는 요·순을 조종으로 삼아 그 덕을 펼치셨고, 문왕·무왕의 도를 본받아 그것이 세상에서 빛나게 하였다"(仲尼祖述堯舜, 宪章文武.)

마음을 쓰는 짓은 백성들의 일상생활(日用)[12]에 도움이 안 된다고 여긴 때문이었다.

일용이란 중용의 도이다. 본래 이름이 없으니 또 무엇으로 그 행사를 조술하겠는가?[13] 그런데 세상일이란 이름나지 않았는데 누가 조술할 리도 없는 것이다. 조술되지 않았으니 누가 따라 행하겠나? 그러므로 제아무리 일삼아 도를 학습하고 정도를 준수하여 공을 쌓은 군자라도 혁혁한 명성이 안 생기는 판이라면 담담히 도의 실행에 열중할 이가 드물게 된다. 이는 또 중도에 걷어치우게 되는 원인이기도 하니, 그래서 공자님은 "나는 중간에 멈추지 않겠다"고 말씀하셨다.

이런 이치를 알고 자발적으로 공부한다면 당연히 싫증나지 않고, 이런 이치로서 남들을 가르치면 감히 게을러지지 못한다. 사[14] 같은 경우는 재물을 늘리려 하고 구[15]는 스스로 구획을 짓지만, 나는 그런

---

12) 일용(日用): 일상적으로 쓰이는 바인데, 여기서는 중용(中庸)의 도를 가리킨다. 출전은 『주역』「계사전」(系辭傳) 상편. "보통사람들은 날마다 쓰고 살면서도 알지를 못하니, 그래서 군자의 도는 아는 이가 드물다"(百姓日用而不知, 故君子之道鮮矣.)" 공영달은 소(疏)에서 이를 또 "만방의 백성들이 언제나 날마다 이 도에 의지해 생을 영위하면서도 도의 공력을 알지 못한다"(万方百姓恒日日賴用此道而得生, 而不知道之功力也.)고 설명했다.

13) 주희의 『중용장구』에서 '색은행괴'(索隱行怪)를 "족히 세상을 속이고 이름을 도둑질할 수 있기 때문에 후세에 혹여 그를 칭찬하여 조술할 자가 생겨날지도 모른다"(其足以欺世而盜名, 故後世或有稱述之者.)라고 설명한 대목에 빗대어 한 말이다. 백성들의 일상 속에서 중용의 덕을 행하면 명성을 얻을 수가 없기 때문이다.

14) 사(賜): 공자의 제자 단목사(端木賜), 자는 자공(子貢). 사업수완이 좋고 이재에 밝아 공자는 『논어』「선진」편에서 그를 이렇게 평가했다. "사는 천운을 타고나지 않았는데도 재화가 늘어난다. 억측을 해도 잘 들어맞는구나"(賜不受命, 而貨殖焉, 億則屢中.)

15) 구(求): 염구(冉求), 자는 자유(子有). 정치적 능력이 출중했고 구체적인 사

마음이 없구나, 나는 오로지 중용의 도에 기댈 따름이다. 아직 발현되지 않은 나의 본성을 따르고[16], 변치 않는 내 중용의 도를 고수할 뿐이로구나.[17] 비록 나를 칭찬하고 조술하는 이가 한 명도 없고 세상으로부터 몸을 숨겨 알아주는 이가 전혀 없는 지경에 이르더라도 나는 또 그 때문에 후회하다가 중도에 작파하는 짓 따위는 아니할 것이다.[18]

위와 같은 처신이야말로 공자의 직분이었다. 하지만 공자는 자신을 내세우지 않고 또 "오직 성자만이 그리 할 수 있다"고 말씀하셨다. 뜻인즉슨 아마도 반드시 이 같이 처신한 다음이라야 군자가 중용에 의거할 수 있다는 말씀일 테지. 그러면서도 군자에게 당장 서둘러야 한다고 질책하진 않으셨으니, 그분이야말로 성인임이 분명하구나!

이른바 천하의 최고 엘리트는 이런 정미(精微)한 경지에 다다를 역

안에서 스승인 공자와 때로는 의견충돌도 사리지 않는 제자였다.『논어』「옹야」(雍也)편에 다음과 같은 구절이 보인다. "염구가 '선생님의 도를 좋아하지 않는 건 아니지만 힘이 달립니다' 하고 말하자, 공자께서 말씀하셨다. '힘이 부족한 자는 중도에 그만두게 된다. 하지만 지금 너는 스스로 금을 긋고 있다'(冉求曰: '非不說子之道, 力不足也.' 子曰: '力不足者, 中道而廢. 今女畫.')

16) 『중용』 제1장의 "희로애락이 아직 발현되지 않은 상태를 일컬어 중이라고 한다"(喜怒哀樂之未發, 謂之中)에 대해 주희는 이렇게 주를 달았다. "희로애락은 정이고, 그것이 아직 발현되지 않은 상태는 성이다. 편벽되고 치우친 바가 없는 까닭에 그것을 일컬어 중이라 한다"(喜怒哀樂 情也. 其未發, 則性也. 無所偏倚, 故謂之中.)

17) 『중용장구』 첫머리에 '중용'에 대한 정이(程頤)의 다음과 같은 뜻풀이가 실려 있다. "치우침이 없는 것을 일컬어 중이라 하고, 변하지 않음을 용이라고 부른다. '중'이란 천하의 바른 도이고, '용'은 바뀔 수 없는 고정된 도리이다"(不偏之謂中, 不易之謂庸. 中者, 天下之正道, 庸者, 天下之定理.)

18) 이 단락은 공자의 말투를 빌어 그 생각과 결심을 묘사하고 있다.

량이 부족하지 않으니,[19] 은미하고 괴이함에 미혹되는 일이 없다. 천하의 가장 강건한 자라면 이 같은 용맹이 모자라지 않으니, 중도에 작파할 순 없을 것이다. 천하의 지극한 신통함이라면 이런 신묘함에 가닿기 어렵지 않으니, 유(有)에서 나와 무(無)로 돌아가고[20] 천지개벽의 태초를 탐구하여 온 누리의 선구자가 될 수가 있다. 이런 일은 비록 지극히 일상적이면서도 극도로 쉽고 간략하지만 백성들이 의지하는 귀결점이자 그들의 능사여야 하는지라 성인이 아니면 결단코 달성할 수 없다. 그래서 "오직 성자만이 가능하다"고 말씀하신 것이다.

---

19) 『주역』 「계사전」 상편. "천하의 지극함에 이른 사람이 아니라면 그 누가 여기에 참여할 수 있겠는가?"(非天下之至精, 其孰能與於此.)

20) 『노자』 제40장. "세상 만물은 유에서 생겨나고, 유는 무에서 생겨난다"(天下萬物生於有, 有生於無.) 여기서 '유'는 구체적으로 존재하는 형이하의 사물이며, '무'는 무형무상 허무의 경계로 만물이 생겨나게 하고 또 그 만물이 운동하여 근원으로 돌아가게 만드는 도를 가리킨다.

제3장²¹⁾

앞 장에서 "오직 성인만이 할 수 있다"(唯聖者能)고 말했으니, 굳이 "중용은 달성하기 어렵다"고 말할 필요가 없었다. 원래 중용의 도를 따른다는 자체가 어려운 일이므로 성인이 아니라면 필시 불가능할 수밖에 없기 때문이다. 성인의 능력이 그 어려운 바를 가능하게 만들 뿐이다.

---

21) 이번 장은 『중용』 제12장의 의미를 천명한다. "군자의 도는 쓰임이 크면서도 형체가 미묘하다. 비록 필부필부라도 알 수가 있지만, 그 지극한 부분에 이르러선 제아무리 성인일지라도 알지 못할 바가 존재한다. 평범한 사내계집이라도 행할 수 있지만, 그 가장 오묘한 부분에 이르면 성인이라도 행하지 못할 바가 있다. 천지처럼 큰 대상에 대해서도 사람은 여전히 유감을 품는다. 그러므로 군자의 말이 크면 천하도 그것을 지탱해 받들 수 없고, 말이 왜소해도 천하가 그것을 깨뜨리지 못한다. 『시경』에 이르기를, '솔개는 창공을 향해 날고, 물고기는 연못에서 뛰어오른다'고 했는데, 이 구절은 도가 위아래를 두루 비추는 상태를 은유한다. 군자의 도는 평범한 남녀에서 시작되지만, 그 극치에 다다르면 온 천지를 환하게 밝힌다"(君子之道, 費而隱. 夫婦之愚, 可以與知焉; 及其至也, 雖聖人亦有所不知焉. 夫婦之不肖, 可以能行焉; 及其至也, 雖聖人亦有所不能焉. 天地之大也, 人猶有所憾. 故君子語大, 天下莫能載焉; 語小, 天下莫能破焉. 詩云: '鳶飛戾天, 魚躍于淵.' 言其上下察也. 君子之道, 造端乎夫婦, 及其至也, 察乎天地.)

지금의 세상은 무엇이든지 간에 자기 힘으로 감당할 만한 일이라면 그것을 달성하기 위해 다들 온 힘을 쥐어짠다. 예컨대 천하를 균등하게 만든다거나 관작과 봉록을 사양하는 행위, 서슬 퍼런 칼날 위를 걷는[22] 이런 따위는 죄다 세간에서 첫 번째로 꼽는 달성하기 어려운 일들이다. 그런데 온 세상 사람들을 다 같이 일률적으로 균등하게 만들거나 천하처럼 큰 것(봉록과 관작 따위)을 줘도 하찮게 여기며 거절하는 이런 행동은 정말 어렵긴 하지만, 그래도 아직 자기 몸뚱이만큼은 소중하게 여긴다고 할 수 있다. 서슬 퍼런 칼날 위를 밟는 경우에 이르면 생사조차 돌아보질 않고 있으니, 목숨까지도 초월하여 신외지물(身外之物)로 전락시킨다. 그렇다면 이 세 가지는 사람이라면 누구나 해낼 수 있는 것이다. 세상에 행하지 못할 이가 없다면, 사람에게 불가능한 일은 없음을 알게 된다. 무슨 일이든 다만 힘을 쏟을 수 있어 사람들이 분투하고 노력한다면 도달이 가능할 것이기 때문이다.

이러한 중용의 도는 크지만 잘 보이지 않는다. 이미 은미하므로 제아무리 신통한 눈을 갖고 있어도 정탐이 불가능하다. 은미하지만 또 환하게 드러나고[23], 환히 드러나니 제아무리 신령한 힘이라도 가로막지 못한다. 대체 무슨 수로 거기 대응한단 말인가! 그래서 중용은 달성하기 어렵다고 말하였다. 또 이런 말씀도 있다.

---

22) 『중용』 제9장. "천하의 국가를 잘 다스릴 수 있고, 벼슬이나 봉록도 사양할 수 있고, 시퍼런 칼날을 밟을 수도 있다. 하지만 중용은 달성하기가 쉽지 않다"(天下國家可均也, 爵祿可辭也, 白刃可蹈也, 中庸不可能也.)
23) 『중용』 제16장. "귀신의 공덕이 참으로 성대하구나! ……귀신은 안 보이나 공덕이 환히 드러나니, '성'은 이처럼 가려질 수가 없구나"(鬼神之爲德, 其盛矣乎！……夫微之顯, 誠之不可掩如此夫.)

"중용의 도가 참으로 지극하구나! 하지만 그 도리를 실천할 수 있는 자가 드물어진 지도 벌써 오래되었다."[24]

아울러 "제아무리 성인일지라도 행하지 못할 바가 있다"고도 말씀하셨다. 원래 세상 사람들은 평범한 백성과 사내계집의 불초함과 무능함만을 알 뿐이니, 그들이 어떻게 성인에게도 불가능한 일이 있음을 알겠는가! 이런 까닭에 그들에게 다음과 같이 고하게 된다.

"너희는 성인이 이러저러한 일을 할 수 있다고 말하지 말라!"[25]

나부터 그 문제에 대한 생각을 말해보겠다. 성인이 할 수 있는 바라면 못난 사내계집이라도 더불어 함께 달성할 수 있으니, 세간의 남녀가 하는 일이라고 깔보지 말아야 한다. 여기서 '더불어'(與)라는 한 글자가 놓인 위치가 대단히 묘하다. 평범한 남녀가 해낼 수 없는 바라고 한다면 제아무리 성인이라도 반드시 불가능하니, 성인의 행위라도 일절 우러러보지 말아야 한다. 여기서 '비록'(雖)이란 한 글자가 놓인 위치가 또 대단히 오묘하다. 도(道)라고 하는 것은 원래가 지극한 무엇이고, 중용이라면 도 가운데서도 지극한 바이다. 지극하므로 인간의 '지혜와 힘'(智力)만 갖고는 결코 억지로 달성할 수 없으니, 이런 까닭에 "받들어 모실 수 없고", "깨뜨릴 수 없고", "위아래를 밝게 비춘다" 등의 수식어로 설명하였다. 이렇게 말한 것은 성인일지라도 달성할 수 없을 뿐 아니라 저 천지조차도 불가능하기 때문이다. 그 지극함을 한껏 극대화시켜 진술하지 않았으니, 이는 비단 평범한 남녀라도 더불어 달성할 수 있을 뿐만 아니라 비록 미물에 불과한 솔개

---

24) 출전은 『중용』 제3장. "中庸其至矣乎! 民鮮能久矣."
25) 위의 『중용』 제12장 "그 가장 오묘한 부분에 이르면 성인일지라도 행하지 못할 바가 존재한다"(及其至也, 雖聖人亦有所不能焉.)를 개괄하는 차원에서 한 말이다.

나 물고기라도 면밀히 살펴 날거나 뛰어오르면 다함께 그 경지에 닿을 수 있기 때문이다.

이렇게 보건대 천하를 고르게 만들고 관작과 봉록을 사양하고 위태롭게 칼날 위를 걷는 그런 일들은 모두 자기 힘을 극대화시키면 달성할 수 있는 바라 하겠다. 솔개와 물고기도 비슷할 따름이고, 평범하기 짝이 없는 필부필부라도 다 같을 뿐이다. 이 어찌 기이하다 하리오! 또 어찌 입에 올리기에 족한 일이겠는가! 장생(莊生, 장자)이 "먼지와 때, 쭉정이와 겨"로 "요·순을 빚어낼 수 있다"[26]고 한 말이 어찌 황당한 헛소리기만 할까보냐! 이는 바로 전대 현인의 "요·순의 사업이라도 태허의 한 점 뜬구름이 눈앞을 스쳐 지나가는 것"[27]이라는 말씀과 딱 들어맞는다.

---

26) 『장자』 「소요유」(逍遙遊)편. "신인은 그 몸의 먼지와 때, 쭉정이와 겨로도 요·순을 빚어낼 수 있는데 무엇 때문에 천하를 위해 애써 수고하려 들겠는가!"(是其塵垢粃糠, 將猶陶鑄堯·舜者也, 孰肯以物爲事!)

27) 이 글의 전대 현인은 송대 정호(程顥)를 가리킨다. 『하남정씨유서』(河南程氏遺書) 권3 「두 선생님 말씀 세 번째」(二先生語三)에서 사현도(謝顯道)는 정명도가 평소에 하던 말을 다음과 같이 기록해놓았다. "태산이 높다지만 태산의 꼭대기는 이미 태산에 속하지 않는다. 요·순께서 행하신 일일지라도 아득한 태허의 한 점 뜬구름이 눈앞을 스쳐가는 것과 같을 따름이다"(太山爲高矣, 然太山頂上已不屬太山. 雖堯舜之事, 亦只是如太虛中一點浮雲過目.)

제4장[28]

　성인은 앎(知)을 말하면 반드시 실행(行)을 언급함으로써 실천은 앎을 떠날 수 없음을 밝히셨고, 실행을 말하면 반드시 앎을 거론함으로써 앎은 실천과 분리되지 못함을 드러내셨다. 그 말씀은 이러하다.

　"중용의 도가 실행되지 못하는 까닭을 나는 아노라. 총명한 이는 자기 믿음이 지나치고, 어리석은 자는 지혜가 딸린다."[29]

　도가 뭔지 불분명한 까닭에 행하지 못한다는 것이다.

---

28) 이번 장에선 『중용』 제4장의 뜻을 밝힌다. "중용의 도가 실행되지 못하는 까닭을 나는 아노라. 총명한 이는 자기가 옳다는 믿음이 지나치고, 어리석은 자는 지혜가 딸린다. 중용의 도가 밝혀지지 않는 까닭을 나는 아노라. 현명한 이는 과도하고, 모자란 자는 능력이 미치질 않는다. 사람은 누구나 먹고 마시지만 그 맛을 제대로 아는 이는 정말 드물다"(道之不行也, 我知之矣: 知者過之, 愚者不及也. 道之不明也, 我知之矣: 賢者過之, 不肖者不及也. 人莫不飮食也, 鮮能知味也.) 이 글에서 이지는 앎과 행동은 분리될 수 없으니 왕양명 지행합일설의 근원이 바로 여기에 있다고 역설한다.

29) 주희는 『중용장구』에서 이 대목에 대해 다음과 같이 설명한다. "지혜로운 자는 지식이 넘치기 때문에 도가 행하기에 부족하다 깔보고, 어리석은 자는 지식이 모자라 또 어떻게 행해야 할지를 모른다. 이런 까닭에 도는 항상 행하여지지 못한다"(知者知之過, 旣以道爲不足行; 愚者不及知, 又不知所以行, 此道之所以常不行也.)

"중용의 도가 밝혀지지 않는 까닭을 나는 아노라. 현명한 이는 주제넘게 과도하고, 모자란 자는 능력이 미치질 않는다."[30]

도가 제대로 행해지질 않으니 그게 뭔지도 불분명할 밖에. 앎과 실천은 서로 필요하고 의지한다는 걸 대체로 알 수가 있다. 그렇다면 양명선생께서 주창하신 '지행합일'(知行合一)의 종지는 실로 이 점에서 비롯된다 하겠다.

인간세상의 마시거나 먹는 사소한 행위 어느 하나도 그렇지 않은 것이 없다. 제아무리 맛난 음식이 있더라도 먹지 않는다면 그 맛을 알 수 없는 법이다. 실행이 앞서지 않는다면 그 맛을 대체 무슨 수로 알겠는가? 이미 그 맛을 알고 있다면 어떻게 먹지 않을 수가 있고? 세상에는 오직 다음과 같은 두 종류의 인간이 존재할 뿐이다.

음식광주리 한가운데 들어앉은 채 똑똑하고 부귀한 모습을 억지로 가장하며 "이건 일상적인 밥일 뿐이야, 가난한 거지의 밥을 내가 어떻게 먹을 수 있겠어?"라고 뽐내면서 진기한 음식과 색다른 맛을 요구하지만 그런 진미는 끝내 찾아내지 못하고 결국 굶어죽는 자들이 있다. 이들이 한 가지 유형인데, 이른바 현자(賢者)와 지자(智者)가 여기 속하는 부류이다. 그들은 또 행하질 않기 때문에 지식을 쌓지 못하는데, 무지한 까닭에 행하려고 들지도 않는다. 이는 자기 확신이 지나친 탓이지 밥 자체에는 잘못이 없다.

또 한 종류의 사람들은 역시 음식바구니 안에 들어앉은 채 음식에

---

30) 이 대목에 관한 주희의 『중용장구』 해설은 다음과 같다. "현자는 행동이 지나친 바람에 도가 지식의 대상으로 부족하다 깔보고, 못난 자는 행동이 미치질 못해 또 어떻게 지식을 추구해야 하는지 모른다. 이는 도가 늘 명확히 밝혀지지 않는 까닭이다"(賢者行之過, 既以道爲不足知; 不肖者不及行, 又不求所以知, 此道之所以常不明也.)

독이 들었다고 제멋대로 망상하다가 차라리 굶어죽을지언정 맛보려는 시도조차 감행하지 않는다. 이들이야말로 지극히 우매하고 못난 유형이라 말할 수 있는데, 몰라서 안 하고 안 해서 모르는 경우가 서로 겹치며 깜깜하게 눈을 감게 된 치들이다. 아이고! 이런 두 종류의 인간만 없다면 세상 사람이 어찌 죄다 배부르고 등 따시게 되지 않으랴! 결국 중용의 도는 이런 작자들 때문에 끝내 행해지지 않고 밝혀지지도 못하는 것이다.

제5장[31]

성인께서는 중용을 택한 뒤 가슴에 새겨 잃어버리지 않는 자는 큰
현인이며 으뜸가는 선비라고 여기셨다.[32] 중용을 선택했지만 한 달
도 지켜내지 못하는 자는 비유컨대 그물과 덫과 함정에 밀쳐 넣어지
는데도 피할 줄을 모르니, 마치 짐승이나 탐욕스런 사내가 죽음을 무
릅쓰면서 되돌아보지 않는 경우와 같다고도 하였다.

중용이란 대체 어떤 것일까? 선택하여 지키면 살지만 택해서 지킬
줄 모르면 결국 자신을 죽음으로 몰아넣게 된다니, 어찌 황당하지 않
으랴! 오늘날 중용을 모르는 자가 떼로 많지만 어째서 그들은 함정으

---

31) 이번 장에서는 『중용』 제7장의 다음 관점을 부정하고 그 오류를 지적하였다.
   "공자께서 말씀하셨다. '사람들이 모두 나더러 지혜롭다고 말하는데, 그물
   이나 덫, 함정에 빠져도 나는 그것을 피하는 방법조차 알지 못한다. 사람들이
   모두 나보고 지혜롭다 말하는데, 중용을 택해도 불과 한 달을 지켜내지 못하
   는구나'"(子曰: '人皆曰予知, 驅而納諸罟擭陷阱之中, 而莫之知辟也. 人皆曰
   予知, 擇乎中庸, 而不能期月守也.')
32) 출전은 『중용』 제8장. "공자께서 말씀하셨다. '안회의 사람됨은 항상 중용
   을 택해 한 가지 도리라도 깨달으면 진심으로 받들면서 가슴에 품어 다시는
   놓치질 않는구나'"(子曰: '回之爲人也, 擇乎中庸, 得一善, 則拳拳服膺而弗失
   之矣.')

로 떼밀려 처박히지 않는 걸까? 내가 암만 생각해도 답을 얻을 수 없었다. 석가모니 부처는 삶과 죽음을 활용해 사람들에게 겁을 주셨는데, 그렇다면 우리 공자 성인께서도 일찍이 생사를 역설하신 것일까?

추측컨대 공자가 나이 열다섯에 학문에 뜻을 두고[33] 오십이 되어서까지 여전히 『주역』을 공부했던 것[34]은 바로 함정이 눈앞에 있다 여기고 서둘러 그 피할 방도를 고민해서는 아니었을까? 이는 차라리 경계하고 두려워하는 품새가 깊은 연못을 마주하거나 살얼음판을 디딘 듯하면서 이 몸을 고해에서 빼내지 못할까봐 걱정하느니만 못하다 하겠다. 이런 까닭에 그 상황을 금수에 비유하고 탐욕한 자에 비유했으며 그물과 덫과 감방에 비유해서 사람들로 하여금 요행 중용에 의탁하게 만들 뿐이었는데, 도리에 부합하지 않는 건 아니지만 언사가 너무 지나치게 과장되었다. 나는 중용이 죽음을 어떻게 모면하게 해준다는 것인지 도대체 잘 모르겠다. 이리하여 그 내용을 글로 써서 도학을 강의하는 각처의 학자들에게 가르침을 청하노라.

---

33) 『논어』 「위정」편에서 공자 스스로 "나는 열다섯 살에 학문에 뜻을 두었다"(吾十有五而志于學)고 말한 바에 의거했다.
34) 『논어』 「술이」편. "공자가 말씀하셨다. '만약 내게 몇 년의 수명이 더해져 오십에 『주역』을 공부하게 된다면 큰 잘못이 없게 될 것이다'"(子曰: '加我數年, 五十以學易, 可以無大過矣.')

제6장35)

도는 본래 사람들에게서 멀리 떨어지지 않았지만 그들이 도 닦는

---

35) 이번 장은 『중용』제13장을 풀이한다. "도는 사람에게서 멀지 않다. 사람이
도를 행한다면서도 그것이 멀리 있다고 여기면 그는 도를 실천하지 못하게
된다. 『시경』에 이르길, '도낏자루를 깎는구나. 도낏자루를 깎는구나. 그 깎
는 법칙이 멀리 있지 않네.' 도낏자루를 잡고서 도낏자루를 깎으니 흘낏 보기
만 해도 어떻게 깎는지 알 노릇인데 깎는 법칙이 아득히 멀다고만 여기는구
나. 그러므로 군자는 사람의 도리로써 사람을 다스리니, 잘못을 깨달아 고치
면 거기서 멈추고 더는 다스리지 않는다. 충서는 도에서 멀지 않은 것이다. 자
신에게 시행했을 때 원치 않는 것은 남에게도 베풀지 말아야 한다. 군자의 도
는 네 가지인데 나는 그중 한 가지도 잘하지 못했다. 아들에게 바라는 바로 아
버지를 섬겨야 하는데 그렇질 못했다. 신하에게 바라는 바로 임금을 섬겨야
하지만 그렇게 하지 못했다. 아우에게 바라는 바로 형을 섬겼느냐 하면 그렇
게 하질 못했다. 친구에게 바라는 바를 내가 먼저 베풀었어야 하는데 그러지
도 못했다. 사람이라면 모름지기 일상의 도덕규범을 행해야 하고, 범용한 말
을 삼가야 한다. 부족함이 있으면 감히 노력하지 않을 수 없고, 남음이 있더라
도 거리낌 없이 모든 말을 다하진 않는다. 말은 행실을 돌아보고 행동은 말을
되돌아보니, 군자가 어찌 독실해지지 않을 수 있으랴!"(道不遠人. 人之爲道
而遠人, 不可以爲道. 『詩』云: '伐柯伐柯, 其則不遠.' 執柯以伐柯, 睨而視之, 猶
以爲遠. 故君子以人治人, 改而止. 忠恕違道不遠, 施諸己而不願, 亦勿施於人.
君子之道四, 丘未能一焉: 所求乎子, 以事父, 未能也; 所求乎臣, 以事君, 未能
也; 所求乎弟, 以事兄, 未能也; 所求乎朋友, 先施之, 未能也. 庸德之行, 庸言之
謹, 有所不足, 不敢不勉, 有餘不敢盡. 言顧行, 行顧言, 君子胡不慥慥爾!)

수행을 멀리하니, 이런 까닭에 도를 말할 수 없게 되었다. 모름지기 사람이 곧 도이고 도가 바로 사람이며 사람 밖에 도가 없고 도의 바깥에는 또 사람이 없음을 알아야 한다. 그래서 군자는 타인을 기준으로 사람을 다스린다. 감히 자기를 기준으로는 더더욱 사람을 다스리지 못하니, 인간이란 본래 스스로 다스려나가는 존재이기 때문이다. 사람은 자기가 알아서 바로잡을 수 있으니, 누구든 그를 가로막으며 잘못을 고치라고 제지할 필요가 없다. 만약 일부러 막아서며 스스로 수양하지 못하게 만든다면, 이는 그를 해치는 짓이고 저 사람의 도낏자루를 나의 도낏자루로 맞바꾸려는 행위가 된다. 거리야 비록 가깝다지만 실제론 상대방을 멀리 내팽개치는 짓이니, 어떻게 그를 다스릴 수 있으랴! 무슨 수로 도를 닦게 할까 말이다.

그런데 타인을 기준으로 사람을 다스리지 못하는 까닭은 당사자부터가 '자기로부터 비롯하여 남을 헤아리는 경지에 도달'(推己及人)하지 못했기 때문이다. 그래서 '충서'를 말하였다. 마음에서 우러나면 '충성스러워'(忠)지니, 자기 생각만 고집하지 않는 넓고 충만한 마음이 된다. 이와 같이 속마음이 '너그러워져'(恕)[36] 자기만 옳다고 고집피우지 않는 상태가 바로 상대방의 다른 생각을 수용하는 시초이다. 이른바 자기에게 시행해서 원치 않으면 남에게도 베풀지 않는다는 뜻이 바로 이것이다. 원치 않음은 마음에서 우러난 진실이고, 남에게 베풀지 않음이란 이 마음이 그대로 저쪽에 옮겨져 이심전심으로 헤아리게 되었음을 뜻한다. 이와 같으면 저절로 타인을 기준으로

---

36) 『좌전』 소공(昭公) 6년조의 "관용으로 가르쳤다"(誨之以恕)는 대목에 대해 공영달(孔穎達)은 "마음이 같아지는 것이 '서'이니, 그 마음과 내 마음이 같음을 일컫는다"(如心爲恕, 謂其如己心也.)고 해설했다. 이지 역시 다른 사람이 내 마음과 같은지 세심하게 살필 수 있다면 그것이 바로 '서'라고 말하고 있다.

사람을 다스릴 수 있으니, 도낏자루를 잡고 상대방을 찍는 짓 따위는 차마 하지 못하게 된다. '충서'는 도가 아니다. 하지만 도에 가까워지게 할 수는 있으니, 그래서 도에서 멀지 않다고 말한 것이다.

무릇 도라는 것은 타인도 없고 자기도 없어 둘을 별개로 구분하지 않는데, 무엇 때문에 미루어 헤아려야 할까? 헤아림이 있다면 견해에는 여전히 자기주장이 들어 있고 도에서도 아직은 멀리 떨어진 상태이니, 다만 거기서부터 앞으로 나아가야 할 따름이렷다. 이미 추기급인이 가능해 나부터 '관용'(恕)의 도리를 행하려고 힘쓴다면 저절로 타인을 기준으로 사람을 다스릴 수 있게 되니, 무위의 감화(無爲之化)[37]가 절로 오묘하게 드러날 것이다.

하지만 세상에는 또 추기급인이 불가능한 자가 있으니, 자신을 돌아보며 스스로 점검하는 이치를 모르기 때문이다. 그래서 공자는 "군자의 도는 네 가지인데 나는 그중 한 가지도 잘하지 못한다"고 말씀하셨다. 아들·신하·아우·친구의 경우를 하나하나 열거하며 죄다 "내가 정말 잘하지 못하는 것"이라고 말씀하셨으니, 어떻게 감히 다른 사람 행위를 비난하겠는가? 공부하는 자들은 일상적 윤리를 사람들이 빠짐없이 실천하기란 정말로 어려운 줄을 모른다. 그들은 오히려 성인께서 겸손하셨다고 우겨대기나 하는데, 이리하여 남 탓하는 데는 밝고 자신에 대한 질책에는 깜깜해지게 되었다. 언행이 서로 어긋나는 오류에 빠지고도 스스로는 깨닫지 못하니, 더군다나 자기 경우에 비춰봄으로써 남들에게 너그러운 관용의 도리야 나위가 있을까?

---

37) 무위지화(無爲之化): 『노자』 제57장의 "내가 아무 일을 하지 않아도 백성들이 저절로 감화된다"(我無爲而民自化.)는 대목에서 따왔다. 내가 백성들을 성가시게 굴지 않고 자연에 순응하면 백성이 저절로 감화된다는 뜻이다.

저들은 공자님이 진실을 말한 줄을 모른다. 이런 까닭에 감히 자족하지 못한 채 날마다 바지런이나 떨고, 감히 허심탄회 말하지도 못하면서 내뱉은 말조차 가리지 못할까봐 전전긍긍할 뿐이다. 서로 돌아보며 상호협력하고, 언행이 일치하는 성실성으로 빛나며, 다만 독실한 그런 군자가 되어야 한다. 이 모든 경우가 다 자기를 반성하고 스스로를 책망하는 한 가지 마음으로부터 이루어진다. 이런 까닭에 속마음이 공정하고 너그러우면 저절로 남을 헤아릴 수 있는 여지가 생겨나는 것이다.

제7장[38]

"기왕에 타인을 기준으로 사람을 다스리라 말했으니 법규나 금지 규약 등은 죄다 필요 없게 되었는데, 성인은 왜 또 '도를 닦는 교화'(修道之敎)[39]를 말씀하셨을까요?"

내 대답은 다음과 같다.

"도를 행하는 자체가 바로 교화이니, 다른 이를 기준으로 사람을 다스리면 그것이 바로 도를 닦는 수도가 된다. 『중용』 한 권은 죄다 교화에 관한 가르침이다. 그리고 하나같이 도가 사람들에게서 멀리 떨어져 있지 않음을 알지 못할까봐 발한 내용이었다. 인간이란 존재는 도와 분리될 수 없는데도 도의 실천에서는 자꾸만 멀어지려고 한다. 이리하여 도를 닦는다고 할수록 도에서 멀어지기만 하고, 다스린다고 나설수록 다스림은 엉망이 되어 버린다. 그러므로 도는 사람들에게서 멀지 않으니 내가 아닌 남을 기준으로 해서 그들을 다스리라

---

38) 이번 장은 앞 장에 이어 계속 '타인을 기준으로 사람을 다스리는 일'(以人治人)에 관해 토론한다.

39) 출전은 『중용』 제1장. "도에 의거해 수양하는 것을 일컬어 교화라고 한다"(修道之謂敎.)

말하였다. 하지만 도를 아는 자가 아니면 결국은 도를 행하지 못한다. 배워서 인간을 이해하는 자가 아니라면 끝내는 사람을 잘 다스릴 수가 없는 것이다."

혹자가 말하였다.

"만약 이와 같기만 하다면야 나와 백성들 모두가 쓸데없는 일 만들지 않는 무위의 정치에 서로 편안할 테니, 어찌 태평성대 무위의 극치로서 옷자락 늘어뜨리고 통치하는 조정(垂衣之朝)⁴⁰⁾이 아니라 하겠습니까? 하지만 어찌해야 그렇게 될 수 있을까요? 무릇 백성들은 생래적으로 욕망과 함께인지라 군주가 없으면 곧바로 어지러워집니다. 강자가 약자를 능욕하고 다수가 소수에게 폭력을 휘두르니, 누가 그들을 진정시킬 수 있을까요? 하루라도 법이 없으면 바로 그 하루만큼 다스려지지 않게 되지요. 비록 순임금이 군왕 노릇하면서 몸가짐을 공손히 하고 남쪽을 향해 앉은 채 무위를 실천⁴¹⁾하고 있다손 쳐도 반드시 구관(九官)과 십이목(十二牧)을 두고 천자의 직무를 대행시켜야 합니다. 지금 무슨 생각으로 천하의 통치를 그리도 쉽게 말씀하시는지요?"

나의 대답이다.

---

40) 수의지조(垂衣之朝):『주역』「계사」하편의 "황제와 요·순은 아무 일도 안 해 옷자락이 치렁치렁 늘어졌는데도 천하가 잘 다스려졌다"(黃帝堯舜垂衣裳而天下治.)는 대목에서 유래하였다. 곧 무위(無爲)의 정치를 가리킨다.

41) 『논어』「위령공」편. "공자가 말씀하셨다. '작위적으로 일하지 않고 천하를 잘 다스린 분은 오직 순임금뿐일진저! 무슨 일을 하셨던가? 오직 장엄한 태도로 옥좌에 앉아계실 따름이었네'"(子曰: '無爲而治者, 其舜也與? 夫何爲哉, 恭己正南面而已矣.)

"자네는 순임금에게 구관과 십이목이 있어 천자의 직분을 대행한 것만 알지 구관이 장엄하면서도 경건한 자세로 서로 양보한 줄은 모르는군. 구관 같은 여러 신하들 역시 무위를 실천하였네. 우임금이 황하의 치수를 담당해 자기 집 대문 앞을 지나치면서도 들어가지 않은 적이 세 번이나 되고, 앙앙거리며 우는 아들 한 번 얼러주지도 못한 그 세월은 팔 년이나 되었지. 그러는 동안 흐르는 방향 따라 물길을 유도할 수 있었으니[42], 땅을 놓고 물과 다투질 않았던 것이네. 어딜 가든 사고가 없었던 것은 우임금께서 무위를 행하신 때문이었지. 직(稷)은 순임금 시절 농사 담당 관리였는데 땅 조건의 유리함에 따르다보니 그 역시 무위에 도달하게 된다네. 계(契)는 다섯 가지 윤리교육(五敎)[43]을 경건하고도 너그럽게 시행했으니, 계도 무위를 실천한 것이지. 익[44]은 공우(工虞)를 지내면서 초목과 짐승을 순리대로 자라게 했으니, 익도 무위를 펼쳤음일세.

오직 고요[45] 한 사람만은 다섯 가지 형벌(五刑)을 확실히 함으로

---

42) 우의 부친인 곤(鯀) 역시 요임금의 명을 받고 치수를 했지만 제방을 쌓아 물길을 막는 방식을 취하는 바람에 끝내 실패하고 말았다. 아버지의 경험에서 교훈을 얻은 우는 막힌 곳을 터서 물길을 인도하도록 공사방식을 바꿨고 결국 성공하게 된다.

43) 오교(五敎): 오상(五常)에 관한 교육. 즉 아비의 의로움(父義)·어미의 자애로움(母慈)·형의 우애(兄友)·아우의 공손함(弟恭)·아들의 효성(子孝) 등 다섯 가지 윤리도덕에 관한 교육을 말한다.

44) 익(益): 백익(伯益)을 말한다. 동이(東夷) 부락의 수령으로 우의 치수 작업에 공이 컸다. 우가 양위하려 들자 그는 기산의 북쪽으로 도망가 숨어버렸다고 한다. 공우(工虞)는 산과 호수(山澤)를 관장하는 벼슬이다.

45) 고요(皐陶): 순임금 때 형옥(刑獄)을 관장하는 벼슬인 사(士)를 지냈다. 『상서』「대우모」(大禹謨)에 다음과 같은 기록이 보인다. "순임금이 말씀하셨다. '고요여, 이 신하와 백성들 그 누구도 나의 올바름을 침범하지 않는 까닭은

써 다섯 종류 인륜도덕을 세우며 "한 사람에게 형벌을 가함으로써 다른 이를 벌주는 일이 없어지게 한다"(辟以止辟)[46]고 말했으니, 백성을 해치는 경우가 아주 없지는 않았던 듯싶으이. 순임금께서 고요를 칭찬한 말씀[47]을 살펴보면, 고요는 덕을 뿌려 심는 데 매진하며 형벌은 치워두고 시행하지 않아 백성들이 진심으로 그에게 복종한다 하였지. 그렇다면 고요 역시 무슨 인위적 작태가 있었겠는가! 이런 일들로 보건대 순임금 시절의 군주와 신하들은 하나같이 기쁘고 만족한 상태에서 무위를 맘껏 향유했던 것일세. 다만 사흉[48]을 주살하였으니, 그 위대함이 요임금에는 미치지 못한다는 의론인즉슨 매우 이치에 닿는 말이라 하겠네. 이리하여 공자는 요임금을 하늘에 빗대고

오로지 그대가 사 노릇을 잘하기 때문이다. 다섯 가지 형벌을 밝힘으로써 다섯 가지 가르침을 보필하니, 나의 통치에 기대가 넘치는구나. 형벌을 쓰되 형벌이 없어지게 하여 백성들이 중정의 길에 잘 화합하는 것은 그대의 공이다. 더욱 힘쓸지어다!"(帝曰: 皐陶, 惟玆臣庶, 罔或干予正, 汝作士. 明于五刑, 以弼五敎, 期于予治, 刑期于無刑. 民協于中, 時乃功, 懋哉!) 오형(五刑)은 먹물로 자자하는 묵(墨)·코를 베는 의(劓)·발목을 베는 비(剕)·성기를 자르는 궁(宮)·사형시키는 대벽(大辟)을 가리킨다.

46) 벽이지벽(辟以止辟): 출전은 『상서』「군진」(君陳)편. 앞의 「대우모」편에서 나온 "형벌을 써 형벌이 없어지게 한다"(刑期于無刑)와 같은 취지로서 형벌이나 법의 목적이 모두 그 폐지에 있음을 설파하는 말이다.

47) 『상서』「대우모」에는 "우가 말하였다. '고요는 덕을 행하니 덕이 사방에 뿌려져 백성들이 그를 기립니다'"(禹曰: '皐陶邁種德, 德乃降, 黎民懷之.')라고 기록되어 있다. 그러므로 이는 고요에 대한 우임금의 평가이고 이지가 말한 것처럼 순임금의 칭찬은 아니다. 이지가 착각했거나 잘못 기록한 듯하다.

48) 사흉(四凶): 『상서』「순전」에 순임금이 세 대신과 삼묘(三苗)를 처벌한 대목이 나온다. "공공을 유주로 유배시키고, 환두를 숭산으로 쫓아내며, 삼묘를 삼위로 축출하고, 곤을 우산에서 죽게 하였다"(流共工于幽洲, 放驩兜于崇山, 竄三苗于三危, 殛鯀于羽山.) 『좌전』「문공」(文公) 18년조에도 사흉의 이름은 저마다 다르지만 순이 그들을 처벌했다는 똑같은 내용이 실려 있다.

순임금은 참 군주로 칭송하였지.[49] 군주라 하면 천하를 소유하고도 정치에 간여하지 않는(不與)[50] 정도에 그치겠지만, 하늘이라 하면 광대무변하여 백성들이 어떻게 불러야 할지 이름조차 막막한 경우가 될 테지. 그 차이가 너무나 커서 실로 하늘과 깊은 호수처럼 멀다고 할밖에.

만약 곤의 죽음을 살펴본다면 그다지 언급할 만한 의미는 없구나. 그는 우를 아들로 두었고 또 산천을 정리하는 큰 공을 세웠네. 대저 우의 공적이라면 만대를 이어 덕을 보는 엄청난 것인데 반해 곤의 죄라면 구 년 동안 아무 성과도 내지 못했다는 것이었지. 어떻게 만대를 이어갈 공적으로 구 년의 헛수고 사업을 상쇄할 수가 없단 말인가? 요임금은 너그럽게도 그를 구 년 동안 내버려둘 수 있었지만 순임금은 유독 우를 위해 그 부친을 배려해주지 않았으니, 인정상 그러면 안

49) 『논어』「태백」편에서 공자는 요와 순을 각각 다음과 같이 비유하여 평가했다. "위대하여라, 요임금의 군왕 노릇이여! 드높아라, 저 위대한 하늘을 오직 요임금만이 본받는구나! 은덕이 하해처럼 넓으니 백성들이 어떻게 형용할지도 모르는구나! 높고 거룩한 그 공적이 천고에 아름답네! 찬란하게 그 문화가 빛나는구나!"(大哉, 堯之爲君也! 巍巍乎! 唯天爲大, 唯堯則之. 蕩蕩乎! 民無能名焉. 巍巍乎! 其有成功也; 煥乎, 其有文章!); "드높고 드높구나! 순과 우는 천하를 소유했지만 정치에 간여치 않고 능력 있는 신하에게 맡겨 다스리셨다"(巍巍乎! 舜禹之有天下也, 而不與焉.)

50) 불여(不與): 이 구절에 대해선 제가의 해설이 약간씩 다르다. 하안(何晏)은 "천하를 갖고자하며 그것을 얻는 데 대해 기꺼워하지 않았다"(己不與求天下而得之也.)고 했고, 주희는 "관여하지 않는다와 같은 뜻이다. 지위를 기쁨으로 여기지 않음을 말하였다"(猶言不相關, 言其不以位爲樂也.)라고 설명했다. 또 청대의 모기령(毛奇齡)은 『논어계구편』(論語稽求篇)에서 "남에게 맡겨 다스리기 때문에 자신이 간여할 필요가 없음을 말하였다. 이른바 무위지치가 이것이다"(言任人致治, 不必身預, 所謂無爲而治是也.)라고 해석하였다. 여기서는 주희의 해석에 따랐다.

되는 노릇이었다. 그렇다면 요의 교화야말로 원대하구나! 덕분에 공자는 천하를 다스리려면 독실함과 공경이 필요하다고 말씀하게 되었지. 백성을 교화하려면 소리나 기미가 모두 사라지는 경지에 도달하고 나서야 지극함에 이르고, 그런 연후라야 위대하게 빛나는 덕이라 칭송할 수 있으며, 그런 다음이라야 뭇 제후의 본보기가 되고 천하를 평정할 수 있다고 하였네.[51] 만약 소리와 낯빛에 여전히 감정이 드러난다면 제아무리 사소한 상황이라도 역시 저급한 말류일 뿐이라고 하였지. 이런 말씀은 사람 다스리는 이치라고 말할 수 있구나.

이렇게 해서 군자의 도는 사람들이 보지 못해도 드러나게 되며, 행동하지 않아도 사람들이 존경하고, 말하지 않아도 신뢰받게 되고, 상주지 않아도 백성들을 북돋우며, 화를 내지 않아도 위엄이 서고, 내세우지 않아도 본받는 자가 생겨나며, 말과 얼굴에 드러나지 않아도 백성들이 저절로 감화되는데, 이를 두고 독실하고 공손하니 천하가 태평해졌다고 일컫는다네. 도가의 학설이 아니고 불가의 학설도 아니

---

51) 『중용』 제33장의 마지막 부분을 포괄적으로 설명하였다. "『시경』「주송·열문」(周頌烈文)편에서 노래하였다. '선왕의 덕이 크게 빛나시니, 뭇 제후가 그것을 본받는구나!' 이런 까닭에 군자의 독실함과 공경은 천하를 태평하게 만든다. 『시경』「대아·황의」(大雅皇矣)편에서는 이렇게 노래한다. '문왕의 아름다운 덕을 그리워하나니, 그분은 큰소리 치고 낯빛 찌푸리신 적이 없네.' 공자께서는 '거친 말과 노여운 얼굴로 백성을 교화시키는 것은 말엽이며 하책이다'라고 말씀하셨다. 「대아·증민」(烝民)편은 '덕이란 새털 같은 것'이라고 노래했는데, 털은 가볍지만 그래도 비길 수 있는 행적이 남는다. 『대아·문왕』(文王)편은 또 이렇게 노래했다. '하늘이 만물을 낳고 키우심에는 소리도 없고 냄새도 없어라.' 이야말로 지극한 경계일진저!"(『詩』曰: "不顯惟德, 百辟其刑之." 是故君子篤恭而天下平. 『詩』曰: "予懷明德, 不大聲以色." 子曰: "聲色之於以化民, 末也." 『詩』曰: "德輶如毛", 毛猶有倫; "上天之載, 無聲無臭", 至矣!)

며 이는 바로 우리 공자 선생님 말씀이라네. 만약 저런 말이 내 입에서 나와 자네 귓속으로 들어간다면 반드시 비웃음과 욕설이 난무하는 가운데 도가의 말이며 불교의 언어라고 지목당할 테니, 후세의 준칙으로 전해지진 못할 테지."

질문이 이어졌다.

"타인을 기준으로 사람을 다스린다는 선생님 말씀이 그럴듯합니다. 그런데 순임금 이래로 큰 스승들은 왜 하나같이 '무위'에 찬성하지 않으셨던 걸까요? 삼대 이래 몇 명이 그 취지를 제대로 이해하고 또 그렇게 다스렸던 경우는 어찌된 일이고요? 그들은 또한 천성에 우연히 들어맞아 그랬던 걸까요? 요즘 학자들은 종일토록 학문을 담론한다면서 어째서 그런 얘기 한다는 말은 들리질 않는 겁니까?"

나는 이렇게 생각한다.

"'백대에 훌륭한 정치가 없고, 천년 세월 동안 참된 학자가 없다'[52]고 하였다. 이 두 마디로 옛날 분들은 하실 말씀을 이미 다 하신 것이지. 다만 담론하는 자가 반드시 등용되어야 하는 건 아니고, 등용된 자라 해서 꼭 담론을 아는 것도 아니다. 이런 까닭에 서로들 어긋나 『대학』이나 『중용』 같은 여러 책에 나오는 성인의 가르침을 저버리고나 있으니, 그 단절을 이야기하지 않을 수가 없구나. 한나라 고조의

---

52) 정이(程頤)가 한 말로 출전은 『송사』 권427 「정호전」(程顥傳). "도가 행해지지 않으면 백세 동안 좋은 정치가 없고, 학문이 전해지지 않으면 천 년 동안 진정한 학자가 나오지 않는다"(道不行, 百世無善治; 學不傳, 千載無眞儒.)

신성함[53]과 한 문제의 명철함[54]은 뜻밖에도 요임금 방훈(放勛)과 은 연중 부합했지만, 그들은 그런 학문에 대해 일찍이 들어본 바가 없었다. 설사 그들로 하여금 온 뜻을 모아 배우게 했다손 또 어떻게 요임금에 미칠 수 있겠나! 이를 두고 천성이 지극히 드높아 총명하고 초탈하니 흔히는 만날 수 없는 경우라고 일컫는다.

조상국[55]이 관아를 내팽개치고 개공(蓋公)을 섬기니 구 년 만에 제나라가 평화롭게 안정되었고, 급장유[56]는 병을 핑계로 안방에 들어앉아 화로 한 개 깨뜨리지 않았지만 칠 년 만에 회양의 정치가 맑아졌

---

53) 한 고조 유방(劉邦, 기원전 202~195 재위)은 황제가 된 뒤 장기간의 전쟁에 지친 백성들을 위해 요역을 경감하고 조세를 가볍게 해 백성들의 생산력을 회복시키는 데 주력했다. 상세한 사적이 『사기』 권8 「고조본기」(高祖本紀)에 보인다.

54) 한 문제 유항(劉恒, 기원전 179~157 재위)은 농업생산을 중시하고 조세와 형벌을 가볍게 했으며 성품이 검소하면서도 너그러워 문경지치(文景之治)의 주역이 된 명군이다. 『사기』 권10 「효문본기」(孝文本紀) 참조.

55) 조상국(曹上國): 조참(曹參, ?~기원전 190). 자는 경백(敬伯), 강소성 패현(沛縣) 출신으로 유방의 기의를 도와 평양후(平陽侯)에 봉해졌다. 제나라 상국(上國)으로 임명된 뒤 교서(膠西) 땅의 개공(蓋公)에게서 황로술(黃老術)을 전해 듣고 매사 '청정무위'(淸淨無爲)로 다스렸다. 혜제(惠帝) 때 소하(蕭何)의 뒤를 이어 승상이 되었는데 매사 소하가 정한 대로 다스리니, 천하가 그 아름다움을 칭송했다고 한다. 한대 초기 '무위지치'를 시행한 대표적 인물로, 『사기』 권5 「조상국세가」(曹上國世家)에 자세한 사적이 보인다.

56) 급장유(汲長孺): 급암(及黯, ?~기원전 112). 자는 장유, 하남성 복양(濮陽) 사람이다. 무제 때 동해태수(東海太守)를 지냈는데, 황로지학을 공부해 무위청정으로 관과 민을 다스렸다. 병이 많아 안방에서 나오질 않았지만 겨우 한 해가 지나자 동해 땅은 완전히 질서가 잡히고 안정되었다. 당시 조정에서 오주전(五銖錢)을 만들어 통용시켰는데, 회양(淮陽) 백성들 중에 몰래 이 돈을 만드는 자가 많았지만 관리들은 속수무책이었다. 그를 회양태수에 임명했더니 정사가 맑고 간결해져 화로 하나를 부수지 않고도 그 폐단은 완전히 근절되었다. 『사기』 권120 「급정열전」(及鄭列傳)에 전기가 실려 있다.

다. 그들 모두는 생래적으로 자질이 도에 근접해 무위로 다스렸고 배움으로 덧칠하질 않았으니, 역시 참으로 귀한 경우이다.

무릇 곧게 자라면 북돋아주고 비실거리면 갈아엎는 법이다. 하늘은 반드시 그 자질 따라 생장을 결정하시니,[57] 사람의 경우야 하물며 나위가 있겠나? 강자와 약자, 다수와 소수라는 그 자질은 미리 정해져 있다. 강자에게 약자는 귀순해야 하니, 그러지 않으면 반드시 병탄당하게 된다. 다수는 소수가 의지하는 바이니, 기대지 않으면 바로 삼켜지게 된다. 이는 천도이니 제아무리 성인이라 한들 어찌 하늘을 거스를 수 있으랴!

지금 자네는 바로 강자의 억압과 다수의 폭력을 법으로 금지시킴으로써 그들을 다스리려 하는구나. 이는 천도의 규범을 거스르는 짓이고 자질 따라 돈독히 키운다는 취지와도 상반되니, 이른바 인간의 본성에 어긋난다 하겠다. 재앙이 필시 그 몸에 미칠[58] 판인데 그래도 사람을 다스릴 수 있을까? 그래서 뜻을 정성스럽게 하는 성의(誠意)가 중요한 것이다. 뜻을 성실하게 하면 호오가 하늘과 합치하게 되니,[59] 이런 까닭에 천도를 모르면 아니 되겠지. 몸을 성실하게 하는

---

57) 『중용』 제17장의 다음 대목을 원용하였다. "그러므로 하늘이 만물을 낳으면 반드시 그 자질에 따라 돈독하게 길러주신다. 그러므로 재목이 될 만큼 곧게 자라는 것은 북돋아 키우고, 비실비실 기우는 것은 갈아엎어버린다"(故天之生物, 必因其材而篤焉. 故栽者培之, 傾者覆之.)

58) 『대학』의 마지막 부분인 전(傳)의 제10장을 인용했다. "이는 인간의 본성에 위배된다 말할 수 있으니, 재앙이 반드시 그 몸에 미치게 된다"(是謂拂人之性, 菑必逮夫身.)

59) 『중용』 제20장에서 '성'은 천도이며 또 하늘이 인간에게 부여한 본성이라고 천명한다. "성은 하늘의 도이고, 성해지려고 노력하는 것은 인간의 길이다"(誠者, 天之道也; 誠之者, 人之道也.) 『맹자』 「진심」(盡心) 상편에서도 "그 마음을 다하는 자는 자기 본래의 성을 알 수 있다. 자신의 본성을 알면 천도를

성신(誠身)도 중요하다. 자기 몸을 성실하게 하면 천도와 인도가 일치하게 되니,[60] 이런 까닭에 인간을 몰라서도 아니 된다네. 이런 연유로 『대학』은 '성의'를 말하면서 반드시 먼저 앎에 도달하라(致知)고 했고, 『중용』은 '성신'을 말하면서 기필코 선(善)에 대해 먼저 밝히라고 일렀지. 선을 명료하게 인식하면 몸이 저절로 성실해진다네. 그리하여 자기를 완성하고 사물을 완성시켜 어떤 상황에 놓이더라도 모든 것이 마땅해지니,[61] 더 이상 다른 힘을 빌릴 필요가 없어지게 되느니. 앎에 이르면 뜻이 저절로 정성스러워지니,[62] 선을 좋아하고 악을 미워하게 되며 이르는 곳마다 자겸(自謙)하여 인위적인 조작이 없어지게 된다네.[63] 이런 까닭에 사람을 다스리려는 자는 반드시 도를 알

알게 된다"(盡其心者, 知其性也. 知其性, 則知天矣.)고 말하는데, 이지의 취지도 이와 비슷하다.

60) 『중용』 제20장은 "자기 몸을 성실하게 하는 방법이 있으니, 선에 대한 명료한 인식이 없으면 자기 몸을 성실하게 할 도리가 없다"(誠身有道, 不明乎善, 不誠乎身矣.)고 말한다. 선을 명확히 알아야만 주희가 『중용장구』에서 설파하듯 "인심과 천명의 본연의 모습"(人心天命之本然)과 "지극한 선의 소재를 참으로 알아"(眞知至善之所在) 천인합일에 도달할 수 있게 된다고 보는 것이다.

61) 『중용』 제25장. "성실함은 비단 자기를 완성함에 그치는 게 아니라 사물까지도 완성시킨다. 자신을 완성하는 것은 인이고, 사물을 완성시키는 것은 지혜로움이다. 인과 지는 본성에서 우러나와 축적되는 덕행이며, 외물과 자신을 융합시키는 준칙이다. 그러므로 때에 맞게 시행한다면 어떤 경우라도 마땅하게 된다"(誠者, 非自成己而已也, 所以成物也. 成己, 仁也; 成物, 知也. 性之德也, 合外內之道也, 故時措之宜也.)

62) 『대학』 제1장. "사물이 바르게 인식되면 앎에 도달하고, 앎에 이른 다음이라야 뜻이 성실해진다"(物格而後知至, 知至而後意誠.)

63) 출전은 『대학』 제1장. "이른바 그 뜻을 성실하게 한다는 것은 자신을 기만하지 않는다는 뜻이다. 마치 악취를 미워하듯 악을 미워하고 아름다운 여인을 좋아하듯 선을 좋아하는 이것을 일컬어 자겸이라고 한다"(所謂誠其意者, 毋

고 인간을 이해하는 공부를 선행시켜야 한다네. 인간을 모르면서 사람을 다스릴 수 있는 자는 드물었지. 사람을 다스릴 수 없으면서 자신을 다스릴 수 있는 자는 존재한 적이 없다네."

自欺也. 如惡惡臭, 如好好色, 此之謂自謙.)

제8장[64]

옛날 사람들이 대문 밖에 나가지 않고도 천하를 알고 창문 틈새로
엿보지 않아도 별들의 운행을 보았다[65]는 말은 황당무계한 헛소리
가 아니다. 대저 별들은 지극히 높은 곳에 있으므로 창문 틈새를 통하
지 않고도 볼 수가 있다. 천하라는 개념은 지극히 원대하므로 문밖으

---

64) 다음의 『중용』 제15장에 대해 예를 들어가며 구체적으로 설명한 장이다. "군
자의 도는 비유컨대 멀리 가려면 반드시 가까운 곳에서부터 시작하고, 높은
곳에 오르려면 반드시 낮은 데서부터 올라가는 것과도 같다. 『시경』에 이르
길, '처자와 잘 화합하니, 큰 거문고 작은 거문고 소리가 아름답게 어우러지
는 듯. 형제들과 화목하니 즐거움 또한 끝이 없어라. 너희 온 가족을 안돈시
키면 네 아내와 자식들이 행복하리라.' 공자께서 말씀하셨다. '그것이 부모
님 뜻을 잘 받드는 길이다!'"(君子之道, 辟如行遠必自邇, 辟如登高必自卑.
『詩』曰: '妻子好合, 如鼓瑟琴. 兄弟既翕, 和樂且耽. 宜爾室家, 樂爾妻帑.' 子
曰: '父母其順矣乎!') 본문에서 이지는 군자의 도는 가깝고 낮은 곳에서부터
시작된다고 말한다. 아울러 『노자』의 말을 인용해 "가까운 곳이 꼭 먼 곳이
아니라고 할 수 없고, 낮은 곳도 높은 곳이 아니라고 할 수 없다"고 하면서 가
깝고 낮은 데서 행함의 의미를 강조한다. 그가 『분서』 권1 「등석양에게 답함」
(答鄧石陽)에서 "옷을 입고 밥을 먹는 것은 바로 인륜이며 만물의 이치"(穿
衣吃飯, 即是人倫物理)라고 말한 것도 같은 맥락이었다.
65) 『노자』 제47장. "문밖에 나가지 않고도 천하를 알고, 창문 밖을 엿보지 않고
도 하늘의 운행을 본다"(不出戶, 知天下. 不窺牖, 見天道.)

로 나가지 않아도 스스로 알게 된다. 이는 가까운 곳은 애당초 먼 데가 아닌 적이 없고, 먼 곳은 일찍이 또 가까운 곳이 아닌 적이 없다는 그런 이치이다. 마찬가지로 낮은 곳은 높지 않은 적이 없고, 높은 곳은 또 낮지 않은 적이 없었다. 가까운 것으로 하여금 멀어지지 못하게 하면 거리가 정녕 가깝기는 하겠지만, 가까운 데서 무엇을 취할 것이랴? 멀리 둔 채로 가까이 다가오지 못하게 한다면 그저 먼 곳에 불과할 뿐이라, 저 멀리서 귀할 게 또 무엇이겠는가? 오로지 그곳이 가깝기에 또 멀어지는 것이며, 먼 곳이기에 가까워지기도 하는 것이다. 낮기 때문에 또 높은 곳이 되고, 높아서 낮은 데로 나아가기도 한다. 이것이 가깝고 낮은 데로부터 비롯한다는 주장인데, 원래는 그 자체 멀거나 가깝고 높거나 낮은 차이가 존재한 적이 없음을 말하려 하였다.

낮거나 높고 멀거나 가까운 차이가 정말로 존재한다면, 이는 마치 동서남북 사방과 상하 위아래가 바뀌지 못하는 것과도 같다. 그렇다면 그것은 또 사방과 상하에 불과할 뿐 군자의 도를 의론할 수단은 되지 못한다. 그래서 공자는 이미 『시경』을 인용[66]하시고도 다시금 "그것이 부모님 뜻을 잘 받드는 길"[67]이라는 말로 결론지으셨다.

무릇 내 처자식이 행복하고 형제들이 화목한 모습은 본래 부모님 뜻을 받들자고 쓰는 꾀가 아니지만, 그래도 부모는 절로 편안해지게 된다. 다시 말해 정녕 행하지 않아도 도(道)가 당도하니, 층계 없이 위쪽으로 올라간다는 뜻을 『시경』 한 번만 읽어도 대번에 알게 된다. 그런데 부모님을 멀리하면서 모름지기 형제와 처자라는 가까운 관계

---

66) 위 『중용』 제15장에서 인용한 『시경』 「소아·당체」(小雅棠棣)편을 가리킨다.
67) 역시 『중용』 15장의 "(가정을 화목하게 하는 것이) 부모님의 뜻을 잘 받드는 길일진저!"(父母其順矣乎!)라는 대목을 인용했다.

로부터 출발하여 나중에 도달할 대상이라 지껄인다면, 그것을 옳다고 할 수 있을까? 이는 사리에 맞지 않는 담론이다. 그리고 반드시 나의 처자식 및 형제와 먼저 화합하고 나중에 우리 부모님께 순종하길 모색하면서 순서대로 진도를 나가야 한다고 우긴다면, 그것이 가당하겠는가? 이 또한 사리에 어긋나는 의론이다.

이것이 가깝고 낮은 데서부터 시작한다는 학설이다. 원래 가까운 곳은 멀어질 수 있으니, 가까운 곳이 바로 먼 곳임을 말한 것이다. 군자의 도는 가까운 데서부터 시작해도 충분하니, 굳이 저 먼 데까지 아우를 필요가 없다. 낮은 데서 행하면 족하니 기필코 저 높은 곳까지 헤집을 필요가 없는 것이다.

제9장[68]

　『논어』의 기자(記者)는 공자가 귀신에 대해 언급하지 않았다[69]고

---

68) 이번 장에서는 귀신을 대하는 공자의 태도와 귀신의 유무에 대해 담론한다. 『중용』제16장에서 공자는 다음과 같이 말한다. "귀신의 공덕이 참으로 성대하구나! 보아도 보이지 않고, 들어도 들리지 않지만, 만물에 체현되어 하나도 누락시킴이 없구나. 천하의 사람들로 하여금 재계하고 복장을 갖추어 제사를 받들게 하는구나. 바닷물처럼 사방에 충만하니, 머리위에 있는 듯싶고 좌우에도 있는 것 같구나! 『시경』「대아·억」(大雅抑)편에서 노래하였다. '신께서 강림하니 그 모습 헤아릴 길 없어라. 어찌 감히 거역하고 불경하게 굴겠습니까!' 귀신은 보이지 않지만 공덕이 환히 드러나니, 성실함은 이렇듯 은폐할 수 없구나"(鬼神之爲德, 其盛矣乎! 視之而弗見, 聽之而弗聞, 體物而不可遺. 使天下之人, 齊明盛服, 以承祭祀, 洋洋乎! 如在其上, 如在其左右. 『詩』曰: '神之格思, 不可度思, 矧可射思!' 夫微之顯, 誠之不可揜如此夫!') 이는 원래 '성실함'이 귀신처럼 형체가 없어 드러나지 않음을 말한 내용이지만, 이지는 본문에서 공자에 대한 담론으로 전환하고 있다. 그는 공자가 귀신을 말하지 않았다거나 귀신의 존재를 부정했다고는 생각하지 않았다. 공자의 재전제자인 공맹자(孔孟子, 증자曾子의 제자)에 이르러 '귀신을 부정'(無鬼神)하는 무신론(『묵자』墨子 「공맹」孔孟편)이 출현하기도 하지만, 공자 본인은 줄곧 귀신에 대해 회의적인 태도로 일관하며 경이원지(敬而遠之)하는 태도를 견지하였다. 그렇더라도 『중용』에 인용된 공자 말씀의 진위 여부는 입증된 바 없기 때문에 본문의 서술에도 이론의 여지는 남아 있다.

69) 『논어』「술이」편. "공자는 기괴함·비상한 힘·난세의 어지러움·신비함에

여겨지만, 『중용』은 바로 귀신의 성대한 덕을 풍성하게 이야기한 책이다. 비록 보아도 보이지 않고 귀 기울여도 소리가 들리진 않지만 실제로는 만물에 체현되어 어디에도 누락이 없다고 하였다. 그래서 온 세상 사람들로 하여금 목욕재계하고 의관을 차려입은 뒤 제사를 받들게 하니, 다들 신속하게 달려와 양손에 제기를 들고 날랐던 것이다.[70] 귀신은 온 세상에 넘실넘실 충만하니 흡사 위쪽에도 있고 좌우에도 있는 듯하다. 장엄하기가 마치 귀신을 마주한 듯(對越)[71] 싶고, 숙연한 정경은 흡사 아래위로 오르내리듯 한데, 어떤 때는 사람들 앞에 곧장 나타나는 것 같기도 하다.

대저 보이지 않고 들리지 않는 것은 지극히 은미하기 때문이다. 그런데 온 세상 사람들로 하여금 만고에 걸쳐 자발적으로 경외하여 받들면서 절하여 예배하고 상 차려 제사 드리게 할 수가 있었으니, 그것은 또 귀신이 만물에 체현되어 어디든 빠지지 않는다는 확실한 증험이 된다. 모든 사실이 또 너무나 분명한 것이다. 은미하지만 한편으로 선명히 드러나고 밝게 빛나지만 실제론 은미하니, 귀신의 덕이 이미 성대하지 않은가! 그래서 귀신을 읊은 『시경』의 시는 신께서 오실 때

대해선 말씀하지 않으셨다"(子不語怪力亂神.)

70) 출전은 『위고문상서』(僞古文尚書) 「무성」(武成)편. "주나라 종묘에 제사지내니 경기·전복·후복·위복의 제후들이 신속하게 달려와 목기와 죽기를 집어들었다"(祀于周廟, 邦甸侯衛, 駿奔走, 執豆籩.)

71) 대월(對越): 감사하고 칭송한다는 뜻. 대양(對揚)이라고도 쓴다. 제왕이 천지신명께 제사 드리는 것을 가리키는데, 나중에는 군주에게 직접 아뢰는 경우를 일컫기도 하였다. 출전은 『시경』 「주송·청묘」(周頌淸廟)편. "위엄 있는 수많은 인재가 문왕의 덕을 받들어 모시네. 하늘에 계신 문왕의 넋을 맞이하고, 제후들 종묘로 달려와 칭송하네"(濟濟多士, 秉文之德; 對越在天, 駿奔走在廟.)

는 방향이 없다고 노래하였다. 기왕에 개인의 추측만으론 알아낼 수 없기 때문에 우선 당장은 귀신이 있다고 한 것이다. 그런데 신은 메아리처럼 빠르게 감응하여 사람들이 또 염증을 느끼거나 불경한 짓은 못하게 만드니, 급기야는 또 없다고도 일컫게 된다. 그렇다면 귀신은 실로 허깨비가 아니다. 귀신이란 존재는 분명 황당무계한 헛소리가 아닌 것이다.

공자는 귀신을 위와 같은 맥락으로 말씀하셨다. 공자가 귀신에 대해 언급하지 않았다는 저들의 말은 단지 기록한 자의 언설에 불과하다. 『노론』[72]을 기록한 자는 또 어떤 이였을까? 대부분은 증자(曾子)와 유자(有子)의 문인들 중에서 나왔을 것이다.[73]

무릇 신은 측량할 수 없기 때문에 완곡한 언사로는 그 신령함을 온전히 드러내기 어렵다. 귀신은 알기가 어려운 까닭에 드러난 말로는 그 은밀하고 불안정한 상태를 말하기가 쉽지 않다. 이런 가르침은 오직 증자만이 얻어들었을 뿐이었다.[74] 비록 유자(有子)라도 그런 가르침을 받았는지 여부가 분명치 않은데 그 문하의 제자들이 어떻게 그 같은 가르침을 얻어들었겠는가? 그리고 그들처럼 더불어 말하면 안 되는 자들과 그런 의론을 하는 것이 과연 가능했을까? 그런

---

72) 『노론』(魯論): 『논어』는 원래 『노나라 논어』(魯論)·『제나라 논어』(齊論)·『옛날 논어』(古論)의 3종이 있는데, 자구와 편장에서 조금씩 차이가 난다. 『노론』은 노나라 지역에서 유통되던 판본이다.

73) 『논어』에서 증삼(曾參)은 증자로 일컬어지며 그 죽음까지 기록되었고, 유약(有若) 역시 유자로 호칭된다. 그런데 공자의 다른 제자들은 이런 선생님 대접을 받지 못하고 있기 때문에 『논어』는 통상 증자와 유자의 문인들로부터 전수되었다고 일컬어진다. 유약은 자가 자유(子有)이며 노나라 출신이다. 『사기』 권67 「중니제자열전」 참조.

74) 이는 단지 추측일 뿐으로 무슨 근거가 있는 것은 아니다.

즉슨 공자가 귀신에 대해 언급하지 않았다는 저들의 말은 정녕 타당하다.

제10장[75]

귀신에 관한 논의는 계속 이어진다.

귀신의 도리는 유원(幽遠)하여 확실히 알기가 어렵다. 비단 유자(有子)만 들어보지 못했을 뿐아니라 자로[76]까지도 그런 담론은 들어본 적이 없었다. 계로(季路)가 귀신 섬기는 일에 관해 묻자, 공자는 설명하지 않고 단지 이렇게만 일러주셨다.

"너는 아직 사람 섬길 줄도 모르는데 어떻게 귀신을 섬길 수 있겠느냐?"[77]

무릇 당시에 이른바 인간이란 부류 중에서 누가 과연 공자보다 뛰

---

75) 이번 장에서는 제9장에 이어 귀신의 실재 여부를 계속 논한다. 본문에서 이지는 자신의 논지를 증명하기 위해 "만약에 신이 없다면 제사를 지낸들 무슨 소용이겠는가?" 등의 질문을 던지는 귀류법(歸謬法)을 구사하고 있는데, 증명이 어려운 논거들 때문에 때로 그 논지가 약화되는 경우도 없지 않다.

76) 자로(子路): 중유(仲由). 자는 자로, 계로(季路)라고도 불렸다.

77) 출전은 『논어』「선진」편. "계로가 귀신을 어찌 섬겨야 할지 묻자, 공자가 대답하셨다. '사람도 제대로 섬길 줄 모르는데 귀신을 잘 섬길 수 있겠느냐?' 감히 죽음에 관해 묻는다고 하자, 이렇게 말씀하셨다. '삶도 아직 모르거늘 죽음을 어찌 알랴?'"(季路問事鬼神. 子曰: '未能事人, 焉能事鬼?' 敢問死. 曰: '未知生, 焉知死?')

1976
2016

한길사 책 만들기 40년
다시 독자와 함께

한길사　한길아트　　아일랜드　토마토하우스

지금 전 세계가 읽고 있다

32개국 독자의 압도적인 지지!

나의 투쟁 1

칼 오베 크나우스고르 지음
손화수 옮김

"강력하다, 자유롭다.
진실하고 지혜로운
서사의 힘."
• 미국_더 뉴요커

★ 노르웨이 최고 문학상 브라게상
★ 영국 인디펜던트 해외 픽션상 노미네이트
★ 미국 뉴욕 타임스 '올해의 주목할 만한 책'
★ 젤 스토리트 저널 '문학 이노베이터'
★ 국제 IMPAC 더블린 문학상 노미네이트
★ 독일 디 벨트 문학상
★ 이탈리아 말라파르테상

MIN KAMP
KARL OVE KNAUSGÅRD

한길사

칼 오베 크나우스고르 지음 | 문학·소설 | 680쪽 | 14,500원

어났을까? 정명(正名)으로 일깨워줘도 공자를 그저 답답한 청맹과니라 여기며 제대로 듣지도 않은 판이었으니,[78] 천명을 두려워 않고 대인을 업신여기며 성인의 말씀을 얕잡아보는[79] 자로의 행태는 너무나지나쳤다. 대체 어딜 봐서 그가 사람 섬길 줄을 안다고 하랴? 사람도 섬기질 못하는데 귀신은 대체 어찌 섬기고? 설사 공자가 대놓고 귀신 섬기는 도리를 말했다손 그것은 자로에게 하는 말이 아니었을 것이다. 어찌하여 그런가? 사람과 귀신을 섬기는 도리는 동일하니, 사람을 섬길 줄 모르면 귀신도 섬기질 못하기 때문이다. 즉 귀신을 섬기지 못하는 자는 귀신이 바로 옆에 있더라도 믿지를 못한다. 귀신이 별안간 높은 데서 소란스럽게 내려와도 옆 사람에게 확인하고 따져봐야 직성이 풀리니, 어떻게 사람 섬기는 도리에 또 능숙할 수 있겠는가! 그렇다면 오늘날 사람을 잘 섬길 줄 안다는 치들은 이른바 권세를 섬기는 것이지 사람을 섬기는 게 아니다. 진짜로 사람을 섬길 줄 알면 귀신도 당연히 잘 섬기기 마련이니까. 그러므로 오직 큰 성인만이 귀신을 잘 섬길 수 있으니, 위대한 성인이야말로 진정 사람을 잘 섬길 줄 아는 까닭이다.

---

78) 『논어』「자로」편. "자로가 묻길, '위나라 군주가 선생님을 모셔다가 정치를 한다면 선생님은 무엇을 먼저 하시겠습니까?' 하니, 공자가 대답했다. '반드시 이름을 바로잡는 정명을 할 것이다.' 자로가 말했다. '그러신 줄은 알았지만 선생님도 참 답답하십니다!"(子路曰: '衛君待子而爲政, 子將奚先?' 子曰: '必也正名乎!' 子路曰: '有是哉, 子之迂也!')

79) 『논어』「계씨」편. "공자가 말씀하셨다. '군자에겐 세 가지 경외하는 바가 있다. 천명을 경외하고, 대인을 경외하며, 성인의 말씀을 경외한다. 소인은 천명을 알지 못하니 두려워하지도 않는다. 대인을 깔보고, 성인의 말씀은 모독한다'"(孔子曰: '君子有三畏: 畏天命, 畏大人, 畏聖人之言. 小人不知天命而不畏也, 狎大人, 侮聖人之言.')

이제 공자께서 하신 말씀을 살펴보자. 별다른 지장이 없는데도 내가 만약 제사에 참여치 않는다면 이는 제사를 지내지 않음과 다름없고 또 신명을 업신여기는 짓이니, 나는 감히 그리하지 못한다. 이런 까닭에 조상님 제사를 지낼 때는 조상님이 그 자리에 계시고, 신에게 지낼 때는 신명께서 강림하신 듯이 굴어야 하느니.[80] 「향당」(鄕黨) 한 권을 요약하자면 그 자체가 성인께서 신명을 섬긴 일에 대한 상세한 기록이다. 시골 사람들의 나례(儺禮)가 제아무리 저속하고 조악해도 성인은 또 반드시 조복을 차려입고 사당 동쪽의 섬돌 아래 대령하셨다.[81] 이 모두는 신명을 모셔 동네 사람들이 기도하고 재를 지내며 액막이 하는 마당이니 어찌 감히 불경할 수 있겠느냐는 말씀 같기도 하구나! 다만 이런 제사는 빈번하지 않아야 한다. 횟수가 잦으면 번거로워지고, 그러면 신에 대한 무례도 자심해지게 된다.[82] 또한 남발하지 말아야 하니, 남발하면 아첨이 되고 그것은 신에 대해 더욱 심한 모독이 된다. 그래서 '귀신을 공경하되 멀리 하라!'[83]고 말씀하셨던

---

80) 『논어』「팔일」편. "제사를 계신 듯이 지내라는 것은 귀신을 제사지낼 때 귀신이 그 자리에 있는 듯 지내야 한다는 뜻이다. 공자께서 말씀하셨다. '내가 직접 제사에 참여치 않았다면 제사지내지 않은 것과 같다'"(祭如在, 祭神如神在. 子曰: '吾不與祭, 如不祭.')

81) 『논어』「향당」편. "동네 사람이 액막이굿을 하면, 공자는 조복을 차려입고 동쪽 섬돌에 기립하셨다"(鄕人儺, 朝服而立於阼階.)

82) 『예기』「제의」(祭儀)편. "제사는 자주 드리지 말아야 한다. 횟수가 잦으면 번거로워지고, 번거로우면 불경해진다"(祭不欲數, 數則煩, 煩則不敬.)

83) 『논어』「옹야」편. "번지가 앎에 관해 묻자, 공자가 대답하셨다. '백성의 뜻에 힘쓰고 귀신을 공경하되 멀리 하면 지혜롭다고 말할 수 있다.' 인에 관해 물었더니, 이렇게 답하셨다. '어진 사람은 어려운 일을 먼저 하고 얻는 것은 나중으로 미룬다. 그러면 어질다고 말할 수 있다'"(樊遲問知. 子曰: '務民之義, 敬鬼神而遠之, 可謂知矣.' 問仁. 曰: '仁者先難而後獲, 可謂仁矣.')

것이다. 단지 봄가을 두 시기에만 그 조상의 사당을 수리하고, 조상이 물려주신 종묘의 제기를 진설하며, 그분들이 입던 아랫도리 윗도리를 배치하고, 제철의 신선한 음식을 상에 올렸는데[84], 그것은 신을 공경하기 때문이며 신께서 번거로울까봐 저어한 까닭이었다.

또 한편으론 "모셔야 할 귀신이 아닌데도 제사 지내는 것은 아첨"[85]이라고도 말씀하셨다. 예컨대 노나라의 교체[86], 계씨의 태산 여제[87],

---

84) 『중용』 제19장. "봄가을로 조상의 묘를 청소하고 수리하여 조상 전래의 그릇들을 늘어놓고, 그들이 입던 의복을 진설하며, 철에 맞는 계절음식을 상에 올린다"(春秋修其祖廟, 陳其宗器, 設其裳衣, 薦其時食.)

85) 『논어』 「위정」편. "공자가 말씀하셨다. '자기가 모셔야 할 귀신이 아닌데도 제사지내는 것은 아첨이고, 불의를 보고도 행동하지 않는 것은 용기가 없는 것이다'(子曰: 非其鬼而祭之, 諂也; 見義不爲, 無勇也.)

86) 교체(郊禘): '교'는 하늘에 지내는 제사, '체'는 시조에게 지내는 제사를 뜻한다. 노나라에서 시조는 하늘에 비견되기 때문에 '교체'라고 합쳐서 불렸지만 실은 주로 '체제'(禘祭)를 가리켰다. 바로 시조와 군공(群公)에 대한 제사인데, 천자의 예악을 사용했기 때문에 공자는 이를 참월(僭越)로 여겼다.

87) 『논어』 「팔일」편에 계강자(季康子)가 태산에서 여제(旅祭)를 지낸 일을 두고 공자와 염구(冉求, 자는 자유子有)가 대화하는 장면이 나온다. "계씨가 태산에서 여제를 지내자, 공자께서 염유에게 일러 물으셨다. '너는 그 일을 막을 수 없었느냐?' 염유가 '막을 수 없었습니다' 하고 대답하자, 공자가 말씀하셨다. '아아! 결국 태산의 신이 임방만도 못하단 말인가?'"(季氏旅於泰山. 子謂冉有曰: '女弗能救與?' 對曰: '不能.' 子曰: '嗚呼! 曾謂泰山不如林放乎?') 공자는 여기서 태산의 신을 우롱한 계강자를 임방에 빗대 나무라는데, 왜냐하면 『예기』 「왕제」편의 "제후는 자기 경내의 명산대천에 제사 지낸다"(諸侯祭名山大川之在其地者)는 규정에 의해 제후나 천자는 태산에 제사를 모실 권한이 있지만 계강자는 대부의 신분이라 그렇지 않은 때문이었다. 이 대목에 앞서 공자는 또 예의 근본을 묻는 임방을 두고 다음과 같이 칭찬한 바 있다. "임방이 예의 본질을 묻자, 공자가 말씀하셨다. '그 질문이 훌륭하구나. 예는 성대하기보다는 검소해야 하고, 상을 치를 때는 형식적으로 절차에 따르기보다는 슬퍼해야 한다'"(林放問禮之本. 子曰: '大哉問! 禮, 與其奢也, 寧儉; 喪, 與其易也, 寧戚.')

왕손가가 부뚜막 조왕신에게 잘 보이려 간살을 떤 일[88]은 죄다 아첨
이고 크나큰 불경이니, 신께서 어찌 그 제사를 흠향하실까보냐? 그래
서 또 "어떻게 태산의 신이 임방만도 못하단 말인가?"라고 개탄하셨
다. 임방은 예의 근본을 알아 공자께서 깊이 찬탄한 인물인데, 이런 까
닭에 계씨는 폄하하고 임방을 칭송하는 말씀을 하셨던 것이다. 태산
의 신으로 말하자면 분수에 맞지 않게 빌면 아니 된다. 계강자는 본래
복을 간구한다는 심사였겠지만, 내가 보기엔 그 반대로 재앙만 신속
하게 내렸지 싶다. 절대 불가한 경우였으니, 또한 임방에다가 비길 데
가 아니었던 것이다. 바로 공자의 이 말씀에 비춰보건대 태산에는 신
이 계실까? 아니 계실까? 만약에 신이 없다면 제사를 지낸들 무슨 이
득이 생길꼬? 만일 신이 계신다 치면 어떻게 함부로 제사지내고? 그
래서 공자는 "내가 전쟁을 하면 반드시 이기고, 제사를 지낸다면 복을
받을 것"[89]이라고 말씀하셨는데, 그 이유인즉슨 천지가 생겨난 이래
오늘에 이르기까지 "국가대사는 제사와 전쟁에 있다"[90]는 말 그대로
인 때문이었다.

　이 천지가 있어 바로 우리 인간과 귀신이 있는 것이고, 이 세계가
있기에 바로 우리 성현이 계신 것이며, 이런 성현이 계시기에 바로 그
에 합당한 제사의례가 생겨났다. 만약 그 신이 없다고 한다면 성인께

---

88) 『논어』 「팔일」편. "왕손가가 '성주대감에게 아첨하느니 차라리 조왕신에게
　　아첨하라 하던데, 무슨 뜻입니까?' 하고 묻자, 공자께서 대답하셨다. '그렇지
　　않다! 하늘에 죄를 얻으면 빌 곳조차 없어지게 된다'"(王孫賈問曰: '與其媚
　　於奧, 寧媚於竈, 何謂也?' 子曰: '不然! 獲罪於天, 無所禱也.')
89) 출전은 『예기』 「예기」(禮器)편. "예를 아는 이가 전쟁을 하면 반드시 승리하
　　고 제사를 지내면 복을 받으니, 그 지극한 도를 얻었기 때문이다"(我戰則克,
　　祭則受福, 蓋得其道也.)
90) 출전은 『좌전』 「성공」(成公) 13년조. "國之大事, 在祀與戎."

서 무엇 때문에 이런 제사의례를 제정하여 만고후세에 남겼겠는가? 설사 성인 한 분이 지혜와 기지를 발휘하여 앞장서서 맨 먼저 시행했다손 그를 계승한 후세의 수많은 성인들은 어떻게 한 사람도 그 불가함을 보지 못했더란 말인가? 목청 높여 그 혹세무민의 성격을 항변하는 행위는 바로 그가 부화뇌동해서 맞장구나 치는 자가 아님을 드러내는 방도인데, 어째서 후세의 왕들을 거치게 될수록 제사의례는 더욱 완비되어간 걸까?

오늘날 학문한다는 자들은 귀신을 언급하면 이단으로 치부하며 그것이 석가나 노자의 가르침이라고 간주한다. 귓속말로 속삭이면 부끄럽게 여기고, 큰소리로 떠들면 대놓고 미쳤다고 생각한다. 하지만 벼슬길에 올라 일단 등용이 되면 반드시 맨 먼저 사당을 참배한 다음에야 관아에 들어서고, 토지신께 제사 드리고 나서야 감히 자리에 좌정한다. 성황신께는 제사 전날 목욕재계하고 홀로 잠자리에 드는 것은 물론이고 글을 지어 고하기 전에는 감히 집무실에 앉아 정사조차 돌보지 못한다. 가령 구경[91]과 백집사[92]에서부터 군수며 현령 같은 크고 작은 관리에 이르기까지 일괄 그렇지 않은 경우가 없으니, 어찌하여 그 불합리를 밝혀내 신상을 허물고 고기와 술 같은 제수용품을 아끼는 이가 한 명도 없단 말인가?

비단 이뿐만이 아니다. 봄가을 두 계절에 지내는 정제[93]는 공자 성

---

91) 구경(九卿): 중앙행정부문의 고위직 아홉 종류. 구경은 시대마다 가리키는 바가 조금씩 다른데, 명대에는 이·호·예·병·형·공부의 상서(尙書)와 도찰원도어사, 대리사경(大理寺卿), 통정사사(通政司使)를 지칭했다.
92) 백집사(百執事): 백관(百官)을 가리킨다.
93) 정제(丁祭): 당나라 개원(開元) 이래 매년 음력 정월과 팔월의 첫 번째 정일

인과 선현들의 은혜에 보답하고 근본을 잊지 않으려는 행사로서 그 취지는 그럴싸하다. 산·강물·토지·오곡의 신, 바람·구름·천둥·비의 신, 후사가 없는 여귀(厲鬼)를 모신 제단 같은 경우인즉슨 음력 정월 대보름과 청명절에서부터 초가을 이슬이 떨어질 즈음이며 한겨울 한기가 오싹하게 스밀 무렵까지 제사를 드리지 않는 때가 없다. 제사는 또 반드시 각 리[94]·각 향(鄕)·각 촌(村)·각 사[95]를 두루 망라하니, 너무나 번거롭지 않은가! 이 대체 무슨 법도란 말인가?

　오늘날의 관리란 자들은 본래 제사를 폐지할 만한 배짱조차 없다 보니 전해지는 의전이나 또 답습할 뿐이다. 비단 첫 번째 강신주를 따른 뒤 더 이상 볼 필요가 없어지는[96] 데서 그치질 않으니, 제사에 임해 기우뚱한 자세로 서 있는 불량함[97]이란 신명께서도 욕지기를 느낄 지경인 것이다. 차라리 여러 제단은 그냥 비운 채로 내버려두는 편이 나을 성싶다. 제아무리 어려서부터 공부자의 말씀을 익혀 부귀공명을 달성했다손 양쪽 상방(廂房)이 말똥 냄새 가득한 마구간이 되고 모셔둔 신위는 주방의 도마로 탈바꿈하는데도 무시하며 상관 않는 이런 작자가 어떻게 사람을 잘 섬길 수 있겠는가 말이다!

(丁日)에 공자에게 지내던 제사를 말한다.

94) 리(里): 마을 단위. 선진 시대에는 스물다섯 가구를 일 리로 쳤다.

95) 사(社): 토지신 혹은 토지신에게 제사 드리는 장소. 여기서는 토지신의 사당을 가리킨다.

96) 『논어』「팔일」편. "공자가 말씀하셨다. '체 제사에서 첫 번째 헌주 다음부터는 더 이상 보고 싶지가 않다'"(子曰: '禘自既灌而往者, 吾不欲觀之矣.') 관(灌)은 본래 관(祼)으로 썼는데, 체 제사의 첫 번째 헌주의례를 가리킨다. 공자가 '관'을 끝내자 더는 보고 싶지 않다고 말한 것은 아마도 그 다음부터 천자의 예악을 참용(僭用)한 때문인 듯하다.

97) 『예기』「예기」편. "책임자가 기우뚱한 자세로 제사에 임하니 그 불경함이 크다"(有司跛倚以臨祭, 其爲不敬大矣.)

개중에 정말로 백성을 사랑하는 관리는 희생과 단술을 정결하게 갖추고 목욕재계로 깔끔하게 단장하니, 산천과 귀신은 알아서 그에게 복을 내리고, 재난을 길조로 변화시키며, 악귀는 재앙을 뿌리지 않고, 해마다 풍년이 들어, 백성들은 날로 편안해진다. 그런데 섬길 줄 모르는 관리들은 도리어 그들을 어리석다 비웃고 지나치게 순진하다고 바보 취급이나 해댄다. 하지만 이런 부류야말로 평상시 별일이 없으면 신명을 경멸하고 백성을 학대하다가도 소소한 질병이나 경미한 공포만 엄습해도 당장 신에게 빌고 귀신에게 질문하며 기도와 제사를 아우르는 행태를 보인다. 대상이 비록 음사[98]나 요물, 사전[99]에 수록되지 않은 귀신일지라도 애걸복걸 오만 가지 추태를 떨며 빌어대는 꼬락서니인 것이다. 신명과 귀신을 가장 신실하게 믿는 자들인즉슨 또 이런 부류를 따라가지 못하니, 그 또한 너무나 웃기는 일 아닌가! 그러므로 성인께서 드리는 제사는 복을 받는 반면에 세상 사람들의 제사는 재앙을 부른다. 이렇게 해서 신명을 섬기지 못하는 까닭을 알게 될 뿐이로구나.

오로지 성인만이 신명을 잘 섬길 수 있으니, 이리하여 그 섬김은 경건하고도 진지하다. 대저 "하늘이 제비에게 명하시니, 아래로 내려와 상나라 조상이 태어났네"[100]라는 구절은 그 얼마나 황당무계한 소리일까! 그런데도 성인은 지극히 상서롭게 여기사 그 말을 경전에 기록

---

98) 음사(淫祀): 예의에 맞지 않게 설치된 사원이나 신전.
99) 사전(祀典): 제사의례를 기재한 서적.
100) 전설에 의하면 상나라 시조 계(契)는 어머니가 제비의 알을 삼킨 뒤 수태되었다고 한다. 출전은 『시경』「상송·현조」(商頌玄鳥)편. "天命玄鳥, 降而生商."

하고 삭제하지 않으셨다. 만약 지금 사람들 같으면 반드시 구역질하며 걸레처럼 내팽개쳤을 것이다. 하느님이 보필할 좋은 신하를 내려주시니, 담장을 쌓던 부열의 용모가 초상화 그림과 똑 닮았다[101]는 일화는 그 얼마나 터무니없는 이야기일까! 그런데도 무정은 그를 최고의 성현으로 여기면서 모셔다 재상으로 삼고 출신은 아예 묻지도 않았다. 만약 지금 사람들 같으면 반드시 상소를 올려 탄핵하면서 죽기를 무릅쓰고 그 부당함을 쟁변했을 것이다. 이는 다름 아니라 인도(人道)를 모르기 때문이다.

인도에 대한 무지는 천도(天道)에 대한 무지에서 비롯되니, 그래서 "귀신에게 물어도 의심이 없어야 하늘을 아는 것"[102]이라고 말씀하셨다. 이런 내용은 신명처럼 지극히 성실한 이가 아니라면 또 누가 알 수 있으랴? 그래서 또 "신통하여 다가오는 일을 미리 안다"[103]고 했고, 또한 "맨 처음을 찾아서 끝으로 돌아간다"[104]고도 하였다. 덕분에

---

101) 은나라 고종 무정(武丁)이 꿈에서 자신을 보필할 신하를 보고 그 초상화를 그리게 한 뒤 전국을 돌아다니며 찾게 했는데, 부암(傅巖)의 들에서 성벽을 쌓는 부열(傅說)이 꼭 닮은 모습인지라 데려다 재상으로 삼았다. 출전은 『상서』「열명」(說命) 상편.

102) 출전은 『중용』 제29장.

103) 『주역』「계사」 상편. 원래는 시초점으로 미래의 일을 알 수 있다는 뜻이며, 원문은 다음과 같다. "신통하여 미래를 미리 알고, 지혜로써 과거를 감춰둔다. 그 누가 이와 같을 수 있겠는가! 총명과 예지, 신명과 위용을 갖춘 고대의 살생하지 않는 분이 아니겠는가?"(神以知來, 知以藏往, 其孰能與此哉! 古之聰明叡知神武而不殺者夫?)

104) 『주역』「계사」 상편. "역이란 천지와 함께 가는 까닭에 천지의 도를 모두 아우른다. 우러러 천문을 관찰하고 굽어 땅의 이치를 살피니, 이런 까닭에 어둠과 밝음의 까닭을 알게 된다. 맨 처음을 찾아 종말로 돌아가는 까닭에 죽었다 살아나는 이치를 깨닫게 된다. 정과 기는 만물이 되고, 혼은 나돌며 변화를 일으킨다. 이렇게 해서 귀와 신이 만들어내는 정황을 알게 되는 것이

삶과 죽음에 관한 관점을 이해하게 되고, 덕분에 인간과 귀신의 일들을 알게 되었으며, 그리하여 귀(鬼)와 신(神)의 형편까지도 알아보게 되었다. 어떤 것이든 진실하여 자연스러운 이치이고, 또 진지하고도 간절하여 내칠 수가 없다. 귀신에 관한 일은 이처럼 황당하지 않고 속임수도 아니다. 다만 마음이 지성스럽지 않은데다 식견이 꽉 막혀 범용하고 천박하다보니 급기야는 탓하며 믿지 않고 자기 생각만 고수하다 황당한 사기라고나 여겨버리는 것이다.

아아! 귀신이 없다고 고집부리는 자들은 죽고 나서 귀신에게 고문당할 줄을 모르고, 부처가 없다는 글을 짓는 자들은 그 때문에 부녀자들에게 비웃음을 당하고서야 깨닫는다. 고금에 걸쳐 사람을 미혹해온 정상이 대저 그러했던 것이다. 그런데 무엇 때문에 나는 쓸데없이 주둥이를 놀리고 있을까?

다"(易與天地準, 故能彌綸天地之道. 仰以觀於天文, 俯以察於地理, 是故知幽明之故. 原始反終, 故知死生之說. 精氣爲物, 遊魂爲變, 是故知鬼神之情狀.)

제11장[105]

군자에게 분수에 넘치는 생각이 없는 까닭은 그가 평소 자신의 지위에 걸맞게 행동할 수 있기 때문이다. 평소의 자리에서 합당하게 행할 수 있는 이유는 그가 어떤 환경에서도 스스로 만족하지 않는 경우가 없기 때문이다. 만약 스스로 만족하는 자득(自得)이란 이점이 없다면 제자신은 가벼이 여기고 명리나 지위 같은 외물은 중시하게 되니, 그러고도 외물을 선망하지 않는 경우란 있을 수 없다. 이미 외물을 선망하게 되었는데 어떻게 자기 위치에 만족할 수 있으랴? 그러므로 군자의 마음은 자득할 뿐이어야 한다.

빈천해도 평소 만족하며 살아온 누군가가 어느 날 느닷없이 부귀한 지위로 올라섰다 치자. 그렇더라도 평소 부유하고 귀했던 사람처

---

105) 이번 장은 소위(素位)와 자득(自得)에 관해 논의한다. 용어의 출처는 『중용』 제14장. "군자는 그 자리에 처해 평소대로 행할 뿐, 그 자리를 벗어난 욕심은 부리지 않는다. 부귀함에 처해선 부귀하게 도를 행하고, 빈천함에 처해선 그 빈천함에 알맞게 도를 행하며, 오랑캐에 처하면 오랑캐의 도리로 행하고, 환난에 처해선 환난에 합당하게 도를 행한다. 군자는 어떤 자리에 들어가도 스스로 만족하지 않음이 없다"(君子素其位而行, 不願乎其外. 素富貴, 行乎富貴; 數貧賤, 行乎貧賤; 素夷狄, 行乎夷狄; 素患難, 行乎患難. 君子無入而不自得焉.)

럼 부귀를 대하고 부귀함에 어울리게 행사할 수 있으니, 애당초 그가 빈천한 출신인 줄은 알아볼 길이 없다. 평소 부귀하게 살다가 하루아침에 빈천한 자리로 떨어진 경우라도 평소 그랬던 것처럼 만족스럽게 빈천함을 대하고 그 자리에 걸맞게 행동하니, 애당초 그가 부귀한 출신인 줄은 알아볼 수조차 없구나.

환란을 당하고 이적(夷狄)의 땅에 내몰리게 되더라도 어디 한 군데 그렇지 않은 경우가 없다. 평소 무탈하게 잘 지냈는지라 애당초 환란이 뭔지도 모르다가 별안간 환란의 국면을 맞게 될 수도 있는데, 그러면 환란과 더불어 지내면서 원래부터 환란 가운데 있었던 듯 특별하게 의식하지 않는다. 원래 중원에 살던 처지라 오랑캐가 뭔지도 몰랐지만 급작스레 오랑캐 영역에 진입하게 되면 그들과 어울리며 평소부터 오랑캐였던 듯 처신하니, 애당초 그가 중원 사람인 줄은 알아볼 길이 없는 것이다.

무릇 부귀와 빈천과 환란과 오랑캐는 모두 처한 상황에 불과하다. 어느 자리에 들어서든 심상하게 받아들이면 처지가 바뀌어도 편안하여 분수를 넘어선 생각은 절로 사라지게 된다. 부귀와 빈천과 환란과 오랑캐는 모두 외물이다. 이런 외물이 들어와 내 마음자리를 차지하지 않는다면 어떤 상황에서든 자득하지 않음이 없으니, 그러면 처한 환경에서 벗어나고픈 생각이 절로 자취를 감추게 된다. 따라서 군자는 그 자신을 자득의 상태에 두길 원하니, 만약 자득할 수 있다면 또 어디 간들 잘 지내지 못할 것이랴? 윗자리든 아랫자리든 자기한테나 남한테나 어떻게 지내고 어찌 대할지 모두 알 수가 있다.

누군가 질문하였다.

"옛사람이 '시간은 백대의 나그네'[106]라고 하였습니다. 또 한편 '인생이란 잠깐 머물다 갈 뿐이니 수많은 근심이 다 무엇 때문인가?'[107]라고도 했는데, 이는 장생[108]을 두고 광달(曠達)하다 칭찬한 이유가 되었지요. 지금 공부자[109]께서는 평소의 위치에서 최선을 다하라고 말씀하시는데 그 내용인즉슨 매 행보가 죄다 실제적이라, 장생 등의 견해와는 사뭇 다른 듯싶군요."

나는 이렇게 생각한다.

앞서거니 뒤서거니 오신 수많은 성현들은 모두 '자득'에 무게를 두었다. 그들의 자득은 동일했으니, 말씀하신 바도 물론 다름이 없었다. 만약 자득의 오묘함이 없다면 삶은 잠시 머물다가는 여관으로나 치부될 테니, 또 한때의 모호한 견해로 혼자서 의미나 곱씹는 데 그치겠지. 삶의 실제적 이행 역시 일시적으로 작동된 강한 기질이며 남들을

---

106) 출전은 이백(李白)의 「춘야연도리원서」(春夜宴桃李園序). "光陰者, 百代之過客."

107) 출전은 삼국시대 조비(曹丕)의 4언시 「선재행」(善哉行). 그의 부친인 조조와 아우 조식도 똑같은 제목의 악부시를 남겼지만, "人生如寄, 多憂何爲?"라는 구절은 조비의 작품에만 보인다.

108) 장생(莊生): 전국시대의 도가 사상가 장주(莊周). 『장자』 「지북유」(知北游)에서 그는 "사람이 이 천지간에 살아있는 시간은 흰 망아지가 벽 틈새를 통과하듯 순식간일 뿐"(人生天地之間, 若白駒之過郤, 忽然而已.)이라고 말한다. 영욕(榮辱)과 생사(生死)를 동일시하고, 자연에 순응하라 주장했으며, 죽음을 나그네의 귀향과 같은 것이라 여기는 달관의 경지를 보여준 사상가로 일컬어진다.

109) 원문에서는 '선생님'(夫子), 즉 공자의 말씀으로 표기했다. 그러나 『중용』은 공자의 손자인 자사(子思)의 손에서 나왔으므로 이 부분은 착오로 봐야 한다.

이기고 싶다는 사사로운 욕망일 뿐이니, 공자와 장자의 본래 취지는 아니라고 하겠다.

　이제 부귀를 뜬구름으로 간주한[110] 공자를 살피건대, 설마하니 그분이 인생을 그저 잠깐 머물다가는 여관으로나 여겼겠는가? 장자가 호량(濠梁)에서 물고기의 즐거움[111]과 꼬리를 끌며 진흙탕에 뒹구는 거북이 같은 빈천함[112]을 말한 것은 자신의 처지에서 최선을 다하려

---

110) 『논어』「술이」편. "의롭지 않은데 부유하고 귀해지는 것은 나에겐 뜬구름처럼 부질없는 일이다"(不義而富且貴, 於我如浮雲.)

111) 『장자』「추수」(秋水)편에 나오는 장자와 혜시의 다음 논쟁을 인용하였다. "장자가 혜자와 더불어 호수의 다리 위에서 노닐고 있었다. 장자가 문득 '피라미가 한가롭게 헤엄치니, 이는 물고기의 즐거움이지'라고 말하자, 혜자는 '그대는 물고기가 아닌데 어찌 물고기의 즐거움을 안다 하는가?' 하고 대꾸했다. 장자가 '그대는 내가 아닌데 어떻게 내가 물고기의 즐거움을 알지 못하는 줄 아는가?'라고 하니, 혜자가 말했다. '나는 그대가 아니니 물론 그대를 알지 못한다. 그대는 정녕 물고기가 아니니, 그대가 물고기의 즐거움을 모른다는 것이 확실하지.' 장자가 말했다. '부디 처음의 질문으로 돌아가 보자.「당신이 어떻게 물고기의 즐거움을 안다고 하는가」라는 그대의 질문은 내가 그것을 아는 줄 이미 알고 물은 것이다. 나는 호수의 물가에서 물고기의 즐거움을 알게 되었다네'"(莊子與惠子遊於濠梁之上. 莊子曰: '儵魚出遊從容, 是魚樂也.' 惠子曰: '子非魚, 安知魚之樂?' 莊子曰: '子非我, 安知我不知魚之樂?' 惠子曰: '我非子, 固不知子矣; 子固非魚也, 子之不知魚之樂全矣.' 莊子曰: '請循其本. 子曰「汝安知魚樂」云者, 既已知吾知之而問我, 我知之濠上也.') 혜시가 개념과 감각을 달리하는 장자와 물고기, 자신과 장자 사이에는 심리적 소통이 없기 때문에 각자 상대방의 마음을 알 수 없다고 주장한 데 반해, 장자는 절대의 경지에서는 참된 인식이 가능하니 혜시의 말은 단지 형식논리에 불과할 뿐이라고 반박한 것이다.

112) 역시 『장자』「추수」편에 보이는 일화. "장자가 복수에서 낚시질을 하는데, 초왕이 보낸 두 대부가 찾아와 왕의 뜻을 전했다. '원컨대 나라 안의 정치를 맡기고 싶습니다!' 장자는 낚싯대를 쥔 채 돌아보지도 않고 말했다. '듣자 하니 초나라엔 신령한 거북이가 있는데 죽은 지 벌써 삼천 년이나 되고, 왕께선 그것을 비단에 싸 상자에 넣고 묘당에 보관하신다더군요. 이 거북이가

는 삶이 또 이미 지극한 때문이었다. 지팡이를 짚은 채 소요하고 한가롭게 거닐며 바람을 마주하는[113] 장면이 백대의 과객이란 표현과 대체 무엇이 다른가? 「인간세」(人間世)와 「응제왕」(應帝王)[114]을 보면 매 걸음걸음 도처가 실제상황에 부합하니, 어찌 우리 공자님만 자신이 처한 위치에서 최선을 다하라고 가르쳤겠는가? 그러므로 공부하는 자는 모름지기 성현이 보여주신 자득의 이로움을 습득해야 한다. 만약 자득할 수 있다면 외면상 설사 다른 점이 있더라도 거리낄 것이 또 무엇이겠나!

죽어서 뼈를 남겨 귀하게 되고 싶을까요? 아니면 살아서 꼬리를 끌며 진흙탕에 나뒹굴길 바랄까요?' 두 대부가 '차라리 산 채로 진흙탕에 꼬리를 끌며 나다니고 싶겠지요'라고 말하자, 장자가 대꾸했다. '돌아가시오! 나도 진흙탕 가운데서 꼬리를 끌며 돌아다닐 테요!'"(莊子釣於濮水, 楚王使大夫二人往先焉, 曰: '願以境內累矣!' 莊子持竿不顧, 曰: '吾聞楚有神龜, 死已三千歲矣, 王巾笥而藏之廟堂之上. 此龜者, 寧其死爲留骨而貴乎, 寧其生而曳尾於塗中乎?' 二大夫曰: '寧生而曳尾塗中.' 莊子曰: '往矣! 吾將曳尾於塗中.')

113) 『장자』「소요유」(逍遙遊)편은 현실적 한계와 속박을 벗어나 인간의 자유를 추구하려는 장자 사상의 정수로 평가되는데, 본문 구절도 다음과 같은 정경으로 묘사되어 있다. "어디에도 없는 고장, 광막한 들판, 쓸모없다는 무위의 나무 곁에서 내키는 대로 거닐다가 그 아래 누워 느긋이 잠든다"(無何有之鄕, 廣莫之野, 彷徨乎無爲其側, 逍遙乎寢臥其下.)

114) 두 편 모두 『장자』 내편에 실려 있다. 「인간세」는 장자의 처세철학인데, 환경에 적응해 세상과 싸우지 말고 명성과 지혜를 추구하지 말고 승물유심(乘物游心)으로 쓸모없음을 달게 여겨 인생을 온전하게 만들 것을 설파한다. 「응제왕」은 정치철학으로 '무위지치'(無爲之治)를 논한다. 제왕이 자신을 비우고 자연스런 인성에 순응해 간섭이나 속박을 가하지 말아야 천하가 태평해지게 된다는 주장을 담고 있다.

제12장[115]

"애공[116]은 한 작은 나라의 군주였지만 동시에 어리석고 나약하기 그지없는 임금이라 더불어 말하기엔 부족한 자였습니다. 설사 질문이 상대하기에 맞춤했더라도 또 어떻게 다른 적당한 행사나 인도할 말이 없었겠습니까? 그런데 바로 그에게 구경[117]을 일러주고 성명[118]에 관해 설명을 하셨네요. 구경이라면 심신을 도야하고 현자를

---

115) 이번 장은 『중용』 제20장에 관해 토론한다.

116) 애공(哀公): 노나라 군주. 정공(定公)의 아들로 이름은 장(蔣). 기원전 494년 즉위하여 28년간 재위했다. 당시 노나라를 주름잡던 삼환(三桓)을 제거하기 위해 월(越)나라의 힘을 빌렸다가 실패하자 그곳으로 달아났다가 이듬해 귀국해 죽었다.

117) 구경(九經): 아홉 가지 원칙이 되는 강령으로 『중용』 제20장에 보인다. "무릇 천하와 나라와 가정을 다스리는 데는 아홉 가지 강령이 있다. 첫째는 군주가 자기 몸을 닦는 것이고, 둘째는 현인을 존중하는 것이며, 셋째는 가까운 혈연과 친하게 지내는 것이고, 넷째는 대신을 공경하는 것이다. 다섯째는 뭇 신하를 내 몸같이 여기는 것이고, 여섯째는 백성들을 내 자식처럼 여기는 것이며, 일곱째는 온갖 기능인이 모여들게 하는 것이고, 여덟째는 먼 지방에서 찾아오는 사람들을 우대하는 것이며, 아홉째는 제후들을 품어 안는 것이다"(凡爲天下國家有九經, 曰: 修身也, 尊賢也, 親親也, 敬大臣也, 體群臣也, 子庶民也, 來百工也, 柔遠人也, 懷諸侯也.)

118) 성명(誠明): 성(誠)을 확실히 알면 그것은 하늘이 인간에게 부여한 선량한

존경하며 자신의 친지를 사랑하는 일로부터 뻗어나가 멀리서 찾아오는 사람들을 우대하고 제후를 회유하는 경지에까지 이릅니다. 성명(誠明)인즉슨 그 내용이 뭔지 확실히 이해함으로써 널리 배우고 자세히 질문하여 하늘을 알고 사람을 아는 것에서부터 다른 사람이 한 번 하면 자기는 백 번 하고 딴 사람이 열 번 하면 자신은 천 번을 반복해 완전히 습득해야만 그만두는 정도에까지 이르지요.[119] 이 모두는 성인께서 천하를 안정시키는 사업이니, 어찌 애공이 감당할 수 있는 바이겠습니까?"

본성임을 이해하게 된다는 뜻.『중용』은 제21장에서 오로지 '성명'만을 논의하지만 20장에도 다음과 같은 연관대목이 보인다. "몸을 성실하게 하는 데는 방도가 있으니, 선을 확실히 인식하지 못하면 몸을 성실하게 만들 수가 없다. 성은 하늘의 도이고, 성실해지는 것은 사람의 도이다. 성 자체는 애쓰지 않아도 들어맞고, 생각하지 않아도 얻어지며, 요란하지 않고 조용한 가운데 도에 적중하니, 성인이 그러하시다. 성실해지려 노력한다는 것은 선을 택해 굳게 붙잡고 실천하는 자세이다"(誠身有道: 不明乎善, 不誠乎身矣. 誠者, 天之道也; 誠之者, 人之道也. 誠者不勉而中, 不思而得, 從容中道, 聖人也. 誠之者, 擇善而固執之者也.)

119) 위 문장을 이어『중용』제20장이 계속 펼쳐진다. "널리 배우고, 자세히 묻고, 신중히 생각하고, 분명하게 사리를 판별하고, 돈독하게 행하라. 차라리 배우지 않을지언정 만약 배운다면 능할 때까지 포기하지 말라. 묻지 않을지언정 묻는다면 확실히 알 때까지 그만두면 안 된다. 생각하지 않을지언정 생각한다면 끝을 볼 때까지 포기하지 말라. 변별하지 않을지언정 만약 변별한다면 분명해질 때까지 포기하지 말라. 행하지 않을지언정 행한다면 독실해질 때까지 그만두지 말라. 남들이 한 번에 잘한다면 나는 백 번을 할 것이며, 남들이 열 번 만에 잘하게 되면 자신은 천 번을 반복하라. 그리하여 이 도에 정말로 능숙해질 수 있다면 어리석은 자라도 반드시 현명해지며 유약한 자라도 반드시 강건해질 것이다"(博學之, 審問之, 慎思之, 明辨之, 篤行之. 有弗學, 學之弗能弗措也; 有弗問, 問之弗知弗措也; 有弗思, 思之弗得弗措也; 有弗辨, 辨之弗明弗措也; 有弗行, 行之弗篤弗措也. 人一能之, 己百之; 人十能之, 己千之. 果能此道矣, 雖愚必明, 雖柔必強.)

나는 이렇게 생각한다.

공자님은 애공에게 말씀하지 않으셨으니, 애공을 통해 뭇 제자에게 이르신 것이다. 바로 온 세상 모든 세대의 임금 된 자들에게 가르칠 바를 애공이 때마침 질문해오는 바람에 결국 그에게 설명했을 뿐이었다. 춘추시대 천하에는 비록 그 도리를 이해하고 실행할 자가 전혀 없었다손 치더라도 먼 훗날 만세의 천하에까지 그 도리를 알고 실천할 수 있는 자가 설마하니 끝내 한 명도 없기야 할까? 이렇게 해서 공자님의 가르침은 세상에 존재하게 되었다.

지금『대학』이란 책을 보더라도 말한 바에는 평천하의 도리가 구비되어 있다. 이 모두가 자문자답이니, 자기가 스스로 선창하고 스스로 화답한다. 비록 제자라 해도 질문을 기다리지 않고 알아서 먼저 말해버리곤 했는데, 하물며 임금이 질문을 해온 마당이었다. 그에게 설명해야 할 확실한 구실이 있는 판에 공자가 어찌 입 다물 수 있었으랴?

대저 성인이란 존재는 천만세 세월이 응축되어 나타난 인간 중의 오직 한 사람이시다. 그러므로 당대의 천하가 아니라 만대 유구한 시간을 두고 말씀하시니, 일반적인 세상사람 중 뛰어난 어느 한 명에 비길 바가 아닌 것이다. 누구와도 비교가 안 되는 판인데 또 어떻게 그분을 이해할 수 있겠나?『대학』은 고인(古人)께서 온 세상에 '밝은 덕'(明德)을 밝히려 했다고 말한다. 나는 우리 공자 선생님께서 만세의 세월에 걸쳐 통용될 밝은 덕을 밝히려 한 거라고 생각한다.

제13장[120]

타고난 본성(性)을 온전히 발현시키는 것은 가장 성실한 사람만이 달성할 수 있다. 원래 본성이 온전히 발현되고 나면 모든 것이 환하게 밝아지며 한 점 의혹도 안 남게 되는 까닭에 "본성을 온전히 구현하라"(盡性)고 말하였다. 자기 본성을 완전히 발현시키면 타인의 본성도 온전히 발현시킬 수 있고 사물의 본성 역시 온전히 발현시키게 된다. 어찌하여 그럴까? 타인과 사물이 다 나와 동일한 본성을 갖추고 있는 까닭이다.

만약 그래도 타인의 존재가 보이고 사물이 여전히 드러난다면 그 본성은 온전히 발현되지 못한 것이다. 본성이 모두 발현되고 나면 천

---

120) 이번 장은 『중용』 제22장에 보이는 '진성'(盡性)에 관해 논한다. "오직 세상 천하 가장 성실한 자만이 자기의 타고난 본성을 온전히 발현시킬 수 있다. 자신의 본성을 다 발현할 수 있어야 타인의 성도 온전히 발현시킬 수 있으며, 타인의 성을 남김없이 발현시킬 수 있어야 모든 사물의 성도 온전히 발현시킬 수 있다. 사물의 성을 온전히 발현시킬 수 있어야 천지의 변화와 생장을 도울 수 있고, 천지의 변화와 생장을 도울 수 있어야 천지와 더불어 혼연일체 하나가 될 수 있다"(唯天下至誠, 爲能盡其性; 能盡其性, 則能盡人之性; 能盡人之性, 則能盡物之性; 能盡物之性, 則可以贊天地之化育; 可以贊天地之化育, 則可以與天地參矣.)

지의 변화와 생장이 내 안에 있게 되고, 그 변화와 생장을 돕는 일이 나로부터 비롯되어진다. 어찌하여 그런가? 천지와 나는 동일한 본성을 지니고 있기 때문이다.[121]

만약 변화와 생장이 나로부터 비롯되지 않고 돕고 참여하는 일이 나로부터 시작되지 않는다면, 그것은 아직도 자기 본성을 온전히 구현시키지 못했기 때문이다. 그러므로 중(中)과 화(和)가 지극한 경지에서 일치하면 천지가 나로부터 자리를 잡고 만물이 나로부터 길러지게 된다.[122] 오호라! 지극하구나! 이는 결코 헛소리나 빈 말이 아니다.

---

121) 『중용』은 "하늘이 인간에게 부여한 천품을 일컬어 성이라 한다"(天命之謂性)고 말함으로써 인성이 하늘로부터 품수된 성질이라고 정의한다. 이지는 여기서 한 걸음 더 나아가 천지와 내가 동일한 성품을 갖는다고 말함으로써 인간의 위상을 한층 더 위쪽으로 끌어올리고 있다.

122) 『중용』제1장. "희로애락이 아직 발현되지 않은 상태를 일러 '중'이라 하고, 그것이 발현되어 매사 절도에 들어맞는 상태를 '화'라고 일컫는다. 중은 천하의 큰 근본이고, 화는 천하 사람이 도달해야 할 큰 길이다. 중과 화가 지극한 경지에 이르면 하늘과 땅이 자리를 바로잡고 만물이 그 사이에서 잘 자라게 된다"(喜怒哀樂之未發, 謂之中; 發而皆中節, 謂之和. 中也者, 天下之大本也; 和也者, 天下之達道也. 致中和, 天地位焉, 萬物育焉.)

제14장[123]

무릇 지극히 성실(至誠)하면 작위가 없어지게 된다. 아직 성(誠)의 단계에 이르지 못했다면 반드시 어떤 사물에 의해서든 진상이 가려지게 마련이다. 진상이 가려지면 생각이 통달하지 못하게 되고, 그러면 자기기만[124]에서 벗어날 길이 없다. 그러므로 반드시 사물을 바르게 인식해 참된 앎에 도달한 연후라야 뜻이 성실해진다.[125] 이것이

---

123) 『중용』 제23장은 22장을 이어 다음과 같이 말한다. "그 다음은 소소한 일에도 온힘을 다하는 것이다. 한켠에 치우친 작은 일에도 온 정성을 다할 수 있으면 진성(眞誠)이 생겨나게 된다. 진성이 생기면 그 내면의 바른 이치가 형상화된다. 형상화되면 그것이 밖으로 드러나게 되고, 밖으로 드러나면 환히 빛나게 되며, 환하게 빛나면 타인을 감동시키게 되고, 감동이 있으면 변화하게 된다. 오직 천하의 지극히 성실한 이만이 타인을 교화할 수 있다"(其次致曲. 曲能有誠, 誠則形. 形則著, 著則明, 明則動, 動則變, 變則化. 唯天下至誠爲能化.) 이지는 이보다 더 나아가 지극한 성실이란 흔적 없이 자연스런 가운데 부지불식간 감화작용을 발휘하는 것이라고 정의한다. 인위적으로 성실을 가장해도 그것은 단지 표면적인 흉내에 그칠 뿐임을 강조한 것이다.

124) 『대학』 제7장. "이른바 그 뜻을 성실하게 함은 자신을 기만하지 않는 것이다"(所謂誠其意者, 毋自欺也.)

125) 『대학』 제1장. "사물의 도리가 바르게 인식된 연후라야 앎에 이르게 되고, 앎에 도달한 다음이라야 뜻이 성실해진다"(物格而後知至. 知至而後意誠.)

『대학』이 격물을 설명하는 까닭이다.

성실해지려는 단계에도 아직 도달하지 못했다면 반드시 어떤 사물에 의해서든 제지당하게 된다. 막히면 곧게 펴지질 않고, 그러면 소통이 불가능하다. 그러므로 반드시 소소한 일에도 최선을 다해 막힌 바를 뚫어주어야 하니, 그런 연후라야 성실함에 도달하게 된다. 이는 『중용』이 '사소해도 최선을 다하라'(致曲)고 말하는 까닭이다.

소소한 일이라도 간곡하게 정성을 다하면 막힌 데가 활짝 뚫려 직통으로 도달하니, 성(誠)은 절로 그 안에 깃들게 된다. 성실하면 형상의 출현을 막을 길이 없고, 일단 형상화되면 나날이 활짝 드러나게 되며, 드러난즉슨 명료해져 빛이 더욱 환하게 반짝이게 된다. 그러나 형상화됐다는 말인즉슨 여전히 상(象)[126]에 머물러 있음이고, 머무르는 중이니 아직은 활동이 개시된 상태가 아니다. 드러났더라도 여전히 그림자에 가려져 있으니, 드러났어도 아직은 상황 따라 변통(變通)하지 못하는 단계인 것이다. 환하게 밝으면 그 빛에 그림자가 드리운다는 의구심이 생기는데, 그림자가 진다는 것은 흔적이 아직 완전히 녹아들지 못했음이다. 그러면 대체로 성실하더라도 감화시키진 못하니[127], 감화가 되어야만 비로소 지성(至誠)이라 말할 수 있다.

---

126) 『주역』 「계사전」 상편에 다음과 같은 공자의 말씀이 보인다. "글로는 말하고 싶은 바를 다 드러낼 수 없고, 말로는 뜻하는 바를 다 드러낼 수 없다. ……성인은 상을 세움으로써 자신의 뜻을 다 드러내고자 하였다. 괘를 만들어 그것으로 참과 거짓을 다 드러내고자 했고, 계사로써 그 말씀을 다하고자 하였다"(書不盡言, 言不盡意. ……聖人立象以盡意, 設卦以盡情僞, 繫辭以盡其言.) 상징체계를 세워 뜻을 다 드러내고 나면 그 상징에는 더 이상 집착하지 말고 잊어버려야 형식에 구애되지 않고 정신을 취할 수 있게 된다는 뜻을 밝힌 것이다.

127) 지극한 정성으로 만물을 키우면 흔적이 남지 않고 의식되지도 않는다. 주희

그래서 "오직 천하의 지극한 성실함만이 감화시킬 수 있다"고 말하였다.

는 『중용장구』에서 "감화란 왜 그런지 이유도 모른 채 그렇게 되는 것"(化, 則有不知其所以然者.)이라고 해설했는데, 이지가 보기에 가슴속에 성실함이 있다는 것은 상에 머물고(滯於象) 그림자에 매달리며(著於影) 흔적이 아직 용해되지 않은(迹未融) 상태이기 때문에 변화가 일어나지 못한다(非化也). 진(晉)대의 곽상(郭象)은 『장자주』(莊子注)에서 성인은 "다만 사물에 은연중 합치되어야 한다"(直與物冥)고 말하며, 고의적인 인의(仁義)에 대해서도 이렇게 논평하였다. "성인의 자취가 환히 드러나면 인의는 참되지 않고 예악은 본성에서 멀어지니, 단지 외형만을 얻게 될 뿐이다"(聖迹既彰, 則仁義不眞, 而禮樂離性, 徒得形表而已矣.) 자연에 순응하고 '인의의 흔적'(仁義之迹)을 반대하는 곽상의 주장은 성(誠)에서 흔적을 찾을 수 없어야 한다는 이지의 주장과도 흡사하다. 이지의 스승인 왕기(王畿) 역시 "양지란 본래 허허롭고 고요하니 학습하거나 근심걱정하지 않는다"(良知本虛本寂, 不學不慮); "매 단계의 공부는 허무의 실체를 인식하는 데 장애가 아닐 수 없다"(一着功夫, 則未免有碍虛無之體.)(『명유학안』 권12)고 말해 이지의 사상에 지대한 영향을 미쳤다.

제15장[128]

현인이 바른 위치에 계셔야 제대로 된 정치가 펼쳐지니, 그래서

---

128) 이번 장은 『중용』 제20장 「애공문정」(哀公問政)의 다음 부분을 풀이한다. "문왕·무왕의 정치는 목판과 간책에 두루 실려 있습니다. 그것을 구현할 현인이 계시면 그 정치가 실현되고, 현인이 존재하지 않으면 그 정치는 쇠락하지요. 현인의 도는 정치에 신속하게 드러나고, 땅의 도는 나무의 생장에 빠르게 반응합니다. 무릇 정치라는 것은 갈대가 자라는 것처럼 쉽고 간단하지요. 그러므로 정치를 잘 한다는 것은 어떤 사람을 등용하느냐에 달렸는데, 제대로 된 사람을 얻으려면 먼저 자신부터 수양이 되어 있어야 합니다. 수신은 도를 구현하는 일이고, 도를 닦는다는 것은 인을 근본으로 합니다. 인(仁)이란 말 그대로 사람(人)이니, 가까운 이를 사랑하는 것이 가장 큰 인입니다. 의(義)는 마땅함(宜)인데, 현인을 존중하는 것이 가장 큰 의로움이지요. 가까운 혈연을 사랑함에도 친소를 가려야 하고 현인을 존중함에도 등급은 있어야 하니, 여기서 예가 생겨납니다. 아랫자리에 있으면서 윗사람의 신임을 얻지 못하면 백성을 다스릴 기회를 얻을 수가 없지요. 그러므로 군자는 자기 몸을 닦지 않을 수가 없습니다. 수신을 생각하면 어버이를 섬기지 않을 수 없고, 어버이를 잘 모시려면 사람에 대해 이해하지 않을 수 없고, 사람을 알고 싶다면 하늘의 이치를 몰라선 안 되는 것입니다"(文武之政, 布在方策. 其人存, 則其政擧; 其人亡, 則其政息. 人道敏政, 地道敏樹. 夫政也者, 蒲盧也. 故爲政在人, 取人以身, 修身以道, 修道以仁. 仁者, 人也, 親親爲大; 義者, 宜也, 尊賢爲大. 親親之殺, 尊賢之等, 禮所生也. 在下位不獲乎上, 民不可得而治矣. 故君子不可以不修身; 思修身, 不可以不事親; 思事親, 不可以不知人; 思知人, 不可以不知天.)

'사람의 도'(人道)는 정치에 빠르게 반응한다 하였다. 사람의 도는 정치에 민감하기 때문에 정치를 한다는 것은 제대로 된 현인을 얻는 데 요체가 있다. 이 까닭에 반드시 대신을 공경하고, 반드시 뭇 신하를 자기 몸처럼 아끼며, 반드시 현인을 존중할 줄 알아야 한다. 현인을 존중할 줄 알면 그 누가 대신이 되어 공경 받아야 하는지 절로 깨닫게 된다. 누가 내 몸처럼 아껴야 할 뭇 신하인 줄 저절로 알게 되니, 등급에 맞게 현인을 존중하고 친소를 가려 혈연을 사랑하는 일에 어찌 분명하지 않음이 있으랴? 하지만 무슨 수로 그가 현인인 줄 알아본단 말인가?

원래 현인을 얻는 근본은 임금 자신에게 있으니, 또 반드시 자기 몸을 먼저 닦음으로써 현인을 얻는 기반으로 삼아야 한다. 몸은 또 어떻게 닦아야 하나? 그 방법에는 천하가 공통으로 받드는 다섯 가지 달도(達道)가 있다.[129] 도는 또 어떻게 닦아야 마땅하고? 내 몸에 구비된 세 가지 달덕(達德) 중 인(仁)으로 닦는다. 그런데 인은 또 다른 게 아니라 되돌려 자기에게서 찾음이니, 바로 이런 '사람'(人)이라야 법으로 여겨지며 존숭을 받는다. 그래서 "인(仁)은 사람(人)이다"[130]라

---

129) "천하 사람이 공통으로 달성해야 할 길이 다섯 가지 있고, 그것을 실행하게 만드는 덕성은 세 가지가 있습니다. 임금과 신하, 아비와 아들, 남편과 아내, 형과 아우, 친구 간의 사귐 같은 다섯 항목이 천하 사람이 받들어 가야 할 길이지요. 지·인·용은 천하 사람들이 달도로 나아가게 해주는 덕성인데, 그 효용은 하나로 수렴됩니다"(天下之達道五, 所以行之者三. 曰君臣也, 父子也, 夫婦也, 昆弟也, 朋友之交也, 五者, 天下之達道也. 知仁勇三者, 天下之達德也. 所以行之者一也.)

130) 주희, 『중용장구』(中庸章句) 제20장 주석. "여기서 사람이란 사람의 몸을 가리킨다. 사람의 몸은 생명의 근원적 원리를 구비한지라 절로 애달프고 자애로운 생의 의미를 지니게 되니, 사람의 몸으로부터 본체를 깊이 파고들면 인을 만나게 된다"(人, 指人身而言. 具此生理, 自然便有惻怛慈愛之意, 深體

고 말하였다. 이런 까닭에 몸을 닦으려는 이라면 인간에 대해 무지하면 아니 된다.[131]

그런데 인의 발현에는 가까운 혈연을 사랑하는 것보다 더 큰일이 없다. 사람이 존재하면 의로움(義)도 거기 함께 공존하는데, 의로움의 실천에는 현인을 존중하는 것보다 더 큰일이 없으니, 수신이 바로 인(仁)의 실현이 되고 존현은 의로움의 실천이 된다. 인이나 의로움 자체가 원래 자기 몸 밖의 외물이 아닌 것이다. 인간이 있는 곳이라면 반드시 예(禮)가 있어야 한다. 그런데 예를 시행하면서 친지를 존중함에 순서가 있고 현인을 가까이 하는 일에 질서가 부여된다면 예 역시 자기 몸 밖의 외물이 아니게 된다.

무릇 '인'(仁)이란 바로 이런 '인간'(人) 자체인즉슨 군자는 정녕 인간을 몰라선 아니 된다. 그 앎이 바깥으로 표현되면 의(義)가 되고, 뭔가로 만들어지면 예(禮)가 되는 것이다. 의로움이란 기실 하늘이 제정한 시비(是非)의 기준이고 예는 실상 하늘의 통상적 규범이니, 그렇다면 군자는 천명을 몰라선 더더욱 아니 되는 것이다.[132] 이미 사람을 알고 또 천명을 안다면 몸을 닦아 현인을 맞이할 바탕은 준비[133]가 다 됐다고 하겠다.

味之可見.)

131) 같은 곳. "친친의 인을 남김없이 실현하려면 반드시 존현의 의로움을 거쳐야 한다. 그러므로 또 인간이란 존재를 응당 알아야만 한다"(欲盡親親之仁, 必由尊賢之義, 故又當知人.)

132) 『중용』은 첫 번째 장에서 "하늘이 명하신 것을 일컬어 성이라 한다"(天命之謂性)고 말한다. 인간의 본성은 하늘이 부여한 것이기 때문에 '인간을 알고'(知人) '하늘을 알아야 한다'(知天)는 것이다.

133) 『중용』 제20장. "무슨 일이든 사전에 준비하면 성공하고, 준비가 없으면 실패한다"(凡事, 豫則立, 不豫則廢.)

자신을 도야하면 부모님께 효순함이 지당해지고, 사람을 얻은즉슨 현인을 존중하게 되어 대신을 공경하고 뭇 신하를 내 몸처럼 긍휼히 여기게 되는 일이 또 당연해진다. 이로부터 뭇 백성을 자식처럼 여기고 온갖 기술자가 모여들며 먼 지방 사람들을 우대하고 제후들을 안돈시킴으로써 온 누리에 바른 정치를 펼치게 되니, 거기에 무슨 어려움이 있으랴? 그래서 "정치는 사람에 달렸고, 사람을 얻는 것은 자신에게 달렸다. 수신은 바른 도리로 해야 하고, 도를 닦는 것은 인으로써 해야 한다"고 말하였다. 그런데 인은 사람의 덕성이고 의로움과 예는 하늘의 속성이니, 하늘은 일찍이 인간이 아닌 적이 없고 인간은 일찍이 하늘이 아닌 적이 없었다.[134] 그러므로 천명을 알고 인간을 알면 몸을 닦아 저절로 사람을 얻을 수 있게 된다.

오호라! 극진하구나! 다음 문장에 나오는 '하늘의 도'(天道)와 '사람의 길'(人道)은 그 내용이 죄다 천명을 알고 인간을 이해함으로써 몸을 닦게 되는 일인 까닭에 상세히 설명하였다. 대체로 정치를 제대로 펼치지 못할까봐 근심하지 않고 현인을 만나지 못할 것을 걱정하였다. 현인을 얻지 못할까봐 걱정하는 게 아니라 자기 몸을 닦지 못하는 것을 우려하였다.

---

134) 사 · 맹(思孟)학파의 관점에 따르면, 인 · 의 · 예는 모두 하늘의 속성이고 똑같이 하늘이 부여해 누구나 반드시 갖고 있는 덕성으로, 하늘과 인간은 서로 통하여 대립하지 않는다. 이지는 여기에 대해 다음 장에서 보다 자세한 서술을 펼친다.

제16장[135)]

---

135) 계속해서 『중용』 제20장을 논하는데, 이번 장은 주로 다음의 네 번째 단락을 다루고 있다. "자기 자신을 성실하게 만드는 것에는 방도가 있으니, 선이 무엇인지 명료하게 인식하지 못하면 자신을 성실하게 만들 수 없지요. 성 자체는 하늘의 도이고, 그 성을 추구하는 것은 사람이 가야 할 길입니다. 성을 구현한 이는 노력하지 않아도 적중하고 사고하지 않아도 갖게 되며 편안한 가운데 중용의 도에 부합하는데, 바로 성인이 그러합니다. 성을 구현하려 노력하는 이는 선을 택해 굳건히 추구하는 사람이지요. 널리 공부하고, 상세히 묻고, 치밀하게 사고하며, 명쾌하게 변별하고, 착실하게 실행합니다. 차라리 공부하지 않을지언정 일단 공부했다 하면 잘하기 전에는 절대 포기하지 않습니다. 묻지 않을지언정 일단 질문했다 하면 확실히 알기 전엔 문제를 내려놓지 않습니다. 사고하지 않을지언정 일단 생각하게 되면 수확이 있을 때까지 그만두지 않습니다. 변별하지 않을지언정 일단 분별하기 시작하면 확실해질 때까지 절대 그만두지 않지요. 차라리 실행하지 않을지언정 일단 실행하게 되면 독실하지 않음이 없습니다. 다른 사람이 한 번 만에 잘하게 되면 나는 백 번을 하고, 다른 이가 열 번 만에 능숙해지면 나는 천 번을 합니다. 만약 이렇게만 할 수 있다면 제아무리 바보라도 반드시 현명해지고, 제아무리 나약해도 반드시 강인해질 것입니다"(誠身有道: 不明乎善, 不誠乎身矣. 誠者, 天之道也; 誠之者, 人之道也. 誠者, 不勉而中. 不思而得, 從容中道, 聖人也. 誠之者, 擇善而固執之者也. 博學之, 審問之, 慎思之, 明辨之, 篤行之. 有弗學, 學之弗能弗措也; 有弗問, 問之弗知弗措也; 有弗思, 思之弗得弗措也; 有弗辨, 辨之弗明弗措也; 有弗行, 行之弗篤弗措也. 人一能之, 己百之; 人十能之, 己千之. 果能此道矣, 雖愚必明, 雖柔必强.) 『중용』 원문은 성인과 범인을 분명히 구분하여 성인은 생래적으로 다르다고 인식한다. 그러나 이지는 본문에서 성인의 특별함을 부정하며 '하늘'(天)과 '사람'(人)은 상통하니 보통 사람에게도 성인의 천성은 내재되었다고 주장하고 있다.

"사람을 이해하고 싶다면 천명을 몰라선 아니 된다."[136]

그런데 '하늘의 도'(天道)는 애쓰지 않고 고민하지 않아 편안한 가운데 자연스레 적중하니, 이른바 '성 그 자체'(誠者)이다. 천명을 알고 싶다면 또 인간을 이해하지 않으면 안 된다. 그런데 '인간의 길'(人道)이라면 바로 애쓰지 않고 고민하지 않으며 조용한 가운데 저절로 들어맞는 그 '좋은 것'(善)을 확실히 알아 선택함에 있다. 그리하여 꽉 붙잡아 실행하면서 감히 놓치지 않으니, 이른바 '성에 도달하려고 노력하는 경우'(誠之者)인 것이다. 이리하여 '성'(誠)은 그 도가 자연스러우니, 이를 두고 '최상의 선'(至善)이라고 일컫는다. 이런 까닭에 성은 '하늘이 부여한 자연스런 본성'(天)으로 간주된다.

성으로 나아가려는 자는 그런 자연스런 경지에 도달하고자 노력한다. 이를 두고 '최선을 선택한다'(擇善)고 하니, 이런 까닭에 그 행위가 '인위적'(人)이라고 일컬어졌다. 그래서 도는 성(誠)을 가장 높은 경계로 삼지만, 배움(學)은 성실을 추구하는 마음을 본령으로 삼는다. 하늘은 정녕 사람으로 나타나지 않은 적이 없고, 사람 역시 하늘로 드러나지 않는 경우가 없다. 그렇다면 성실해지려는 나의 노력은 또 '성' 그 자체가 되는 것이다. 그래서 몸을 닦는 수신이 완료되니, 어디에 따로 성을 닦는 수고가 있으랴!

나에게는 본래 하늘의 속성이 있으니, 나는 저절로 그것을 인지할 따름이다. 나에게는 원래 사람의 속성이 있으니, 나 스스로 그것을 알 따름인 것이다. 하늘(天)이나 사람(人)은 똑같이 '성'(誠)이고 똑같은 '선'(善)일 뿐이다.[137] 그러므로 중간에 두 번이나 말한 "도를 행

---

136) 출전은 『중용』제20장 첫머리.
137) 좀 더 구체적으로 설명하면, '하늘'(天)과 '인간'(人)은 단지 하나의 '성'

하게 만드는 것"(所以行之者)이란 하나같이 이런 '성'을 가리키고 이런 '선'을 가리킨다. 선이 바로 성이고, 성이 곧 선이다. 모두 진실한 도리이고 그것을 넘어서는 것은 존재하지 않는다. 진실하여 헛되지 않기 때문에 그것을 '성'이라 부르고, 달리 능가할 바가 없기 때문에 그것을 '선'이라 부른다. 성과 선이 또 한 몸인 것이다. 그래서 다음 차례에는 선을 명료하게 인식해 자기 몸을 성실히 하라 일렀고, 마지막에는 선을 택해 꽉 붙잡고 실천하라 일렀다. 확실히 알면 선택과 마주하게 되고, 선택하면 불분명한 대목이 사라지게 된다. 그러나 선은 또 어떻게 선택해야 할까? 아래 문장의 '널리 배우라'(博學) 이하 다섯 구절이 바로 선을 택해 성으로 나아가게 하는 방법들이다.

이제부터 구체적으로 그 내용을 살펴보자. 공자 선생님은 사람들에게 항상 널리 공부하라고 가르치시니, 제아무리 안자(顔子)라도 언제나 이 일에 매달려야만 하였다.[138] 그러나 배우는 이들은 단지 넓힐 줄만 알지 자신에게로 되돌려 간결하게 집약할 줄을 모른다. 오직 안자만이 공부자가 유인을 잘하는 줄 알 수 있었고, 그래서 폭넓게 공

_____

(誠)이고 하나의 '선'(善)일 따름이다. 『중용』은 "성은 하늘의 속성"(誠者, 天之道也)이므로 "성에 도달하는 것이야말로 참 인간이 되는 길"(誠之者, 人之道也)이라고 설명한다. 그러므로 '천'과 '인'은 모두 동일한 '성'(誠)이니, '선'이 곧 '성'이 되는 것이다.

138) 『논어』「자한」편. "안연이 깊이 한숨을 쉬며 탄식하였다. '우리 선생님의 도는 우러러볼수록 높아지고, 뚫으려 할수록 더욱 단단해지는구나. 바라볼 때 앞에 계시더니, 홀연히 뒤에도 계시네. 선생님은 순서대로 사람을 잘 이끌어주시누나. 나를 글로써 넓혀주시고 예로써 단속하시네. 공부를 그만두려 해도 그럴 수 없어 내 능력을 다했더니 어느새 또 앞쪽에 우뚝 솟아계시네. 제아무리 좇아가려고 애를 써도 실마리조차 잡을 수가 없구나"(顔淵喟然歎曰: '仰之彌高, 鑽之彌堅, 瞻之在前, 忽焉在後. 夫子循循然善誘人, 博我以文, 約我以禮. 欲罷不能, 旣竭吾才, 如有所立卓爾. 雖欲從之, 末由也已.')

부하는 가운데 중용을 택해 결국에는 한 가지 선을 얻었다[139]고 운위되었다. 원래 그를 두고 '박학'하다 일컬으니, 아침부터 저녁까지 눈으로 보는 바·귀에 들리는 소리·입으로 느끼는 맛·몸으로 겪은 일·발길 닿는 곳·손에 집히는 모든 것이 오륜(五倫), 즉『중용』에서 말하는 다섯 가지 달도(達道)로 연결되어 그에 상응하는 조치가 이루어졌다. 무엇이든 배우지 않음이 없었던 것이다. 공부하지 않은 대상이 없다는 것인즉슨 공부하지 않은 학문이 없었다는 말이고, 어딜 가든 공부하지 않은 적이 없었다고 하니 범위를 불문하여 무엇이든 널리 공부하였다. 그래서 '고대의 전적을 두루 꿰뚫었다'(博文)고 말하였다. 하지만 분야가 광범위하니 간결하게 집약시키는 일은 어디서부터 했을까? 내용이 상세하니 '지극한 한 가지로 수렴'(至一)[140] 시키는 일은 또 어떻게 하고? 나는 또 무엇으로부터 그것들을 가려내 꽉 붙들고 실천한단 말인가?

현명한 스승과 좋은 벗을 찾아가지 않으면 상세히 묻는 '심문'(審問)은 이뤄지지 못한다. 질문을 했는데 그것이 치밀하다고 평가된다면 한갓 얄팍한 물음만은 아니란 걸 알 수 있다. 이미 묻고 조사를 다 했는데도 의심과 믿음이 서로 엇갈린다면 뒤로 물러나 사색하면서 바야흐로 여지를 남겨야 한다. 하지만 사색하는 일 또한 신중하지 않으면 안 된다. 신중치 않으면 생각이 제멋대로 멀리 뻗치는데 이를 두

---

139)『중용』제8장. "공자가 말씀하셨다. '안회의 사람됨은 중용을 선택해 한 가지 도리라도 깨닫게 되면 가슴에 품고 새겨 다시는 잃어버리는 일이 없었다'"(子曰: '回之爲人也, 擇乎中庸, 得一善, 則拳拳服膺而弗失之矣.')

140) 여기서 지일(至一)은 성(誠)과 선(善)을 가리킨다. '至'는 '지극히 선함'(至善)에서, 'ㅡ'은 '도를 행하게 만드는 것은 한 가지로 수렴된다'(所以行之者ㅡ也.)에서 차용하였다.

고 밖으로 내달린다고 일컬으니, 투철하게 이해한 정밀한 사유는 되질 못한다. 신중하지 않은즉슨 번민이 뒤따르는데 이를 두고 뜻을 수고롭게 한다고 일컬으니, '생각하지 않는'(無思)[141] 상태는 아니라 하겠다. 반드시 "신중하게 사고하라" 했으니, 바빠서 동동거리게(憧憧往來)[142] 만드는 그 까닭을 알아야 한다. 그런 연후 변별해서 밝혀낸 내용을 갖고 도를 깨친 스승과 벗에게 질정을 구한다면 그 또한 이른바 '생각하지 않고'(不思) '애쓰지 않는'(不勉) 경지에 거의 도달한 것이다. 이는 바로 자기에게로 돌이켜 요점을 귀납하는 능력이고 선을 밝히는 학문이니, 독실하게 그 일을 행할 수 있는 자는 누구란 말인가? 혹자는 하루에 한 번 인이 도달하고 혹자는 한 달에 한 번 이른다[143]고 했는데, 그때의 성취는 단지 충분한 정도에만 그치지 않는다. 그러므로 또다시 "돈독하게 실행하라"고 말하였다.

생래적으로 총명한 이는 배우지 않고도 한 번 만에 도달한다. 반면에 힘들게 배워야 아는 이는 백 번 만에 도달하는데 그래도 빼거나 물

---

141) 무사(無思):『중용』의 '사고하지 않고 애쓰지 않는다'(不思不勉)의 '불사'(不思)와 같은 의미로 쓰였다.

142) 동동왕래(憧憧往來): 분주하게 오간다는 의미로 천도(天道)의 변화나 물리(物理)의 굴신(屈伸), 여러 가지 생각이 들고나는 모습 등을 묘사하는 표현이다. 출전은『주역』「함괘」(咸卦).

143)『논어』「옹야」편. "공자께서 말씀하셨다. '안회는 그 마음이 석 달이 지나도록 인에서 어긋나질 않는구나. 그 나머지는 하루에 한번이나 한 달에 한번만 인에 도달할 뿐이다"(子曰: '回也, 其心三月不違仁, 其餘則日月至焉而已矣.) 이 문장의 '일월지언'(日月至焉)에 대해선 제가의 설이 분분한데, 주희는 "혹자는 하루에 한번 도달하고, 혹자는 한 달에 한번 도달한다"(或日一至焉, 或月一至焉)고 풀이하였다. 이지 역시 주희의 학설에 따랐다. 도달하는 주체가 원래는 인(仁)을 가리키지만, 이지는 성(誠)에 도달한다는 의미로 전용하고 있다.

러서지 않는다. 나면서부터 아는 이가 열 번 만에 도달한다면, 곤경을 겪고서야 깨치는 이는 천 번 만에 가능할지라도 고생을 사양하지 않는다. 반드시 도달한 다음에야 멈추고, 도달하지 못하면 포기하지 않는다. 정말 이렇듯 독실하게 실행할 수 있다면 제아무리 바보라도 반드시 현명해질 텐데, 하물며 바보가 아닌 경우임에랴? 제아무리 나약해도 반드시 강해질 텐데, 유약하지 않은 사람이라면 더군다나 나위가 있을까? 그러므로 반드시 자세히 묻고(審問)·신중히 생각하고(愼思)·분명하게 사리를 분변하는(明辨) 이런 일들을 돈독하게 행해 한 가지 선을 획득하는 데 힘쓰고 나서야 멈추는데, 선을 택해 성으로 나아가려는 자에게는 특히나 중요한 부분인 까닭에 "돈독하게 행하라"(篤行)는 말씀으로 끝맺음하였다. 이는 오직 안자만이 가능했으니, 중유(仲由, 자로)나 단목사(端木賜, 자공) 같은 제자들도 심문·신사·명변을 거치지 않은 것은 아니지만 이른바 그 '한 가지'(一)[144]가 모호했던 탓에 독행에 있는 힘을 다 쏟지는 않았다. 이런 까닭에 한 달 동안도 지켜내지 못하였고,[145] 가슴에 새겨 잃어버리지 않는 일도 불가능했던 것이다.

가슴속에 새겨 간직하지 못한 것은 죄가 아니지만, 받들고 지켜야 할 분명한 진실은 미처 보지 못한 채 제 스스로 충분하다고 여긴 것은 분명 잘못이었다. 한 달 동안 지키지 못한 것은 죄가 아니련만, 중용을 미처 획득하지 못했는데도 제 스스로는 얻었다고 오판하면서 독실한 자세로 노력하고 실천함으로써 그 실제 획득을 추구하지 않

---

144) 여기서는 성(誠)을 가리킨다.

145) 『중용』 제7장. "사람들이 다들 나를 보고 지혜롭다 말하지만, 나는 중용을 선택해서 한 달을 지켜내지 못하는 사람이다"(人皆曰予知, 擇乎中庸, 而不能期月守也.)

은 것은 잘못이 아닐 수 없다. 실제로 얻으면 그 자체로 성(誠)이 된다. 성이란 성실하고 진실함을 일컫는다. 이미 성실함을 획득한 마당에 또 무엇을 지킨단 말인가? 만약에 다시 지켜야 하고 굳세게 매달릴 필요가 있다면 그것은 실제로 획득한 상태가 아니다. 이를 두고 불성실의 극치라 하니, 그것은 성(誠)이 아니고 천도(天道)가 아니다.

널리 배우라는 종지인즉슨 백성들 모두가 힘 쏟는 바이다. 백성들 누구나 해낼 수가 있으니, 어리석은 필부필부가 다함께 그 일을 봉행하게 된다. 누군들 배우지 아니하랴? 대저 누가 그 말씀을 어기고 널리 공부하지 않을 수 있겠는가?

제17장[146]

덕이 없는데도 예악(禮樂)을 제정하겠다 나서고, 어리석은데도 자

146) 이번 장은 『중용』 제28장과 29장을 논한다. 전문은 다음과 같다. "공자께
서 말씀하셨다. '우매한 주제에 자기 생각만 옳다 여기고, 비천하면서도 독
단적으로 전횡하길 좋아하며, 지금 세상에 살면서도 옛날의 법도로 돌아가
려고만 한다. 이런 자들은 재앙이 그 몸에 미칠진저!' 천자의 지위가 아니
면 예를 의론할 수 없고, 법도를 제정할 수 없으며, 글을 고증하여 바로잡
을 수 없다. 지금 세상은 수레바퀴의 규격이 일치하고, 문자의 자체가 통일
되어 있으며, 인륜도덕이 동일하게 적용된다. 제아무리 지위가 높아도 거기
상응하는 덕행이 없으면 감히 예악을 제정하지 못하는 법이다. 제아무리 덕
행이 높아도 거기 상응하는 지위가 없다면 역시 나서서 예악을 제정하지 못
한다. 공자께서 말씀하셨다. '내가 하나라의 예를 설명했지만 그 후예인 기
나라는 증험하기에 부족하고, 은나라의 예를 배웠지만 그 후예인 송나라에
는 파편만 보존되어 있다. 나는 주나라의 예를 배웠고 지금은 그것이 통용
되니, 나는 주나라를 따르겠노라'"(子曰: '愚而好自用, 賤而好自專, 生乎今
之世, 反古之道. 如此者, 菑及其身者也.' 非天子, 不議禮, 不制度, 不考文. 今
天下, 車同軌, 書同文, 行同倫. 雖有其位, 苟無其德, 不敢作禮樂焉; 雖有其德,
苟無其位, 亦不敢作禮樂焉; 子曰: '吾說夏禮, 杞不足徵也; 吾學殷禮, 有宋存
焉; 吾學周禮, 今用之, 吾從周.') 이상은 제28장; "천하를 다스리는데 예의를
논의하고 법도를 제정하고 문자를 고정하는 세 가지 중대사를 잘해내면 허
물이 적을 것이다! 고대로 거슬러 올라가 하나라나 은나라는 제도가 좋긴
한데 증험할 길이 없으니 백성들이 믿게 할 수가 없다. 믿게 할 수 없으니 백
성들이 따르질 않는다. 아래로 내려와 공자 같은 분은 덕성이 뛰어난데도

기가 옳다 고집부리길 좋아한다. 지위가 없는데도 예악을 제정하려 나서고, 비천한 주제에 독단으로 전횡하길 즐긴다. 덕이 있고 지위가 있지만 적절한 때 예악을 제정하지 못하니 지금 세상에 살면서도 고대의 법도로 돌아가려고만 한다. 무릇 스스로를 옳다 여기며 혼자서 전횡하고 현재를 살면서도 과거에만 집착하는 이런 자 치고 재앙이 그 몸에 미치지 않는 경우란 있은 적이 없었다.

　무릇 예를 논의하고 법도를 제정하며 문장을 점검해 바로잡는 이런 일이야말로 제왕의 예악이니, 덕이 있고 때를 만났고 지위가 있는 천자가 담당하는 일이다. 만약 그런 천자가 아닌데도 예를 의론하고 법도를 제정하며 문장을 고증함으로써 예악을 발흥시킨다고 달려든

존귀한 지위가 없었다. 존귀하질 않으니 사람들이 신임하지 않고, 신임하질 않으니 백성들이 따르지 않는다. 그러므로 군자가 천하를 다스리는 도는 반드시 자신의 덕행을 근본으로 삼아서 뭇 백성에게 검증받아야 한다. 하·은·주 삼대 선왕의 제도와 대조해 오류가 없는지 확인하고, 천지간에 세웠을 때 자연의 법칙에 어긋남이 없고, 귀신에게 질정해도 의구심이 없으며, 백 대가 지난 뒤 나타날 성인에게 묻는다 해도 의혹이 없어야 한다. 귀신에게 물어도 의구심이 없으면 천명을 아는 것이고, 백세 삼천 년 뒤의 성인을 기다려 그때도 의혹이 없으면 인간을 아는 것이다. 그러므로 군자의 거동은 대대로 천하의 규범이 되고, 행위는 대대로 천하의 법도가 되며, 언어는 대대로 천하의 준칙이 된다. 멀리 있는 자는 우러러보고, 가까이 있는 자도 싫어하지 않는다. 『시경』「주송·진로」(周頌振鷺)편은 '저기 있어도 미움 받지 않고, 여기 있어도 역겹지 않네. 밤낮없이 수고하시니, 언제까지나 찬양받으리!' 하고 읊었다. 군자가 이렇게 하지 않고 느닷없이 천하에 명예를 드날린 경우는 있지를 않았다"(王天下有三重焉, 其寡過矣乎! 上焉者雖善無徵, 無徵不信, 不信民弗從; 下焉者雖善不尊, 不尊不信, 不信民弗從. 故君子之道, 本諸身, 徵諸庶民, 考諸三王而不繆, 建諸天地而不悖, 質諸鬼神而無疑, 百世以俟聖人而不惑. 質諸鬼神而無疑, 知天也; 百世以俟聖人而不惑, 知人也. 是故君子動而世爲天下道, 行而世爲天下法, 言而世爲天下則. 遠之則有望, 近之則不厭. 詩曰: '在彼無惡, 在此無射. 庶幾夙夜, 以永終譽!'君子未有不如此而蚤有譽於天下者也.) 이상 제29장.

다면 그것이 될 법이나 하겠나!

　우선 오늘날의 천하를 한번 살펴보자. 당대 군왕의 제도가 아직 건재하며 백성들의 믿음은 종래 바뀐 적이 없다. 그래서 수레는 바퀴 규격을 공유하니 감히 새로운 양식을 만드는 자가 없고, 글은 같은 문자를 사용하므로 감히 문자를 고정[147]하는 자가 없으며, 행위의 기준이 되는 윤리도덕이 동일하니 감히 예를 제정하는 자가 존재하지 않는다. 이런 까닭에 "비록 그 지위가 있어도 거기 상응하는 덕이 없으면 감히 예악을 제정하지 않는다"고 했던 것이다. 천하를 통치하는 제왕 노릇에서 그 중요한 바가 우선은 덕에 있음을 알 수가 있다. "비록 덕이 있어도 거기 상응하는 지위가 없다면 감히 예악을 제정하지 않는다"고 했으니, 천하의 왕 노릇하려면 그 중요한 바가 또 그 지위라는 것을 알게 된다. 덕이 있고 지위가 있어도 때를 만나지 못하면 하(夏)나라나 은(殷)나라의 사례에서처럼 당대에 쓰이질 못한다. 지금 통용되는 것은 주(周)나라의 예이니, 내가 주나라를 좇지 않으면 누구를 따르겠는가?[148] 천하의 왕 노릇에 있어 때가 특히 중요한 줄 알 수가 있다. 그러므로 "왕이 천하를 다스리는 데는 '세 가지 관건'(三重)[149]

---

147) 『중용』 제28장 "지금 세상은 수레바퀴 규격이 일치하고 문자는 통일되어 있다"(今天下, 車同軌, 書同文)라는 구절에 근거하여 『중용』을 진나라 이후 나타난 서적이라고 보는 견해도 있다. 수레바퀴자국을 공유하고 같은 문자를 쓰게 된 것은 진시황이 육국을 통일한 이후의 일이기 때문이다.

148) 공자의 말씀과 말투를 차용했는데, 『논어』 「팔일」편에도 같은 취지의 말씀이 실려 있다. "공자가 말씀하셨다. '주나라는 하나라와 은나라의 두 왕조를 거울삼았다. 찬란하구나, 그 문화여! 나는 주나라를 따르겠노라'"(子曰: '周監於二代, 郁郁乎文哉! 吾從周.')

149) 삼중(三重): 정현(鄭玄)과 공영달(孔穎達)은 『중용』의 주(注)와 소(疏)에서 하·은·주 삼왕(三王)의 예(禮)라 해석했고, 주희는 예를 의론(議禮)하고 법도를 제정(制度)하며 문장을 고정(考文)하는 일이라고 풀이하였다.

이 있다"고 말하였다.

이러한 세 가지 중대사가 충족된 연후라야 예를 의론하고 법규를 제정하며 문자를 연구함으로써 예악을 진작시키게 된다. 그러면 자기만 옳다고 여기는 독선과 전횡, 작금을 살면서 과거로만 되돌아가는 잘못이 없어져 재앙이 그 몸에 미치지 않고 허물은 적어질 수 있다. 그러므로 또다시 반복해서 말한다. 주나라 이전의 고대로 올라가면 덕이 있고 지위가 높아도 시절에 부합하질 않으니, 이는 증험할 길이 없다. 증명할 수 없으면 신뢰가 따르지 않고, 신뢰가 뒷받침되질 않으면 백성들이 복종하지 않는다. 삼중에서 때가 맞지 않는다는 그 결함 하나 때문에 행함이 불가능해지는 것이다.

아래로 내려와 보자. 덕은 있지만 지위가 낮고 때를 만나지 못한 그런 경우는 존엄하질 못하다. 존엄하지 않으면 신뢰 받지 못하니, 신뢰가 없으면 백성들이 따르질 않는다. 삼중에서 지위가 없고 때를 못 만난 두 가지 결함이 있어 행함이 더한층 어려워지는 것이다. 그러므로 군자의 도는 자신에 기반하고 그 합당한 덕이 있어야 한다. 뭇 백성들에게 검증되어 신뢰가 생기고 복종이 따르게 되면 그에 상응하는 지위가 생기고 자신이 살고 있는 시대를 담당하게 된다. 이렇게 되면 삼중이 내게 모두 갖춰진 것이니, 어찌 허물이 적어지는 정도에만 그치랴! 자신의 견해를 삼왕150)에게 비춰보아 오류가 없으면 제아무리 삼왕 같은 분일지라도 작금의 추세를 거스르는 일은 불가능해진다. 천지간에 세워서 자연의 법칙에 어긋남이 없으면 제아무리 천지라 해

이지는 이들과 달리 윗글과 연계하여 덕을 중시(重德)하고 지위를 중시(重位)하며 때를 중시(重時)하는 것이라는 독자적인 의견을 내놓고 있다.
150) 삼왕(三王): 하·은·주 세 왕조의 개국군주. 우(禹)·탕(湯)·문왕(文王)과 무왕(武王)을 가리킨다.

도 때를 거스르진 못하게 된다. 귀신에게 물어 귀신도 의심이 없는 판이라면 나는 때를 거스르는 의론을 할 수가 없다. 백대 삼천 년을 기다려 그 나중에 오신 성인께 물어도 의혹이 없다면 시대적 추세를 거스르는 말을 내가 할 수는 없는 것이다. 그렇다면 때에 맞고 시의에 부합한다는 것은 정녕코 성왕(聖王)에게 너무나 중요한 바이다.

공자 같은 성인이 때를 만나지 못했는데 또 어떻게 입 다물고 가만히 계실 수 있으랴? 우리 공자선생님이 또 어떻게 반복해서 상세히 말씀하지 않을 수 있겠나 말이다. 사정이 그러한데 공자 같은 양반이 또 어떻게 시절과 지위 따위에 제지당하겠는가? 시절과 지위로 인해 공자가 가로막힐 수 있다면 공자 역시 천고의 제왕이나 백세 뒤의 성인과 똑같을 뿐이다. 어떻게 그분이 요·순보다도 훌륭하고 이 땅위에 인간이 생겨난 이래 다시없는 위대한 분일 것인가?[151] 그래서 공자 역시 그런 자신을 명료하게 인식했고 또 스스로 그것을 말씀하기도 하였다. 예컨대 "귀신에게 물어도 의구심이 없으면 천도를 아는 것이고, 백세 뒤의 성인을 기다려 그때도 의혹이 없으면 인사(人事)를 아는 것"이란 말씀이 그렇다.

무릇 배움을 통해 이미 천도를 알고 인사를 이해했다면 만고의 유구한 세월에도 하늘은 언제나 동일하고 인간 역시 늘 똑같을 뿐이다.

---

151) 『맹자』「공손추」상편에서 맹자는 공자의 제자 재아(宰我)의 말을 빌어 "나의 관점으로 봤을 때 공자님은 요·순보다 훨씬 현명하시다"(以予觀于夫子, 賢于堯舜遠矣.)고 평가하면서 자공의 말을 인용해 다음과 같이 말했다. "한 나라의 예를 살피면 그 정치를 알게 되고, 그 나라의 음악을 들으면 그 도덕이 어떠한지 파악하게 된다. 지금부터 백 세대 이후까지 그 동안의 왕들을 다 살핀다 해도 공자님을 능가하는 이는 없을 것이다. 인간이 생겨난 이래 공자님 같은 분은 계시질 않았다"(見其禮而知其政, 聞其樂而知其德. 由百世之後, 等百世之王, 莫之能違也. 自生民以来, 未有夫子也.)

이를 두고 '일만 세가 잠시 한때'(萬世一時)라고 일컬으니, 하늘도 감히 그 오랜 세월을 거스르지 못하는데 또 무슨 특정한 때를 기다린단 말이냐?[152] 이를 두고 만세 동안 대지가 되어 모든 사람을 떠받쳐왔다고 하니, 거기에 또 무슨 지위의 차등이 있으랴? 이런 까닭에 미동조차 없다가도 일단 움직였다 하면 대대로 천하의 법칙이 되니, 그것이 어떻게 당대에만 그치겠나? 전혀 말이 없다가도 입만 떨어졌다하면 대대로 천하의 규범이 되니, 그것이 어찌 당세에만 그친다 하랴? 아무 활동이 없었을지라도 일단 행동하고 나서면 대대로 천하의 준칙이 되니, 어떻게 해당 세대에만 그칠 것이랴? 가까이로는 백년천년의 세월 동안 받들어 시행해도 염오감이 없으니, 누가 그것을 싫다할 것인가? 멀리는 만년억년 받쳐줘 우러러보면 그리움이 샘솟고 좇으려 하면 어디서부터 시작해야 할지 실마리조차 가늠할 수 없으니[153], 마음으로 감복하지 않을 자가 또 누구이겠는가? 공자님은 한시도 그렇지 않은 적이 없음을 이로부터 알 수 있고, 공자님이야말로 시간의 제약을 받을 수 없는 분임을 이것으로 알게 된다. 공자는 그런 이를 '군자'라고 칭하셨지만[154] 기실은 자기 자신을 염두에 둔 말씀이었다.

저 '군자'라는 이들은 또 어찌해야 공자처럼 될 수가 있을까? 지금

---

152) 이지는 예악의 제정은 반드시 시대상황에 부합해야 한다고 생각했다. 한편으로 그는 공자가 이미 천도와 인간을 알았으며 이는 시대를 초월하는 것이니 하늘도 감히 위대한 인물은 거스르진 못한다고 인식하였다.

153) 『논어』「자한」편에서 안연은 이렇게 탄식한다. "제아무리 공자님을 따라가려 애써도 붙잡을 만한 실마리가 없구나!"(雖欲從之, 末由也已.)

154) 『중용』 제29장의 "군자가 천하를 다스리는 도는 자신으로부터 출발한다"(故君子之道本諸身)는 대목 하단의 문장은 공자 말씀이 아니다. 주희는 『중용장구』 제21장의 주(注)에서 "여기서부터 아래의 열두 장은 모두 자사의 말"(自此以下十二章, 皆子思之言)이라고 밝힌 바 있다.

의 시각으로 공자를 관찰하건대 그분이 과연 대대로 천하의 도가 되고 연년세세 천하의 법과 준칙이 되실 수 있으려나? 그 대답은 부정적이다. 공자님의 말씀이 정말로 부절처럼 딱 들어맞는다.[155] 그래서 다시금 『시경』[156]을 인용하여 자신의 상황을 증명하셨다.

---

155) 『중용』에서 말한 바와 공자의 상황이 완전히 합치된다는 뜻. 『예기』 정현(鄭玄) 주(注) 역시 이번 장과 다음 장은 공자의 덕을 칭송하니 공자 자신의 말은 아니라고 여겼다.

156) 『중용』 제29장에서 인용한 「주송·진로」(周頌振鷺)편을 일컫는다. 이지는 이 장이 공자 자신의 언어라고 생각한 까닭에 맨 마지막에 "시경을 인용해 스스로 밝혔다"고 서술한 것이다.

제18장[157]

대저 군자라면 어찌 시절을 따르지 않을 수 있으랴? 시절을 좇을

---

157) 이번 장은 윗 장의 주제를 이어 『중용』 제31장을 설명한다. "오직 중니 같
은 천하의 지극한 성인이라야 총명하고 예지로와 윗자리에서 천하를 다스
릴 수 있고, 넓고 온화하여 천하를 포용할 수 있고, 강건하고 꿋꿋해 대사
를 결단할 수 있고, 장중하고 공평무사해 매사 공경하게 되고, 문장에 조리
가 있고 정밀하며 사리가 밝아 시비를 분별할 수 있다. 성인의 덕은 넓고 깊
으니 수시로 밖에 드러나는구나. 광활하기는 하늘과 같고, 그 속은 깊은 연
못 같아라. 사람들 앞에 나타나니 백성들이 공경하지 않음이 없고, 말씀하
시니 백성들이 믿지 않음이 없고, 행하시니 백성들이 기뻐하지 않음이 없어
라. 이런 까닭에 성인의 명성은 중원에 넘쳐흘러 남북의 오랑캐 땅에까지
미친다. 배와 수레가 미치는 곳, 사람들이 걸어서 통하는 곳, 하늘이 덮고 땅
이 싣고 해와 달이 비추고 서리와 이슬이 내리는 모든 곳에서 혈기 있는 인
간이라면 그를 존경하고 친애하지 않음이 없구나. 그래서 성인의 덕은 하
늘과 맞먹는다고 말한다"(唯天下至聖, 爲能聰明睿知, 足以有臨也; 寬裕溫
柔, 足以有容也; 發強剛毅, 足以有執也; 齊庄中正, 足以有敬也; 文理密察, 足
以有別也. 溥博淵泉, 而時出之. 溥博如天, 淵泉如淵. 見而民莫不敬, 言而民
莫不信, 行而民莫不說. 是以聲名洋溢乎中國, 施及蠻貊. 舟車所至, 人力所通,
天之所覆, 地之所載, 日月所照, 霜露所隊, 凡有血氣者, 莫不尊親, 故曰配天.)
본문에서 이지는 공자를 더없이 높게 평가하지만, '작금의 제왕'(當時之王)
에 대해선 '살아서는 존귀하지만 죽으면 그만'이라고 폄하함으로써 현실에
대한 불만을 우회적으로 드러낸다. 공자에 대한 칭송이 지나친 나머지 『중
용』의 저자와 공자의 말을 혼동하는 실수도 면치 못하고 있다.

수 있다면 반드시 '가장 위대한 성인'(至聖)일진저! 지극한 성인은 총명하여 원대한 식견을 갖춘 분이니, 비록 백성들 위에 군림한 경험이 없다 해도 그 능력만큼은 다스리기에 이미 충분하시다. 너그럽고 온유한 품덕을 빠짐없이 구비했으니, 비록 만물을 끌어안은 경험은 없지만 그와는 별개로 포용력과 결단력을 지녔고 존경을 받으며 분별력까지 갖추셨다. 성인은 원래 깊은 샘물처럼 온몸에 덕이 넘쳐흐르는데 수시로 그것을 바깥으로 분출시켜 사람들이 기뻐하게 만든다. 그리하여 존경받지 못할 때가 없고 신뢰받지 못하는 경우가 없다. 성인에게 도덕이란 단지 샘물처럼 수시로 용출될 뿐이니, 그것이 어떻게 때를 기다려 드러나는 것이겠는가? 하물며 지위의 유무가 또 무슨 상관이고?

"이런 까닭에 성인의 명성은 중원 땅에 넘쳐흘러 남북의 오랑캐 영역에까지 미친다. 배와 수레가 이르는 곳, 사람들이 걸어서 통하는 곳, 하늘이 덮고 땅이 싣고 해와 달이 비추고 서리와 이슬이 내리는 모든 곳에서 혈기가 흐르는 존재라면 누구나 그를 천지와 마찬가지로 존경하고 부모와 같이 친애하지 않음이 없다. 그래서 성인의 덕은 하늘과 맞먹는다고 말한다."

이제 우리 공자 선생님의 경우를 살펴보자. 누가 그분을 존경하지 않으랴? 누가 그분을 친애하지 않을까? 지금부터 억년만년 나중에까지도 그분은 존경받고 또 사랑받으시어 그 빛이 더해지는 것만 보일 뿐 쇠하는 일은 없을 것이다. 어떻게 지금의 제왕처럼 눈앞에 있으면 존경받지만 세상을 뜨면 그만이며 보이면 사랑받지만 죽으면 끝인 경우와 비할 수 있으랴? 그분은 또 어떻게 한 개인의 몸으로 중원과 오랑캐를 통합하실 수 있었을까? 배와 수레가 닿고 사람이 걸어서 통하는 곳, 하늘이 덮고 땅이 실었으며, 해와 달이 비추고 서리와 이슬이 내리는 곳이 죄다 망라되고 있으니, 공자님의 은택은 장구하고도 광대하다.

공자님의 말씀은 이 부분에 이르러 또 그분의 상황과 부절처럼 딱 들어맞는다. 때문에 그분을 호칭하여 '지극한 성인'(至聖)이라고 부른다. 이런 연유로 나는 천고의 세월에 지극한 성인이라 말할 만한 분은 우리 공자님뿐이라고 생각한다. 공자님이 비록 그 칭호를 다른 성인께 양보하긴 했지만 기실은 자기 자신을 긍정해서 하신 말씀인 듯싶다.

제19장¹⁵⁸⁾

공자님의 뜻을 펼쳐 말한다. 지금 세상이 만대의 오랜 세월 동안 그분을 하늘 같이 떠받들며 어버이처럼 친밀하게 여겨왔음은 의심의 여지가 없다. 하지만 공자가 왜 존경받고 사랑받아야 할 분인지 그들이 정말 알 수 있었는가 하면 그 대답은 부정적이다. 어찌하여 그런가? 누군가 '최상의 숭고함'(至聖)에 도달했다는 사실인즉슨 알아내기가 실로 용이치 않기 때문이다. 왜 그럴까? 최상의 숭고함이란 더없이 '지극한 성실함'(至誠)이다. 그래서 "오로지 세상의 가장 지극한 성실함만이 천하를 다스리는 큰 도리를 장악하고, 천하의 근본이

---

158) 이번 장은 『중용』 제32장을 해설하면서 공자가 제대로 이해된 적이 없던 현실과 그 이유를 밝힌다. "오직 천하에 가장 성실한 사람이라야 천하를 다스리는 큰 도리를 장악하고, 천하의 근본이 되는 도덕을 수립하며, 천지만물을 낳고 키우는 도리를 알 수가 있다. 이런 일은 지극한 성실함이 아니라면 무엇에 의지할 것이랴? 정성스런 그 모습, 어짊의 표상이어라! 심오한 그 사상, 심연처럼 깊구나! 만물을 키우는 그 흉금, 하늘처럼 드넓도다! 만약 총명과 성스러운 지혜를 구비해 하늘의 덕에 통달한 분이 아니라면 그 누가 이런 도리를 알 수 있을까?"(唯天下至誠, 爲能經綸天下之大經, 立天下之大本, 知天地之化育. 夫焉有所倚? 肫肫其仁! 淵淵其淵! 浩浩其天! 苟不固聰明聖知, 達天德者, 其孰能知之?)

되는 도덕을 수립하며, 천지만물을 낳고 키우는 도리를 알 수 있다"
고 하였다.

세상의 큰 규범(大經)을 다스리는 것은 오롯한 인(仁) 자체이다.
하지만 사람들은 단지 그 인의 성실하고 정성스러운 모습만을 볼 뿐
이니, 애당초 저들은 인에 기대려고 한 적조차 없구나. 위대한 근본을
세우는 일은 심오함(淵)¹⁵⁹⁾ 그 자체이련만 사람들은 그저 그 심연의
넓고 깊은 정황만을 볼 뿐이니, 그들이 언제 그 심오함에 다가간 적이
나 있던가? 천지의 화육(化育)을 이해한다는 것은 하늘의 속성(天)
그 자체이겠지만 그들은 또 하늘의 광대함만을 볼 뿐이니, 언제 거기
의지한 적이 있기나 했던가?¹⁶⁰⁾ 이를 두고 지극한 정성은 진실로 큰
도리를 장악하고 진정으로 천지의 근본을 세우며 참으로 화육을 안
다고 일컫는다.

화육을 알면 근본이 저절로 서고, 근본이 서면 도리는 저절로 장악
된다. 만약 총명하고 성스러운 예지를 구비하여 하늘의 덕에 도달한
분이 아니라면 누가 이런 이치를 알 수 있으랴? 오직 지극한 정성이
라야만 세상에서 가장 숭고한 것을 알 수 있고, 가장 숭고한 것이라야
세상천하 더없는 성실성을 알아볼 수 있는 법이다. 그렇다면 반드시
공자님이 계시고 나서야 공자를 이해할 수 있는 것¹⁶¹⁾이니, 여기에

---

159) 『중용』 제31장의 "두루 넓고 깊으면서 고요하다"(溥博淵泉)에서 '깊다'
(淵)는 의미를 차용하였다.

160) 여기서 공자의 인(仁)·심오함(淵)·천성(天)에 의지한 적이 없다는 반어적
의문문을 구사함으로써 천하를 다스리는 큰 도리의 장악·근본이 되는 도
덕의 수립·천지의 화육을 아는 모든 일이 다 지극히 성실한 덕성의 자연스
런 발휘이자 효용임을 말하고 있다. 인위적으로 발휘될 수 있는 덕성이 결
코 아님을 강조한 것이다.

161) 정현(鄭玄)은 이 대목의 주석에서 "오직 성인만이 성인을 알아볼 수 있다"

또 무슨 의구심이 있으랴! 공자 당시에 비록 자로[162]가 힘이 세긴 했지만 공자님은 매번 그를 대할 때마다 이렇게 탄식하셨다.

"유(由)야, 덕을 이해하는 사람이 드물구나."[163]

자공[164]이 제아무리 총명해도 공자는 그를 볼 때마다 반드시 한숨을 쉬셨다.

"나를 알아줄 이가 없구나!"[165]

유독 안회 한 명이 스승을 이해했지만 불행히도 단명하고 말았다. 그렇다면 공자는 생전에도 이미 그를 알아주는 이가 없었으니 황차 만세의 세월이 흐른다한들 무엇이 달라지랴! 제아무리 하늘처럼 떠받들고 부모처럼 친밀하게 여기며 만세의 종사(宗師)로서 공경하고 섬긴다 해도 공자는 어여삐 여기지 않으실 게다. 공자는 그것을 달가워하지도 않고 향유하지도 않으실 것이다. 오호라! 이런 점이야말로 진정코 공자가 최고의 성인이 되신 까닭이렷다.

(唯聖人乃能知聖人也.)고 말한 바 있다.

162) 자로(子路): 공자의 제자 중유(仲由). 자가 자로이다.

163) 출전은 『논어』 「위령공」편. "子曰: 由, 知德者鮮矣."

164) 자공(子貢): 공자의 제자 단목사(端木賜). 자가 자공이었다.

165) 『논어』 「헌문」편. 전문은 다음과 같다. "공자께서 말씀하셨다. '나를 알아줄 이가 없구나!' 자공이 '어떻게 선생님을 알아주는 이가 없겠습니까!' 하고 대꾸하자, 공자가 다시 말씀하셨다. '하늘을 원망하지 않고 사람을 탓하지 않는다. 밑에서 배워 지고의 경지에 이르렀으니, 나를 알아줄 이는 저 하늘일까!'"(子曰: '莫我知也夫!' 子貢曰: '何爲其莫知子也?' 子曰: '不怨天, 不尤人, 下學而上達. 知我者其天乎!')

제20장[166]

유자[167]가 언급한 "예의 운용은 조화로움을 귀하게 친다"는 대단

---

166) 이번 장은 『논어』 「학이」편의 다음 구절에 대해 해설한다. "유자가 말했다. '예를 행할 때는 조화로움을 귀하게 치는데, 선왕의 도는 이 조화를 아름답게 여겼다. 그렇더라도 크고 작은 일들이 모두 이런 조화로움에서 말미암는다면 행해지지 않는 바가 생길 수도 있다. 조화로움을 알고 그런 조화를 도모하는데 예로서 절제하지 않는다면 그 경우 역시 행해지지 않을 수가 있다"(有子曰: '禮之用, 和爲貴. 先王之道, 斯爲美; 小大由之, 有所不行. 知和而和, 不以禮節之, 亦不可行也.) 여기서 "조화로움을 귀하게 친다"(和爲貴) 와 "예로 절제시킨다"(以禮節)는 대목에 대해 주희는 『논어집주』(論語集注)에서 다음과 같이 해석했다. "나는 이렇게 생각한다. 엄격하면서도 편안하고 조화로우면서도 절제하는 것은 대자연의 이치이며 예의 온전한 모습이기도 하다. 여기에 터럭 한끝이라도 차질이 생기면 그 정도를 잃게 된다. 그리고 제각기 한편으로 치우치면서 어느 것도 고르게 행하지 못하게 된다"(愚謂嚴而泰, 和而節, 此理之自然, 禮之全體也. 毫釐有差, 則失其中正, 而各倚於一偏, 其不可行均矣.) 이에 대해 이지는 "예의 쓰임에는 조화로움을 귀하게 친다"(禮之用, 和爲貴.)는 대목을 높게 평가하면서 '조화로움'이 '예'보다 우선이라 여기고 예로써 조화로움을 제압하는 상황에 반대한다. 또한 "조화로움을 알고 그런 조화를 도모하는데 예로써 절제하지 않는다면 그 역시 행해지지 않을 수 있다"는 대목은 유자가 아니라 유자의 제자가 한 말이라고 간주한다. 『분서』 「사물설」(四勿說)에서처럼 '예'에 대한 유가의 태도를 비판하고 예를 새로이 규정하고 있는 것이다.

167) 유자(有子): 유약(有若). 자는 자유(子有), 노나라 사람이다. 공자보다 33세

히 옳은 말씀이다. 대저 예절로 하여금 조화로움에서 벗어나지 못하고 거기에 매이게 하면 그것은 강제가 되어버린다. 세상이 예의와 법도에 맞는 조화로운 상태가 아니게 되니, 천하의 공인된 준칙(達道)이라 한들 어찌 귀하게 여겨질 것이랴?[168] 또 어떻게 그것이 아름다워질 수 있겠나 말이다! 오직 조화로운 그 상태야말로 백성들이 다같이 그 예를 공유하고 만세에 걸쳐 통용시키는 방도일 것이니, 그리되면 예가 시행되지 못할 이유는 절로 사라지게 된다. 간혹 거기에 장애나 막힘으로 통행되지 못하는 경우가 생기는 것은 조화롭지 못해서가 아니라 조화로움이 뭔지 모르는 탓이다.

이제 "조화로움을 이해하여 그 상태를 추구하지만 예로써 그것을 절제하지 않는다"고 말했는데, 바로 그런 까닭에 "예는 또 행해질 수가 없다"고 하였다. 이와 같은 경우 조화로움은 예보다 도리어 못한 것이 되고, 그러한 조화는 또 아름다워서 귀하게 치기엔 부족한 것이 되어버린다. 어찌하여 그런가? 반드시 예가 행해진 다음이라야 절제하게 되는 까닭이다. 조화로움을 이루기 위해선 여전히 예의 도움이 필요한 것이다. 그런 연후라야 절도에 맞는 상태가 되어 조화로움을 달성할 수 있게 된다. 그렇다면 마땅히 "조화로움의 운용에는 예를 귀하게 친다"라고 말했어야 옳았다. 그런데 어쩌자고 유독 조화로움

어린 제자인데, 특히 효(孝)·예(禮)에 입각해 공자의 학설을 선양하였다.
168)『중용』제1장의 다음 구절을 응용하였다. "희로애락이 아직 발현되지 않은 상태를 일러 '중'이라 하고, 그것이 발현되어 매사 절도에 들어맞는 상태를 '화'라고 일컫는다. 중은 천하의 큰 근본이고, 화는 천하 사람이 도달해야 할 큰 길이다. 중과 화가 지극한 경지에 이르면 하늘과 땅이 자리를 바로잡고 만물이 그 사이에서 잘 자라게 된다"(喜怒哀樂之未發, 謂之中; 發而皆中節, 謂之和. 中也者, 天下之大本也; 和也者, 天下之達道也. 致中和, 天地位焉, 萬物育焉.)

만을 귀히 여긴단 말인가? 그래서 나는 이렇게 주장한다. "이는 유자의 말씀이 아니니, 바로 유자의 제자가 한 말이다."

제21장[169]

자공은 초하루를 알리는 희생양 제도를 없애려고 하였다.[170] 양이 아까워서가 아니라 당시 임금이 곡삭의 예를 폐지한 상황이 슬펐기 때문이었다. 공자는 초하루를 알리는 희생양을 없애고 싶어 하지 않았다. 양을 아끼지 않아서가 아니라 당시 임금이 곡삭의 예를 회복시

---

169) 이번 장은 『논어』 「팔일」편의 다음 단락에 대해 논의한다. "자공이 초하루를 알리는 제사에 쓰이는 희생양 제도를 없애려 하자, 공자께서 말씀하셨다. '사야! 너는 그 양이 아까우냐? 나는 그 예를 아끼노라'"(子貢欲去告朔之餼羊. 子曰: '賜也! 爾愛其羊, 我愛其禮.') 본문에서 이지는 희생양을 없애려 한 자공의 의도에 대해 기존과는 다르게 해석한다. 양이 아까워서가 아니라 당시 임금이 예를 폐하려 들자 이를 슬퍼했던 행위라는 것인데, 공자의 말씀을 액면 그대로 받아들이지 않은 전혀 색다른 해설이다.

170) 주(周)의 제도에 따르면, 매년 가을과 겨울 사이에 천자는 다음해 달력을 제후에게 반포하였다. 제후는 이 달력을 조상의 사당에 보관하며 매달 초하루 양 한 마리를 잡아 제사지낸 뒤 조정에 돌아와 정사를 돌보았는데, 이런 제사의례를 '곡삭'(告朔), 정사를 돌보는 행위는 '시삭'(視朔) 혹은 '청삭'(聽朔)이라고 불렀다. 노나라는 문공(文公) 때부터 더 이상 시삭을 하지 않고 관리들이 그저 양 한 마리를 바치는 허례만을 행하고 있었는데, "자공은 유명무실한 제도에 비용만 낭비하는 것이 안타까워"(子貢蓋惜其無實而妄費)(출처는 주희, 『논어집주』) 양을 도살하는 의식을 더 이상 존치시킬 필요가 없다고 생각했던 것이다.

킬 수 있기를 바란 때문이었다.[171] 순전히 공자와 자공 두 분 성현께
서 합동으로 의사를 표명하고 책에 기록해놓은 덕분에 온 천하는 곡
삭의 예를 폐지하는 것이 부당함을 알게 되었고 또 곡삭의 예를 회복
시킴이 마땅한 줄도 알게 되었다. 이런 기사는 춘추필법의 종지를 드
러낸다.[172]

　나는 이 기사로 말미암아 예에 대한 성현의 깊은 사랑을 알게 되었
다. 이제 부질없이 공자님 말씀에만 매달려 자공이 그저 양을 아낄 줄
만 알았지 예를 사랑하지 않았다고 지껄인다면 그것은 성현의 뜻을
내동댕이치는 짓이다.

---

171) 주희, 『논어집주』, "예가 비록 폐지되더라도 희생양 제도가 존속된다면 언
　　젠가는 고례(古禮)를 인지하고 그것을 회복시킬 수도 있을 것이다. 만약 그
　　양마저 일괄해 없애버린다면 이런 예는 결국 없어지고 말 것이니, 그래서
　　공자는 그 예를 아낀다고 하셨다"(禮雖廢, 羊存猶得以識之而可復焉. 若倂
　　去其羊, 則此禮遂亡矣, 孔子所以惜之.)

172) 『춘추』는 노나라의 역사로 공자가 수정을 가한 책이라고 알려져 있다. "용
　　어 선택이 은근하지만 뜻이 분명히 드러나고, 기재된 사실이 함축적이면서
　　도 조리가 분명하다"(微而顯, 婉而成章.)는 평가를 받으며 포폄(褒貶)의 함
　　의가 넘친다고 여겨졌는데, 이런 묘사방식을 '춘추필법'이라고 일컫는다.
　　이지는 위의 기사에도 공자의 깊은 속내를 내비친 춘추필법이 동원되고 있
　　다고 판단한 것이다.

제22장[173]

"공자는 태사[174]가 이해하는 음악은 오로지 가락과 리듬 사이에나 있다고 하셨습니다. 그것이 또 무에 그리 알기 어려운 거라고 공자께서 특별히 강조해 말씀하셨을까요?"

질문에 대한 대답이다.

이는 바로 이른바 음악의 금방 알 수 있는 부분이다. 그래서 '음악을 알 만하다'고 말씀하셨다. 무릇 도입부에서는 모든 악기가 한꺼번에 소리를 낸다. 전개부에서 소리가 퍼지면 음률이 조화롭게 펼쳐지

---

173) 이번 장은 『논어』「팔일」편에 보이는 공자의 음악론에 관해 해설한다. "공자가 노나라 악관인 태사에게 음악에 관해 말씀하셨다. '악곡의 구성을 알 만합니다. 처음 시작할 때는 모든 소리가 합쳐진 듯 타악기가 울리고, 곧이어 소리가 풀리며 현악기가 울리고, 차츰 환하게 밝아지며 자지러질 듯한 소리가 이어진 뒤 전체가 완성되지요."(子語魯大師樂, 曰: '樂其可知也; 始作, 翕如也; 從之, 純如也, 皦如也, 繹如也, 以成.) 이 문장을 놓고 이지는 어떤 음악을 담론하거나 알 수도 있지만 가장 오묘한 대목은 제아무리 공자라도 설명할 수가 없고 오로지 본인 스스로 느낄 수밖에 없다는 점을 강조한다. 형식적 측면을 넘어선 인간의 깊은 영성에 관해 말하고 있는 것이다.
174) 태사(太師): 고대 악관(樂官) 중의 수장.

고 리듬은 분명해 끊일 듯 말 듯 간드러지게 이어지다가 연주가 완성된다. 이런 부분인즉슨 태사의 전문영역인 것이다. 그가 알 수 없는 바는 음색과 리듬 너머에서 나온다.

신과 인간이 조화롭게 어울리고[175] 임금과 신하가 화목할 수 있으며, 봉황이 날아와 음악에 맞춰 우짖고 뭇 짐승을 춤추게 할 수 있는[176] 그런 부분은 결코 태사가 이해하는 영역이 아니다. 예컨대 계찰이 말한 '하늘이 덮지 않음이 없고, 땅이 용납하지 않음이 없는 것과도 같은'[177] 경지일 터이다. 우리 공자님이 '음악이 이렇게까지 아름다운 것인 줄은 꿈에도 몰랐다'고 말씀하시며 석 달 동안 고기 맛을 잃어버린[178] 정황과도 같다고 하겠다.

---

175) 출전은 『상서』 「순전」(舜典). "여덟 가지 음이 조화를 이뤄 서로의 음계를 침범하지 않으면 신과 인간도 그 덕분에 조화를 이루게 된다"(八音克諧, 無相奪倫, 神人以和.)

176) 출전은 『상서』 「익직」(益稷)편. "순임금 음악인 소소를 아홉 번 연주하니 봉황이 날아와 의식에 맞춰 춤을 췄다. 기가 아뢰었다. '아하! 내가 경을 치고 두드리니 모든 짐승이 따라 춤추며 뭇 고을 방백(方伯)이 참으로 화목하더이다'"(『簫韶』九成, 鳳皇來儀. 夔曰: '於! 予擊石拊石, 百獸率舞, 庶尹允諧.')

177) 오나라의 공자 계찰(季札)이 노나라에 사신으로 가서 주나라 음악을 감상한 고사를 인용하였다. "순임금 음악인 소소에 맞춘 춤을 보고 계찰이 감탄했다. '지극한 덕행이여! 위대하구나, 하늘은 뒤덮지 않음이 없고, 땅은 용납하지 않는 바가 없는 듯하네. 제아무리 성대한 덕일지라도 이것을 뛰어넘진 못할 것이다. 더 이상의 감상은 있을 수 없어라! 다른 음악이 있다 해도 나는 감히 청해 듣지 못하리라!'"(見舞韶箭者, 曰: '德至矣哉! 大矣, 如天之無不幬也, 如地之無不載也! 雖甚盛德, 其蔑以加于此矣. 觀止矣! 若有他樂, 吾不敢請已!) 출전은 『좌전』 「양공」(襄公) 29년조.

178) 『논어』 「술이」편. "공자가 제나라에서 '소' 음악을 들으시더니 석 달 동안 고기맛을 알지 못하며 이렇게 말씀하셨다. '음악이 이렇게까지 매혹적일 줄은 예전에 미처 몰랐다'"(子在齊聞韶, 三月不知肉味. 曰: '不圖爲樂之至於斯也!')

그렇다면 태사는 응당 자기 스스로 음악의 묘미를 깨달아야 하니, 그것은 공자가 말로 깨우쳐줄 수 있는 바가 아니다. 음악의 알지 못할 부분이란 바로 그런 영역을 일컫는다.

제23장[179]

순임금은 우임금을 칭찬하며 이렇게 말씀하셨다.

"그대는 나랏일에 부지런하고 집안일에는 검약하구나."[180]

고대의 성인이 근검을 언급할 때 이보다 더 고명한 말씀은 없다는 것을 알아야 한다. 이제 우임금의 말씀을 보자.

"저는 네 가지 탈것을 이용해 산길을 가면서 나무를 베어냈습니다."[181]

대저 순임금의 중신으로서 구주[182]를 힘들게 돌아다녔던 그는 산

---

179) 이번 장에서는 『논어』와 『상서』 등의 고서에 나오는 우임금을 평가한다. 사적을 근거로 우의 근검한 성품을 칭찬하는 동시에 그 학술이 훗날 묵적에게 전해졌고 그것이 또 천하를 평등하고 조화롭게 할 수 있다고 서술하였다. 또 유가는 단지 작용이나 수단에 불과할 뿐이라고 논함으로써 묵자를 폄하한 맹자를 비판하고 유가사상만 득세하는 현실에 대해 이의를 제기하였다.

180) 출전은 『상서』 「대우모」(大禹謨)편. "克勤於邦, 克儉於家."

181) 『상서』 「익직」(益稷)편. "予乘四載, 隨山刊木." '사재'에 대해서는 공안국(孔安國)이 「전」(傳)에서 다음과 같이 해설하였다. "탈것으로는 네 종류가 있다. 물에서는 배를 타고, 뭍에서는 수레를 타며, 진흙탕에선 썰매를 타고, 산에서는 나막신을 신는다"(所載者四, 水乘舟, 陸乘車, 泥乘輴, 山乘樏.)

182) 『상서』 「우공」(禹貢)편에 따르면, 당시의 천하는 기주(冀州)·연주(兗州)·청주(靑州)·서주(徐州)·양주(揚州)·형주(荊州)·예주(豫州)·양주(梁

에 가면 길 따라 나무를 베어내곤 하였다. 그렇게 해서 넓은 곳에서는 수레를 타고 좁은 곳에선 말을 타니, 어디든 가지 못하는 데가 없었다. 마찬가지로 물길에선 목재로 배를 만들고, 육로를 가면 나무를 깎아 나막신[183]을 만들었다. 하산할 때는 앞부분 톱니축이 높고 뒤축은 낮았으며, 산에 오르는 경우라면 앞의 톱니축은 낮고 뒤쪽을 높게 만들었다. 경전[184]에선 그를 두고 손발에는 굳은살이 박이고 제아무리 힘든 노고도 사양하지 않았다고 말한다. 사서[185]에서는 그의 사지가 누렇게 떠서 말라비틀어지다가 결국은 찬바람·냉기·열기·습기의 침범을 받아 병이 들었고 마지막에는 회계(會稽)의 산에 장사지냈다고 설명하고 있다. 그렇다면 우임금 당시에도 그에 대한 칭찬은 정녕 근검 때문이었다.

그런데 우임금을 비난하는 자들이 내세우는 까닭 역시도 그가 지나치게 검박하여 후세의 전범이 될 수 없기 때문이라고들 한다. 그래

州)·옹주(雍州)의 구주(九州)로 나뉘어 있었다.

183) 여기서 말하는 신발은 밑바닥에 톱니처럼 생긴 쇠징을 박아넣은 '국'(檋)이라는 덧신을 가리킨다.

184) 우의 사적을 기록한 경전으로는 『시경』의 「상송·장발」(商頌長發)편과 「대아·문왕유성」(大雅文王有聲)편, 『상서』 「고요모」(皐陶謨)편 등이 있고, 『사기』나 『장자』에도 우가 손발에 못이 박힐 정도로 치수공사에 열중했다는 기록이 보인다.

185) 우의 사적은 『사기』 「하본기」(夏本紀)에 상세히 소개되어 있으며, 「이사열전」(李斯列傳)에도 다음과 같은 기록이 실려 있다. "우는 용문산을 뚫어 대하까지 통하게 하고, 아홉 하천을 소통시키고, 구곡에 제방을 쌓아 막혔던 물길을 터서 바다로 흘러들어가게 했다. 그러다 정강이에는 잔털이 다 닳아 없어졌고 손발에는 못이 박혔으며 얼굴은 새까맣게 그을렸다. 결국은 객사하여 회계산에 묻혔다"(禹鑿龍門, 通大夏, 疏九河, 曲九防, 決淳水致之海, 而股無胈, 脛無毛, 手足胼胝, 面目黎黑, 遂以死于外, 葬於會稽.)

서 공자는 유독 "흠잡을 구석이 없다"[186]는 말로 그를 칭송하셨는데, 그 뜻은 이러하다. 우임금의 근검이라면 내가 실로 비집고 들어갈 틈이 없구나. 틈이 없다는 것은 그에게 논란을 불러일으킬 만한 간극이 없음을 말한다. 그런데 감히 우임금을 논죄하다니, 이 무슨 뚱딴지같은 심보란 말인가! 그러므로 거듭해 "틈새가 없다"고 강조하심으로써 그 해석에 깊이를 더하셨던 것이다.

무릇 소박하게 마시고 먹었으니, 이는 우의 검소함이었다. 하지만 귀신을 극진하게 받들어 제사에 올리는 제수가 지극히 풍성하고 정결했다 하니, 이런 상황에선 검소하지 않았다. 입성이 조악했다니 이는 검소함이지만, 제사 때의 복장과 관이 아름다웠다 하니 제례복이 지극히 화려하고 정결해 검소함과는 거리가 멀었다. 거주하던 궁실이 낮고 누추하다 했으니, 이는 그의 검소함이다. 하지만 치수공사에 진력하느라 모든 재물과 인력을 남김없이 백성을 위해 쓰면서 터럭 하나도 백성을 위한 용도가 아님이 없던 경우는 결코 검약이 아니었다. 대저 자신의 음식과 의복과 궁실을 포기하고 자기 개인의 용도에는 검박하지 않음이 없으면서 오로지 신과 백성만을 위할 줄 알았던 것이다. 이렇게 처신하는데 그래도 그 검박함을 탓할 수가 있을까! 그래서 두 번이나 "내가 흠잡을 만한 틈새가 없다"고 말함으로써 그를 대대적으로 찬미했던 것이다.

---

186) 『논어』「태백」(泰伯)」편. "공자가 말씀하셨다. '우는 내가 흠잡을 구석이 없는 분이로구나. 당신의 식사는 소략해도 귀신에겐 정성을 다했고, 본인 의복은 조악해도 의례용 복장만큼은 화려했으며, 처소는 누추해도 도랑 파는 치수사업에는 온 힘을 다 쏟으셨다. 우는 내가 흠잡을 틈새가 없는 분이다'" (子曰: '禹, 吾無間然矣. 菲飮食, 而致孝乎鬼神; 惡衣服, 而致美乎黻冕; 卑宮室, 而盡力乎溝洫. 禹, 吾無間然矣.')

우임금의 학술은 훗날 묵적[187]에게 전수되었는데, 그와 공자는 동시대이다.[188] 당시에는 천하가 그들을 나란히 중시한 까닭에 공·묵(孔墨)으로 병칭되기도 하였다. 공자는 우임금을 찬양했고 묵적의 검박함에 대해선 감히 비판하거나 잘못이라 여기지 않았으니, 원래 그 사상은 기원이 있어 전수된 것이라고 믿은 까닭이었다.

지금은 『묵자』 책이 온전히 구비된 시절이다. 그 책을 취득하여 읽고 묵자 일파가 '음악은 안 된다고 부정'(非樂)한 까닭[189]을 알 수 있다면 국가대사를 기획하고 처리할 능력을 갖추게 되리라. 의심할 바 없이 천하를 고르게 하여 온 나라를 조화롭게 만들 수 있을 것이다. 비록 작용과 수단이 제각기 다르더라도 태평성대를 불러올 수만 있다면 일률적인 모양에 얽매일 필요가 또 무에 있겠나? 맹씨가 아비도 모르는 종자라고 묵자를 배척한 일[190]은 너무 지나쳤으니, 이는 우임

---

187) 묵적(墨翟): 묵자(墨子, 기원전 468~376). 노(魯)나라 출신이지만 일설에는 송(宋)나라 사람이라고도 한다. 묵가의 창시자로 처음에는 유학을 배웠지만 유가의 예(禮)에 불만을 품게 되자 '주나라의 도'(周道)를 등지고 '하나라 정치'(夏政)의 시행을 설파하였다. 겸애(兼愛)와 비공(非攻)을 주장했고, 우가 치수에서 보여준 근고(勤苦)함을 본보기로 삼아 실천역행을 창도했다. 제자들이 편집한 『묵자』에 그의 학술 대부분이 실려 있다.

188) 묵자가 태어난 해는 기원전 468년으로, 공자가 죽은 기원전 479년 이후의 일이다. 묵자와 공자가 동시대 사람이라는 이지의 설명은 오류가 아닐 수 없다.

189) 『묵자』 「비악」(非樂)편은 음악을 부정하는 태도를 견지한다. 묵자는 지배층이 성색(聲色)에 탐닉하다 정치에 소홀해지고 농민은 음악을 듣느라 생산을 게을리 하는 광경을 보게 되자 유가의 번다한 예악(禮樂)을 반대하고 나섰다. 유가가 음악을 창도하는 것은 지배층의 가렴주구를 불러오고 백성들의 재물을 낭비하게 되어 정치적 문란과 재정궁핍을 초래하는 천하의 재앙이 되므로 반드시 금지시켜야 한다고 주장했다.

190) 『맹자』 「등문공」(滕文公) 하편. "성왕이 출현하지 않으니 제후들이 방자해

금을 배격한 것이나 마찬가지라 하겠다. 우임금은 세 번이나 자기 집 대문 앞을 지나치면서도 안으로 들어가지 않으셨다. 이는 아버지를 부인해도 너무 부인한 경우인데 어째서 그 일에 대해선 비난하지 않는가?

졌다. 민간의 처사들도 함부로 의론을 일삼아 양주와 묵적의 언론이 천하를 뒤덮게 되었다. 천하의 언론이 양주가 아니면 묵적으로 돌아가는 형세가 된 것이다. 양씨는 나라는 존재에 치중하니, 이는 임금이 없는 무정부주의에 해당한다. 묵씨는 모두를 무차별하게 사랑하라 요구하므로 아비도 인정하지 않는 가족 해체주의라 하겠다. 아비도 없고 임금도 없다면 이는 금수와 다름이 없다"(聖王不作, 諸侯放恣, 處士橫議, 楊朱、墨翟之言盈天下. 天下之言, 不歸楊, 則歸墨. 楊氏爲我, 是無君也; 墨氏兼愛, 是無父也. 無父無君, 是禽獸也.) 일반적으로 유가가 제창하는 인은 가족에서 출발한 차등적인 사랑이고, 묵자의 겸애는 보편적인 사랑으로 친소와 등급을 나누지 않는다고 일컬어진다. 이지는 이 글에서 묵자가 자신의 아버지도 공경하지 않는다고 비판한 맹자의 관점을 파벌의식에 좌우된 편견으로 비난한 것이다.

제24장¹⁹¹⁾

"사람과 짐승은 완전히 다른데 맹자는 어찌하여 다른 점이 '거의 없다'(幾希)고 단언했을까요?"

위 질문에 대한 대답이다.

---

191) 이번 장에서는 맹자가 말한 인간과 짐승, 뭇 백성과 군자의 차이에 대해 논한다. "사람이 금수와 다르다지만 그 차이는 지극히 미미하다. 보통사람들은 그 차이를 무시하지만, 군자는 그것을 살려 보존한다. 순임금은 모든 사물의 이치에 밝고 인륜을 살필 줄 아셨다. 그래서 인의로 말미암아 행동하셨지만 인의 자체를 목적 삼아 행하신 적은 없었다"(人之所以異於禽於獸者幾希, 庶民去之, 君子存之. 舜明於庶物, 察於人倫, 由仁義行, 非行仁義也.) 『맹자』「이루」(離婁) 하편; "사람이 배우지 않았어도 잘하는 것을 양능이라 하고, 생각해보지도 않았는데 저절로 아는 것은 양지라고 한다. 어린아이라 해도 그 부모를 사랑해야 하는 줄 알지 못하는 이가 없고, 자라서는 형을 공경해야 하는 줄 모르지 않는다. 육친을 친애함은 인이고, 연장자를 공경함은 의라고 한다. 다른 이유가 있어서가 아니라 인의야말로 천하의 공인된 준칙인 까닭이다"(人之所不學而能者, 其良能也; 所不慮而知者, 其良知也. 孩提之童, 無不知愛其親者; 及其長也, 無不知敬其兄也. 親, 仁也; 敬長, 義也. 無他, 達之天下也.) 『맹자』「진심」(盡心) 상편. 이 글의 말미에서 이지는 자신이야말로 공자의 도를 사숙한 사람이라고 말하는데, 이는 그 사상의 전모를 이해하는 실마리가 된다고 할 수 있다.

짐승이 비록 인간과는 다른 종류라지만 그들도 양지가 있고 양능[192] 역시 구비하고 있다. 삶을 탐할 줄도 알고 죽음 역시 두려워할 줄 알며 벌 받는 것 또한 무서워할 줄 아니, 인간과 조금치나마 다를 바가 무엇이던가? 단지 염치(廉恥)를 전혀 모르는 것만이 밉살스러울 뿐이다.

사람이라면 반드시 수오지심(羞惡之心)이 있기 마련이다. 인간이 짐승보다 아주 약간이나마 다르다면 바로 이 점에 기대서일 뿐이다. '거의 없다'는 학설이 틀렸다한들 무슨 대수랴? 인간이 기대는 바는 바로 이런 '지극히 미미한' 차이인데, 그 덕분에 짐승으로부터 저절로 구별이 되는 것이다. 그런데 문제는 또 그 다른 바가 겨우 '미미하게 적은' 데 지나지 않아 쉽사리 짐승으로 떨어지기도 한다는 데 있다. 이런 까닭에 보통사람들은 그런 '미미함'의 엄청난 차이를 인지하지 못하고 급기야는 그것을 내다버림으로써 짐승의 구렁텅이로 떨어지게 된다. 그런데 오직 군자만은 이런 '미미한 차이'에서 모든 게 결판난다는 걸 이해하는지라 늘 경계하고 두려워함으로써 그것을 보존하니, 결국에 가선 짐승의 무리로부터 자신을 차별화시키게 된다. 그러므로 차이가 '거의 없다'는 말씀은 바로 그런 미미한 차이야말로 대단히 두려워할 만하며 또 한편으론 크게 기뻐할 만한 내용이 그 안에 들었음을 나타낼 뿐인 것이다.

순임금·우임금·탕왕·문왕·무왕·주공·공자 같은 분들은 모두 이런 '미미함'을 잘 보존했기 때문에 이른바 군자라고 일컬어졌다.

---

192) 양능(良能): 천부적인 능력. 맹자는 양능을 양지(良知)와 함께 사람이 지닌 천부적인 도덕이라고 간주했다. 하지만 이지는 짐승에게도 양지양능이 있다고 설파하며 맹자와는 다른 의견을 내놓는다.

그들이 어떻게 당초부터 짐승과는 차별되는 뭔가를 정말로 지녔겠는가! 그들 역시 소소한 그 부분을 잘 간직했다고 일컬어질 따름인 것이다. 소소한 그 부분을 보전한다는 것은 애당초 어려운 일도 아니고, 구별 짓는다 해도 그저 미미한 차이에 불과할 뿐이다. 그러나 그 결과를 놓고 보면 한쪽은 성현이 되고 다른 한쪽은 짐승으로 추락해서 하늘과 땅만큼이나 차이가 난다. 오호라! 어찌 보전하지 않을 수 있으랴! 나 같은 경우는 공자의 도를 사숙[193]한 자라 하겠는데, 그렇게 한 것도 짐승으로 떨어지는 파국을 요행 모면할까 싶어서였다! 이는 공자를 배운 맹자의 지향이기도 하였다.[194]

---

193) 사숙(私淑): 직접 수업을 받진 않았으나 그 학문을 우러러 스승으로 존경하는 경우를 일컫는 용어. 맹자가 「이루」 하편에서 처음으로 사용했다. "나는 공자의 제자가 된 적은 없다. 하지만 그 유풍을 보존하고 있는 사람에게서 배우고 익혔다"(予未得爲孔子徒也, 予私淑諸人也.)

194) 『맹자』 「공손추」 상편. "나는 고대의 성인을 본받아 그대로 다 실천하진 못했다. 하지만 소망하기로는 공자를 배우고 싶다"(吾未能有行焉; 乃所願, 則學孔子也.)

『도고록』 머리말에 붙여 書道古錄首

유동성(劉東星)

나는 서쪽 변방 사람이다. 선현들의 장구[195] 해석에만 매달려 성명 (性命)이 어디 쓰는 물건인지도 모른 채 살아왔다. 초(楚) 땅에 들어 와 만 일 년이 지나니 관아의 공무처리에 염증이 나면서 부모님 그리 는 마음이 몹시도 간절해졌다. 상념을 가라앉히려도 뜻대로 되질 않 았고, 마음 가는 대로 따르고 싶어도 역시 불가능한 상황이었다. 정말 이지 오락가락 방황하며 마음 둘 곳을 찾지 못하는 나날이었다.

들리는 소문에 이탁오 선생이란 이가 벼슬과 가정을 버린 뒤 용호 (龍湖)에 은둔하고 있다고 하였다. 용호는 마성 동쪽에 위치했는데 회성[196]에서 꽤 멀리 떨어진 곳인 탓에 비록 그를 만나고는 싶었지만 뜻을 이룰 길이 없었다. 또 그를 비난하는 자들이 있다는 소문까지 돌 았으므로 나 역시 그에 대해선 반신반의하는 상태였다. 하지만 벼슬 을 떠나는 것이 어렵고 가정을 버리는 일은 더더욱 어려우니 내심으 론 필시 도를 깨친 인물일 거란 생각을 줄곧 떨칠 수가 없었다. 그를

---

195) 장구(章句): 문장의 장절(章節)과 구두(句讀)를 분석하여 경전의 의미를 해설하는 방식. 책에 주석 다는 일을 가리키기도 한다.
196) 회성(會城): 성(省)의 행정기관 소재지. 성성(省城)이라고도 한다.

만나고자 하는 마음을 한시도 내려놓지 못했던 것이다.

때마침 지금은 오현(吳縣) 수령을 지내는 공안현 출신의 원생[197]을 만나 함께 황곡기[198]를 유람하고 이십 리 밖에 있는 홍산사(洪山寺)라는 절에서 묵게 되었다. 그 참에 찾아가 인사를 나눴는데, 그런 연후 그가 확실히 도를 깨친 인물이며 비록 머리는 깎았다지만 원래부터 남다른 분임을 인지하게 되었다. 아아! 이 육신을 버리고 나면 어디에 집이 있고 벼슬은 또 무슨 상관일 것이랴? 그런데도 사소한 이유를 트집 잡아 그의 일생을 비난하고 껍데기만으로 그를 판단하는 자들은 너무 멀리 나가는 실수를 범하고 있다 하겠다.

그 뒤로는 때로 별채에 모셔 대접하기도 하고 간혹 관저에서 쉴 때 아침저녁 이야기를 나누기도 했는데, 그제야 서로 늦게 안 것이 안타

---

197) 원생(袁生): 원굉도(袁宏道, 1568~1610)를 가리킨다. 자는 중랑(中郞), 호는 석공(石公), 호북성 공안현 출신. 만력 20년(1592) 진사에 등과했지만 출사하지 않고 형인 원종도(袁宗道)와 더불어 향리에서 성명지학(性命之學)을 연구했다. 이듬해에 상경하여 오현의 현령을 제수받고 1592년 봄 부임했지만 2년 뒤 사직하고 친구인 도석궤(陶石簣)와 더불어 동남방을 유람하였다. 1598년 다시 경조교관(京兆敎官)이 되었다. 1600년에는 예부의 의제정주사(儀制訂主事)가 되었지만 몇 달만에 사직하고 유랑(柳浪)에서 7년을 은거하였다. 훗날 다시 기용되어 관직이 계훈낭중(稽勳郞中)에 이르렀고, 1610년에 죽었다. 명대의 복고풍조에 반대하고 독자적인 성령설을 주장했는데, 그 사상이 이지로부터 계발 받은 바 컸다. 이지 역시 원씨 삼형제(三袁) 중 그를 가장 사랑해 1590년 용호를 방문했을 때는 석 달이나 머물게 했고 더불어 황학루에 오르기도 하였다. 1593년 다시 용호를 방문한 중랑은 열흘을 머물면서 「용호 스승님과 헤어지며 쓴 오언절구」(別龍湖師五絶) 8수를 지었고, 이지도 거기에 화답하는 8수를 『이온릉외기』(李溫陵外記) 권3에 남겼다.

198) 황곡기(黃鵠磯): 지금의 호북성 무한시 황곡산(黃鵠山, 일명 사산蛇山) 서북쪽에 위치한 명승지. 신선 자안(子安)이 황학을 타고 이곳을 지나쳤다는 전설에 따라 그 위에 황학루가 세워졌다.

까울 따름이었다. 아들인 용상도 수시로 곁에 있었는데, 그의 말씀을 들으면 제 마음에 뭔가 합치되는 바가 있는 것 같았다. 우리 고향의 조신반(趙新盤)과 호북성의 참정[199] 왕정오(王正吾)가 나란히 그를 친견했고, 당시 삼초[200]의 순무였던 이극암(李克庵) 역시 탁오의 책을 구해다 읽었다. 그리고 나서 이 세 분은 마침내 그를 완전히 신뢰하면서 진인(眞人)으로 여기게 되었다.

그와 헤어지고 난 뒤 연(燕, 하북성의 별칭)과 조(趙, 산서성 일대) 지역에서 벼슬살이를 하게 되었는데, 비록 소식이 끊이진 않았지만 좇고자 해도 방도가 없었다. 근자에 이르러 산 속에서 『예기』를 읽는데, 초상을 치르고 나니 겨우 붙어있는 숨이 언제 끊어질지 모르겠다는 걱정이 들었다. 특별히 아들 용상을 용호로 파견해 가르침을 청했더니, 선생은 흔연히도 아들과 함께 불원천리 내가 있는 곳까지 찾아와주었다. 이때부터 산중에서 가을을 보내고 봄을 맞을 때까지 밤마다 마주 앉는 나날의 연속이었다. 조카인 용건(用健)은 밤마다 연속 방안에 들어와 『대학』과 『중용』의 요지를 질문하곤 하였다.

선생은 원래 번잡한 걸 좋아하지 않아 진종일 문을 걸어 닫고 그저 책만 읽을 따름이었다. 매번 그분이 손을 놓지 않고 필사하는 모습을 볼 때마다 제아무리 새로 공부를 시작한 어린 학생이라도 그 부지런함과 수고는 당해낼 수 없겠다고 느끼곤 하였다. 저들 선생을 비방하는 자들은 아마 선생을 뵌 적조차 없을 것이다. 만약 한 번이라도 선

---

199) 참정(參政): 참지정사(參知情事)의 준말. 재상을 보좌하는 직분인데, 명대에는 좌·우참정을 포정사(布政使) 휘하에 두었다.

200) 삼초(三楚): 전국시대의 초나라 지역이 광활했기 때문에 진·한 이래로 서초(西楚)·동초(東楚)·남초(南楚)로 분할해 통치했다. 합쳐서 '삼초'라고 부른다.

생을 직접 뵙게 되면 제아무리 포악한 강도라도 당장에 무기를 내던지고 그 앞에서 절을 올리게 될 텐데, 또 무슨 잔인한 비방이 생겨나겠나? 또 어떻게 그분을 비난할 수 있으랴?

용상과 용건 등이 들은 바의 백분의 이 정도는 이미 기록이 되어 있어서 나는 결국 서둘러 인쇄를 시켰다. 비록 선생의 뜻이긴 하지만 한편 내 뜻이기도 하고 용상과 용건 역시 그 일에 동의하였다.

道古錄

道古錄引

　　晉川昔轄楚藩, 始會余, 與余善. 至是讀禮山中, 余往吊焉. 晉川喜余至, 故留余. 謂余無家屬童僕, 何所不可以棲托. 晉川沁水人, 而家于沁之坪上村. 坪上去沁百里, 村居不足數十家, 頗岑寂. 予喜其岑寂也, 亦遂留. 天寒夜永, 語話逶長. 或時予問而晉川答, 或時晉川問而予應. 使平子若在, 不知幾番絶倒矣. 惜哉! 無人記錄也, 故余亦每自嘆息焉. 晉川之子用相、用健者二人, 有時在坐與聞之, 而心喜, 然亦不過十之一二矣. 退而咸錄其所聞之最親切者, 其不甚親切者又不錄, 則又不過百之一二矣. 然時日旣多, 積久亦成帙. 予取而覆視之, 不覺俯几嘆曰: "是錄也, 乃吾二人明燈道古之實錄也; 宜題其由, 曰『明燈道古錄』. 遠之不足以繼周、邵, 近之不足以繼陳、王. 然此四先生者, 精爽可畏, 亦必喜而讀之曰: '是明燈道古之錄也, 是猶在門庭之內也, 眞不謬爲吾家的統子孫也.'" 然則晉川之留余也果不虛, 坪上于今不岑寂矣. 宜梓而傳之, 俾天下後世知吾二人幷其二子不虛度時光也歟哉!

　　晉川姓劉名東星. 余四方之人也, 無名姓, 但聞有呼之爲李卓吾者, 卽自以謂李卓吾; 至坪上, 又聞有呼之爲七十一歲李老子者, 卽自以爲李老子云.

卷上

第一章

"『虞書』云: '人心'、'道心', 便是兩心. 心安有兩也?"

曰: "心, 一也. 自其知覺運動而爲各人所發用者, 謂之'人心'; 自其主宰此知覺運動而爲天地人物大根柢者, 謂之'道心'. 人心不同, 有如其面. 卽以嗜慾一端言之: 南人食稻, 而北人食粟; 卽北人又有喜食稻, 而南人又有喜食粟者. 至於七情之發, 其爲不同也益甚. 故有一喜則百草生色, 一怒則群雄喪膽者; 亦有一喜則傾國傾城, 一怒則伏屍流血者. 其爲危險可畏, 莫如人心之甚, 豈不'唯危'也哉!"盖身之安危, 國之興亡, 實係之矣. 若夫道心, 則無聲無臭, 不睹不聞, 豈不是極微妙不可窺測之理乎? 一危一微, 而人心、道心, 從此遂分. 然微者旣聽其自微, 而不知潛心以究之; 危者又聽其自危, 而不知立本以定之. 於是危者益危, 非但知覺運動之僻者, 破國亡軀, 卒與敗草腐木同歸灰燼; 卽知覺運動之正者, 令人歆豔誇述, 亦不過草木偕春而已, 至秋而生意亦盡, 無復有存矣. 其危而可畏, 一至於此! 故聖人重之慎之, 兢之惕之, 如履薄冰, 如臨深淵, 恐其卒死於危險之中而不能自活也.

"然則當如何? 人心果有二乎? 天下安得有兩心之人也? 人心果無二

乎? 而危微不同, 聖凡自別, 又安得而不謂之二也? 二之不得, 不二之又不得, 於是乎聖人有精微之功焉. 精微之功, 生知者自別. 而生知者絕少, 故其次爲學知; 學知者十倍於生知. 學知而不得, 故其又次爲困知; 困知者百倍於生知, 則沒身不懈矣, 弗得弗措矣. 如是而精之, 有不至於一貫之極乎? 夫子之一貫, 蓋學而知之者也. 故曰: '假我數年, 五十以學『易』.' 吾蓋發憤而不知老之將至矣. 其精也如此, 是以能一, 是以能繼堯舜之統, 而執萬世之中於不墜也."

第二章

"夫子仕魯: 墮三都, 却萊兵, 誅少正卯, 其作用亦只如此. 乃子貢極其尊稱, 至以斯立、斯行、斯和、斯來、生榮、死哀爲言, 豈賢者獨有所見, 而聖人功用固非人所識耶"

曰: "却萊兵, 自是正事; 誅聞人, 惡其惑衆. 夫三家柄魯, 魯君無民, 政在季氏久矣. 季氏能用夫子, 不知夫子道大, 非三桓所能用也. 然桓子雅意, 亦自難却. 其墮成、墮費等, 正是其欲好抽身處. 夫當時之君相, 夫子知之悉矣, 周流不舍, 蓋其道自與人群無所逃避也. 然雖不得行道於上, 亦自足明道於下. 若果得邦家, 其經綸手段, 自然立斯立, 道斯行, 綏斯來, 動斯和, 生而榮, 死而哀, 的如子貢之說, 非徒以尊稱其師爲也. 夫子貢亦眼空一世之士者, 自不容易服人, 乃於夫子尊之如天, 稱之不容口, 築室獨居, 三年猶不忍去. 然則夫子縱得邦家, 終不若得一子貢之爲快矣. 況子貢而上, 又有大賢如曾、閔者乎? 故曰: '歸歟! 歸歟!' 夫子當時亦望庶幾有過於由、賜者, 而不知由、賜亦難遘也. 故決意反魯. 蓋夫子之得由、賜, 勝似得邦家也. 如三桓之徒, 何足以爲!"

第三章

"子夏云: '仕優則學, 學優則仕.' 今人居官理事, 簿書塡委, 不遑暇食, 何能讀書? 且學者便能讀書尙志, 行有餘力, 無人薦擧, 何能得仕?"

曰: "仕, 學, 一也. 仕何事? 以行道爲事. 是故出而治國, 則國治; 出而平天下, 則天下平, 便是實學. 學何學? 以行道爲學. 是故修身則道行於身, 齊家則道行於家, 便是眞仕. 仕卽是學, 學卽是仕. 仕與學一時具足, 初非有待於外也. 如此言仕與學, 故其學爲眞學, 而其仕爲眞仕矣. 是故明德親民, 一時並擧, 簡易直截, 不容欠缺, 此之謂也. 此乃吾夫子之學所以爲天下萬世之宗者, 而曾子述之爲『大學』, 子夏復發之爲'學優'之論, 同是出於夫子, 而惜乎今不講矣."

曰: "審若是, 則人民社稷, 正學之地, 子路之言乃實義也, 夫子何故惡之?"

曰: "子路之言, 唯其合義, 是故夫子惡之. 惡之者, 惡其似義非義, 特取口給是佞也. 故曰: '惡佞, 恐其亂義也.' 隨時制宜之謂義, 借義御人之謂佞."

第四章

用健曰: "『大學』言'至善', 便言'格物'. 此可見至善原無物也. 故止至善, 在於知止. 然必格物, 而後知至; 知至則得所止, 而完吾無物之初矣, 故格物要焉. 然旣言'格物', 而又言'物有本末', 又曰'自天子以至庶人, 壹是皆以修身爲本', 何耶? 則身卽是物, 所以修身者, 卽是修此物矣. 此物如何格去? 得此物又豈宜格去之也耶?"

曰: "此身原無物也, 人唯以物視之, 則見, 以爲有身耳. 旣見有身, 則

278

見有我; 既見有我; 則見有人. 人我彼此, 紛然在前, 爲物衆矣, 如何當得! 其所以使人七顚八倒者, 皆物也, 故聖人格之. 格之如何? 聖人知天下之人之身, 卽吾一人之身, 人亦我也; 知吾之身, 卽天下之人之身, 我亦人也. 是上自天子, 下至庶人, 通爲一身矣. 是以雖庶人之賤, 亦皆明明德於天下, 而親民以明其明德, 凡以修吾一本之身, 立吾無物之體, 明吾無修之修故也. 若有物則有身, 有身則有我, 如何修得此身來?"

用健曰: "旣如此, 則完吾無物之初, 復吾太虛之體, 便是『大學』之道了. 却不曰'道', 而曰'近道', 又何耶?"

曰: "吾聖人欲人於有物上通無物, 則知有物卽是無物耳. 故能通於無物, 則物卽是道, 而何病於有物; 苟不能通於無物, 則物尚是物, 而未可以言道也. 故言物、言事、言近者, 以此. 夫天下唯物與事耳. 物則有本末, 而道其有本末耶? 若謂道有本末, 則舛矣. 事則有終始, 而道其有終始耶? 若謂道有終始, 則悖矣. 但能知所先後, 則於道庶幾近之. 夫於物也, 卽能由末而先求其本矣, 獨不可由本而復先之以求至於大本乎? 於事也, 卽能由終而先求其始矣, 獨不可由始而復先之以求至於無始乎? 知大本, 知無始, 卽此'知所先后'之心爲之也. 吾故曰: 聖人欲人於有物上通無物. 不曰無物, 而但言物格也."

第五章

用健曰: "『大學』言平天下, 不曰天下當如何平, 當如何使民興孝, 如何使民興弟, 如何使民不倍, 而但曰老老、長長、恤孤焉. 是欲平天下者, 唯在一人之身能孝、弟、慈而已. 一唯修身爲本, 卽平天下而可知也. 言治國, 不曰國當如何去治, 當如何去事君, 如何去事長, 如何去使衆, 而但曰孝、弟、慈焉. 是欲治國者, 唯在一人之身能孝、弟、慈而已. 一唯修身爲本, 卽治國而可知也. 至言齊家, 又不曰家當如何而齊, 如何而父父, 如何而子子, 如何而兄兄, 如何而弟弟, 如何而夫夫婦婦, 而但曰'人莫知其子之惡, 莫知其苗之碩'焉. 苟能好而知惡, 惡而知美, 不溺愛, 不貪得, 則自能去僻, 自然身修而家自無不齊矣. 是欲齊家者, 唯在一人之身不偏僻於親愛、賤惡、畏敬、哀矜、傲惰, 以順吾孝、弟、慈之性而已. 一唯修身爲本, 卽齊家又可知也. 至言修身, 亦無別有修之之方, 唯說無忿懥、好樂、恐懼、憂患數者之心而已. 無忿懥, 則自不偏於賤惡傲惰; 無好樂, 則自不偏於親愛; 無恐懼, 則自不偏於畏敬; 無憂患, 則自不偏於哀矜. 故心正而身自修、家自齊者, 以齊家之道修吾身也, 離家無別有修身之方矣; 以修身之道正吾心也, 離身亦無別有正心之術矣. 故曰:'壹是皆以修身爲本.'然天子而下, 以至公侯卿大夫, 皆有國與天下之寄, 其本在修身是也. 至庶人, 則煢煢一身一家, 於國於天下何與? 而通曰'壹是', 何也? 且旣曰'壹是', 則庶人與天子等矣. 普天之下, 更無一人不是本, 亦無一人不當先立其本者, 吾是以未能無疑. 觀今之天下, 爲庶人者, 自視太卑; 太卑則自謂我無端本之責, 自陷其身於頗僻而不顧. 爲天子者, 自視太高; 太高則自謂我有操縱之權, 下視庶民如螻蟻而不恤. 天子且不能以修身爲本矣, 況庶民耶?"

予謂:"天子有治平之責, 固宜修身齊家以爲之本, 若庶人雖無治平之任, 然亦各有家, 亦各有身, 安得不修身以齊之? 苟不齊, 則禍敗立至, 身不可保, 家不可完, 又安得不以修身爲本耶? 故齊家觀乎身, 天子庶人, 壹是無別. 由是推之, 以治國平天下, 直措之耳, 無容別有治平術矣."

用健曰:"旣如此, 則平天下但說老老、長長、恤孤, 以盡孝、弟、慈三者足矣, 何必更言理財, 更言用人, 添出許多政務乎?"

曰:"子但知「平天下章」又說用人, 又說理財, 不知爲政在人, 取人以身, 用人亦以修身爲本也. 生財有道, 則財恒足, 理財亦不外修身大道也. 試歷言之, 可乎? 夫不察鷄豚, 不畜牛羊, 不畜聚斂, 唯知好仁好義, 以與民同其好惡, 而府庫自充矣. 則名曰理財, 實公理耳; 名曰生財, 實散財耳. 如此, 理財乃所以修身者, 何曾添出事耶? 斷斷兮無他技, 休休然如有容. 人有技若己有, 人彦聖心誠好. 名曰用人, 實不敢自用耳; 名曰取人, 實好人之所好耳. 如此, 用人亦所以修身者, 又何曾添出事耶? 故曰'壹是皆以修身爲本'也."

第六章

懷林曰: "人皆言佛氏敎人明心, 孰知善明心者莫如孔子.『大學』「正心章」分明是明心之旨. 夫心, 本無物也; 若有所忿懥等, 卽有物矣. 有物安能應物? 且既有所忿懥矣, 則忿懥在於吾心, 好樂之來又何以應之. 何也? 有客常在吾所, 主人不得空閒故也. 又忿懥既有所在, 在東乎, 在西乎, 在中乎? 在東則西缺, 西必以爲不正也; 在西則東缺, 東必以爲不正也; 在中則東西俱缺, 東西必皆以爲不正也. 從此推之, 凡有所在, 無不皆然, 孰能定其正位乎? 故有所忿懥等, 皆不得其正者; 正以心如太虛, 本無一物, 不可以有所在而求之也. 如此, 則心誠無所在乎? 若謂心無所在, 則視不見, 聽不聞, 食不味, 百爲皆廢矣. 今視而見, 聽而聞, 食而知味, 神應不匱, 如此又安可謂心遂無所在也? 有所在則不得其正, 而不能應物, 其爲心也, 物而不神, 非所以正心也; 無所在則遂失其主, 而何以應物? 其爲心也, 空而無用, 亦非所以正心也. 有所在, 固非心; 無所在, 亦非心. 於此明得, 則心正矣. 故曰: '此謂修身在正其心.' 終不言心如何正, 盖欲學人自明之耳."

余謂: "此一章乃夫子明心圖也. 伏羲一畫, 而千畫、萬畫自變易而不可窮, 是象圖也. 物生而後可象, 非吾心之初矣. 大禹九疇, 而千疇、萬疇自洪著而可垂法, 是數圖也. 象生而後有數, 去吾心益遠矣. 故自古唯心難圖, 而唯夫子能圖之. 嗚呼! 孰知其高出『易』、「範」之上, 而爲往聖之所不能發者哉?"

第七章

"『中庸』言天命之性, 是命者性之原也. 若不知命, 則無由知其原, 何以爲君子; 既知命, 則千了百當, 而知禮、知言自在其中矣. 豈知命之後, 又有知禮、知言之功哉? 抑知禮、知言正知命之實下手處也? 夫維天之命, 無聲無臭, 安得有言? 言之與命, 似無關涉, 何以獨急? 夫子罕言命, 豈言也者乃所以言乎其罕言之命耶?"

"『中庸』言: '思知人, 不可以不知天.' '百世以俟聖人而不惑.' 由於知人, 則知人固君子要緊處. 不知言無以知人, 則知言又是其極緊要處矣. 今觀小人, 唯其不知天命, 是以不知聖人之善言天而侮之; 既不知聖人之善言天, 則必不能知聖人之爲大人而狎之矣. 狎大人, 不知人也; 侮聖言, 不知言也."

第八章

用相曰: "『中庸』一書, 皆吾夫子示人知命之學. 故首言'天命之性', 而繼之以'維天之命, 於穆不已', 終復結言之曰: '"上天之載, 無聲無臭." 至矣!' 其詳言命也如此, 其欲人知命也如此. 然『中庸』言命, 而命又本中庸, 故以『中庸』立名焉. 中者, 至正而不偏; 庸者, 至常而不易. 是謂大中至正常久不易之理: 理即禮也, 即中庸也. 故又曰知禮, 知禮即是知中庸，知中庸卽是知天命矣．但自其'於穆'無脫而不可窺測者謂命，命則疑於虛，若不言理，則恐或墮於空寂．以空寂言命，豈知命也哉！自其眞實不虛而不可抑遏者謂理，理則涉於爲，若不言命，則恐或滯於典要．以典要言理，豈知理也哉！故眞知命者，不假言禮．何也？雖於穆也，而實不已，本至空也，而又至實，所以爲眞空耳矣．眞知禮者，不假言命．何也？雖不已也，而又於穆，本至實也，而又至空，所以爲妙有耳矣．眞空、妙有，是謂至誠．不誠則何物，而何貴於命？妙有、眞空，是謂費隱．不隱則誰費，而安得有禮？今學者但見老子以禮爲忠信之薄，不知老子所病之禮，卽夫子與奢寧儉之禮，先進後進之禮，子夏禮後之禮耳．豈知吾夫子有克己復禮之禮，顏氏子有博文約禮之禮，須由約而後會，由克而後復者乎？約而會之，則可以反本而得大德之敦化；克而復之，則可以立本而合天下以歸仁．此顏子所以能卓然自立而未嘗有所倚也．苟不之禮，其何以立天下之大本乎？是故知禮要矣．然所以能知禮與命者，以其讀『中庸』之書而能知聖人之言也．知聖人之言，則自能知聖人之人；能知聖人之人，則自能知吾心之人，知天下歸仁之人，萬物一體之人矣．我與聖人、天地、萬物本無別也．如此知人，則禮由此立，命由此出，方可以言君子．故曰：'不知命無以爲君子也'．"

晉川曰："審如此，則中庸其至矣；讀『中庸』者，不可以不知言矣．孟子後聖人而生，聞而知其言者也，故自謂知言，而竊比於私淑．曾子幸而見聖人，得親聞其言者也，故述之爲『大學』，而傳之爲『中庸』，以授子思．若夫顏子，與之語則不隋，與知言則終日無言不說，未嘗助我．今無一言在焉，可悲也夫！今所欲知者，僅僅『學』、『庸』諸書之言耳，而又不知，眞自棄其人也夫！自畔於禮也夫！自絶其命於天也夫！"

卓吾曰："知言誠難哉！知人誠不易哉！仲尼之徒，及門者三千，寂稱穎悟，莫如子貢．然夫子有'莫我知'之嘆，而子貢不知慚愧，反問何謂其莫知子, 則夫子之爲人, 子貢不能知之矣. 是子貢全不知人也. 猶庶幾望之, 而又曰:'予欲無言!'子貢又不知慚愧, 復反而問曰:'子如不言, 則小子何述?'是子貢又全不知言也. 以子貢之賢, 尙不知人, 尙不知言, 則子貢而下, 又可知矣. 吁! 知言誠難哉! 人固不易知, 知言誠不易也哉."

第九章

"聖人言'富而可求', 又曰'如不可求', 蓋言富貴不當求耳."

余謂:"聖人雖曰視富貴'如浮雲', 然得之亦若固有; 雖曰'不以其道得之, 則不處', 然亦曰'富與貴是人之所欲'. 今觀其想魯也, 僅僅三月, 能幾何時, 而素衣麑裘, 黃衣狐裘, 緇衣羔裘等, 至富貴享也. 禦寒之裘, 不一而足; 褻裘之飾, 不一而襲: 凡載在「鄉黨」者, 此類多矣. 謂聖人不欲富貴, 未之有也; 而謂不當求, 不亦過乎?"

曰:"若言富不可求, 似亦未安. 今世挾詐行私者, 恃其才力, 往往從微賤立致富厚. 此皆唾手而得, 令人歆羨企慕, 眞謂富貴之可以智力求也. 故吾以謂富實可求, 但人自不當求之耳."

余謂:"聖人尊重, 自然不肯求人, 比見世之營營狗狗無所不至者, 心實厭之, 故發爲不可求之論云耳. 其意蓋曰此皆有命存焉, 非可以強求而淂也. 故曰'富如可求', '吾亦爲之', 然其如不可求焉何哉! 今子但見世人挾其詐力者, 唾手卽可立致, 便謂富貴可求, 不知天與以致富之才, 又藉以致富之勢, 畀以強忍之力, 賦以趨時之識, 如陶朱、猗頓輩, 程鄭、卓王孫輩, 亦天與之以富厚之資也. 是亦天也, 非人也. 若非天之所與, 則一邑之內, 誰是不欲求富貴者? 而獨此一兩人也耶? 故以大郡庠士論之, 其多者或至千, 或至八百. 卽此八百人者, 皆是求富貴利達者也, 然至其拖金腰玉, 多不過三四十人止矣. 此三四十人者以爲可求, 則此餘剩七百五六十人者必以爲不可求矣. 果孰爲定論乎? 由此觀之, 富之不可求明矣. 求而不得者, 固天也, 命也; 求而得者, 亦天也, 亦命也, 皆非人之所能爲也. 天則莫之爲而爲, 命則莫之致而至, 而乃自取羞辱, 可傷也哉!"

第十章

"夫皇皇求財利, 如恐後時者, 細人之事也. 故曰: '何必曰利, 亦有仁義而已矣!' 今者, 身居大人之位, 心有君子之思, 而屑屑然與細人同其皇皇, 眞是可羞!"

或對曰: "人生處世, 以財爲命. 一日無財, 便去不得, 安得不急? 但能順其自然, 行其所當然, 不貪多, 不爭競, 於此行財之中, 卽是行義之地, 物我兼得, 益見其美, 何羞之有!"

余謂: "此中亦難言. 若果有行義之心, 又本是重義之人, 則雖終日言利, 亦是終日行義也. 但此等之人絶少, 多是托名行義, 而實藉以爲利者. 比之專意爲利者, 尤爲可羞之甚; 而方自以爲得計, 則益賤耳. 故世之君子, 只宜抽身財利之外, 不染不淄, 乃得脫然無累, 不得假行義以自托也. 然世之所以爲財役者, 亦起於多欲耳. 心志之欲太廣, 耳目口鼻之好無窮, 故雖匹夫, 亦不免於聚斂也. 其實一匹之夫, 一匹之婦, 衣食之供, 所費幾何, 本自易足, 而自不肯足, 反曰衆生以財爲命, 其沒於財也固宜."

用健曰: "此等勢利之人, 本無足言, 若是聖人, 安得有一毫利欲之心哉?"

余謂: "此言亦非也. 夫聖人亦人耳, 旣不能高飛遠擧, 棄人間世, 則自不能不衣不食, 絶粒衣草而自逃荒野也. 故雖聖人, 不能無勢利之心; 雖盜跖, 不能無仁義之心. 故伯夷能讓千乘之聖人也, 聞西伯善養老, 則自北海而往歸之. 太公本鷹揚之聖人也, 時未得志, 則自東海而來就養於文王: 皆以爲勢利故也. 淮陰雖長大, 而寄食於漂母, 利也; 陳平本窮巷, 而門外多長者車轍, 勢也. 以此觀之, 財之與勢, 固英雄之所必資, 而大聖人之所必用也, 何可言無也? 吾故曰: '雖大聖人不能無勢利之心.' 則知勢利之心, 亦吾人稟賦之自然矣. 盜跖至暴橫也, 然或過孝子之廬則不入, 或聞貞士之邑則散去, 或平生一受其惠卽百計投報之不少忘. 此皆仁義之心根於天性, 不可壅遏, 而謂盜跖無仁義之心, 可乎? 吾故曰: '雖盜跖亦有仁義之心.' 但就其多寡論之, 於是乎有聖人, 又有盜跖, 遂至懸絶耳. 若五分勢利, 五分仁義, 便是中人. 中人可移而上下, 故習不可不愼. 習與盜跖居, 則所聞、所見皆盜跖, 而終身遂爲盜跖; 習與聖人居, 則所聞、所見皆聖人, 而終身遂爲聖人. 故天下唯中人最多, 亦惟中人爲可移. 此聖人所以重於習也, 而師友之所係爲不輕矣. 若夫上智下愚之不移者, 亦豈必十分仁義而後爲上智, 十分勢利而後爲下愚哉? 但於勢利上加一分, 便不可以移而之上; 但於仁義上加一分, 便不可移而之下. 盖此一分者, 皆天之所獨厚. 仁義加一分, 便是中人以上, 是天之所以厚上智而使之不可以移也; 勢利加一分, 便是中人以下, 亦是天之所以厚下愚而使之不可移也. 故上智下愚, 只爭一分耳. 上智雖曰只重一分, 然卽此一分, 便有泰山之重, 不可動搖, 矧可移奪耶? 下愚之勢利, 雖曰亦只重得一分, 然卽此一分, 便有河海之深, 不可傾渴, 矧可移奪耶? 故曰: '豪杰之士, 雖無文王猶興.' 自能學而時習, 傳而必習也. 又曰: "吾末如之何也矣!" 所謂雖聖人與居, 不能化而入也, 而自然同惡以相濟, 積習以至此矣, 是亦習也. 習之而愈上, 不可復下; 習之而愈下, 不可復上, 遂亦各成就至於十分耳, 故曰'習相遠也'. 此又上智下愚不可移者之所習然也. 嗚呼! 其初也, 本只有一分之差, 若不遠而甚近, 故曰

'性相近'; 而其終, 遂至於十分差別: 一爲聖人, 一爲盜跖, 天淵懸絶也如此. 吾子無他度量, 只自度其一分者, 是多一分勢利乎, 抑多一分仁義乎? 多則不可移易矣; 不多而僅僅五分, 無有輕重, 是正可移, 是正可習. 吾大爲吾子喜之!"

第十一章

晉川曰: "德性、問學, 前輩分作兩事, 所以有朱、陸之辨. 今言尊德性卽是問學, 似信不及. 且德性旣尊, 一了百當, 何又有許多枝節? 廣大精微安在? 何處溫故敦厚? 何處下手? 如此修德, 只了得自家, 何便能宜於上下, 關國興敗? 旣以身當國, 何又得自保其身? 明哲保身, 如公似矣, 又何益於天下國家乎? 終日勤劬, 手不停披, 目不廢卷, 問學道矣, 又安在其尊德性乎? 多少不知問學者, 其居上爲下, 或語或黙, 亦自合時, 而迂闊道學, 執古板, 任己見, 澂變致忿, 予竊惑焉! 且今守空寂者, 閉目凝神, 通不理會學問, 是又何說? 而號爲道學者, 人各守門戶, 以粗心浮氣爲廣大, 以瑣屑細務爲精微, 以卑己畏人爲不驕, 以怕事徇人爲不倍, 以負氣多言爲興邦, 以包羞忍辱爲能容, 以全軀苟免爲保身之明哲, 又何貴於學? 而又何益於天下國家也?"

卓吾曰: "人之德性, 本自至尊無對, 所謂獨也, 所謂中也, 所謂大本也, 所謂至德也. 然非有修道之功, 則不知愼獨爲何等, 而何由致中, 何由立本, 何由凝道乎? 故德性本至尊無對也, 然必由問學之功以道之, 然後天地之間至尊、至貴、可愛、可求者常在我耳. 故聖人爲尊德性, 故設許多問學之功; 爲愼獨、致中, 故設出許多修道之敎.『中庸』一書, 皆聖人修道之敎也, 道問學之事也. 此道問學與尊德性所以不容有二也. 豈可謂尊德性便不用道問學乎? 正欲人道問學以尊吾之德性耳. 是故德性本至廣也, 本至大也, 所謂'天下莫能載'是也. 而又至精焉, 至微焉.
精則虞廷之'唯精', 微則虞廷之'唯微'. 而『中庸』亦曰'夫微之顯', 曰'莫
顯乎微', 其所以狀吾德性之精微者, 至矣, 極矣! 夫廣大也而又精微, 不
可以見吾德性之尊乎? 德性本至高也, 本至明也, 雖昭昭之天, 不足以
比其明, 蒼蒼之天, 不足以擬其高者也. 而又至中焉, 至庸焉. 中則無東
西南北之可擬, 無方所定位之可住, 是故不得已焉強而名之曰'中'. 中
則人皆可能, 誠則本自無息, 所以爲萬世不易之常, 千古不朽之德者在
是, 非庸而何? 夫高明也而又中庸, 又不可以見德性之尊乎? 德性之來,
莫知其始, 是吾心之故物也. 是由今而推之於始者然也. 更由今而引之
以至於後, 則日新而無斁. 今日新也, 明日新也, 後日又新也, 同是此心
之故物, 而新新不已, 所謂'日月雖舊, 而千古常新'者是矣. 日月且然,
而況於德性哉? 其常故而常新也如此, 又不可以見德性之尊乎? 博厚如
地, 雖足爲厚, 未足比吾德性之厚也. 是猶爲自上而之下也. 更由下而之
上, 則可以築九層之臺也, 可以造凌霄之宮也, 可以建凌雲之閣也, 所謂
彌堅而愈不可鑽, 又極高而愈不可仰者矣. 何其所厚者愈敦愈固, 其所
謂禮者又日隆日崇乎! 是謂忠信之足以進德也, 充實之可以光輝也, 敦
化之自然川流也, 德性之尊又不可見乎? 合而觀之, 皆德性也. 而人不
知所以尊之, 是故有道問學之功焉. 苟不知問學之功, 則廣大誰爲之致,
精微誰爲之盡, 高明誰爲之極, 中庸誰爲之道? 而所以溫、所以敦, 又誰
爲之哉? 故聖人重問學焉. 重問學者, 所以尊德性也. 能尊德性, 則聖人
之能事畢矣. 於是焉或欲經世, 或欲出世, 或欲隱, 或欲見, 或剛或柔, 或
可或不可, 固皆吾人不齊之物情, 聖人且任之矣. 故曰: '以人治人.' 若
夫不驕不倍, 語默合宜, 乃吾人處世常法. 此雖不曾道問學, 而尊德性者
或優爲之. 故聖人之意若曰: 尔勿以尊德性之人爲異人也. 彼其所謂, 亦
不過衆人之所能爲而已. 人但率性而爲, 勿以過高視聖人之爲可也. 堯

舜與途人一, 聖人與凡人一. 自今觀之, 文王非大聖人乎? 羑里之囚, 身幾不保, 雖文王亦有時而不知默之足以容也. 幸而有散宜生輩, 獨出奇計, 脫西伯於虎口. 然身雖幸免, 又不免陷君於不義矣. 且夫子自謂'居上不驕', 是也. 夫居上猶不可驕也, 況隱而在下者乎? 然孺悲不見足矣, 胡爲乎取瑟之歌; 陽貨不拜足矣, 胡爲乎瞰亡之往. 謂夫子爲驕固不可, 謂爲不驕, 吾亦未敢信也. 以此見聖人若論處世, 亦多有不合衆人議論處矣. 然亦何足以窺聖人, 而又何足以病聖人乎? 獨'保身'之云, '明哲'之云, 學者似未可遽以藉口也, 蓋此謂'危邦不入, 亂邦不居'者云耳. 若旣食君之祿, 仕人之國, 則國爾忘家, 公爾忘私, 其義也. 豈可嘿嘿以取容, 而曰我欲爲明哲乎? 且夫子又不曰'臣事君以忠', '事君敬其事而後其食', '事君能致其身'乎? 彼道學者獨竊此以自文, 是賊道矣. 噫! 欲處世而身致治平者, 恐別有經綸之學在, 未可以大學之道爲迂緩而不講也. 方今聖天子在上, 賢公卿在下, 食祿任職, 報主竭忠, 保身之說, 非但不可言之於口, 而亦不可萌之於心. 若有此心, 便是不忠. 此何時也? 豈春秋時耶? 夫子不幸而當其時, 故惓惓以明哲爲言. 然比干剖心, 夫子且大以爲仁. 豈可遂謂夫子好明哲, 而復責比干以不能保身歟? 況今又何時矣? 只可責食祿者或未嘗有尊德性之功則可. 苟能尊德性矣, 而曰不能委身事君者, 未之有也. 大抵身家之念重, 則君父之念輕; 或名義之念重, 則君父之念亦輕. 雖有高下, 其爲不念君父一也. 以故情義不通, 上下間隔, 古今皆然, 誰肯自任其咎乎? 此尊德性之功所以不可不亟也. 若力小而任不稱, 年高而志昏惰, 苟不知歸, 則貶斥隨之矣, 此於明哲本無交涉也. 大抵『中庸』一書, 專言尊德性之事, 此則堯舜以來相傳之學, 夫子不能異也. 『大學』一書, 專言大人之學, 雖庶人亦未嘗不明明德於天下者, 此則夫子獨得之學, 千古聖人不能同也."

第十二章

懷林曰："若說『大學』'正心', 是聖人明心之圖, 則『論語』言'有知'、'無知', 亦是明心圖矣. 今聖人曰'吾有知乎哉', 是以有知自疑也; 曰'無知也', 是又若以無知自信也: 有知無知, 皆不敢知如此. 何以故? 盖若說我爲有知歟, 則鄙夫有問, 我實空空如, 而若無一知識在心者, 似若不足以答鄙夫之問也; 若說我爲無知歟, 則扣兩端而與之竭, 雖我又不知其從何而來矣. 然則謂我爲有知, 不可也; 謂吾爲無知, 亦不可也. 此亦夫子明心之圖也. 果然否?"

予謂："若如此說, 則夫子到處皆是明心以示人者. 盖心原是無方所之物, 故不可以有所而求, 又不可以無所而得. 心亦原是無知識之物, 故不可執而爲有知, 亦不可執而爲無知, 唯在人默而識之則知. 有所無所, 有知無知, 眞何有於我也哉!"

第十三章

"天下之事, 合義則已, 故聖人曰:'義之與比'. 則君子之於天下也, 義以爲質焉盡之矣, 何故又說禮行, 又說遜出, 又說信成, 不既贅乎?"

曰："單言義則四德皆具. 故義爲總名, 如乾之有四德是也. 今各擧言之, 正所以盡義之用耳. 夫天下之事, 固有在我以爲宜, 而在彼或不宜者, 則禮不順矣. 禮者, 人人各具, 人人不同. 若滿堂宴笑, 而一人獨有向隅之泣, 亦未爲各得其所也. 故必禮以行之, 而後彼我皆得, 衆志皆洽. 既得而洽之矣, 若顯然自以爲功, 是不遜也, 故必遜以出之. 而讓美與人, 吾不見其爲美也; 推功與人, 吾不知其爲功也. 則無義之名, 無禮之名, 是謂委曲遜出, 令人不覺斯善矣. 若此者, 盖出自眞心, 本自實意, 成始成終, 表裡若一, 是主之以忠信也, 豈不君子其人哉! 蓋天下唯讓德為難, 故夫子曰: '能以禮讓為國乎何有!' 由也不讓, 是以哂之. 蓋能讓則天下無復事矣. 今觀夫子平日唯說'當仁不讓'而已, 可知當仁之外更無一事不當讓也. 自今觀之, 伯夷、泰伯, 宜有國者也, 此二子之義也. 然太王有欲立季歷之心, 孤竹君有欲後叔齊之意, 二子若執嫡長以為義, 則太王、孤竹之心不遂, 而二子欲順太王、孤竹之禮拂矣. 故決之於禮, 則泰伯決不宜承宗廟之統; 若顯然推之於季歷, 則恐太王或未安. 此委曲以從禮, 尤人子所難者, 故至於被髮佯狂, 逃竄蠻荊, 使季歷有得國之實, 太王無欲傳之名, 而泰伯又無讓國之迹. 此義之盡而禮之精, 委曲遜讓, 天下不識, 古今不識, 非伯夷之所可望明矣. 伯夷只可言讓, 不可言能讓; 非遜也, 須是連讓亦讓方是遜. 然此只就讓國一事言之耳. 凡事皆然, 寧獨讓國? 若子房借漢祖以為韓, 義也; 而卒竭謀以成漢祖之業, 則禮之行也符於義; 終焉辟穀不食, 而辭萬戶之封, 則遜之出也協於禮: 終始一心, 誠信無偽, 故漢祖獨深心信之而不疑. 嗚呼! 此非君子處世之大法哉! 使韓信當其時卽能讓王而取淮陰, 又何有赤族之慘耶?"

或曰: "淮陰當年, 非但不讓, 亦且無禮矣. 假王之請, 於禮何在?"

余謂: "淮陰非但無禮, 亦且無義矣. 固陵之約, 信已不至. 非漢祖聽留侯之說, 先封爵邑, 則垓下之事未可知也. 故一得則四善兼得, 一失則連義亦失, 讓其可少歟? 孟子曰: '辭讓之心, 禮之端也.' 則讓乃禮之大者. 古今天下, 以讓而得, 以不讓而失者多矣. 嗚呼! 可不讓歟! 讓又是美德, 又可以不讓歟! 連讓亦讓, 始為泰伯, 始為遜出. 嗚呼! 至矣盡矣! 無以復加矣! 萬全無患矣! 真實有利矣!"

第十四章

「關雎」之詩, 未得則展轉反側, 寤寐思求, 其神傷也; 既得則鐘鼓琴瑟, 樂之不厭, 其樂淫也. 夫子反曰'不淫'、'不傷', 何哉?」

曰:「此卽'有慟乎'之說也. 非夫人之爲慟而誰慟? 然則「關雎」樂之淫也, 而自不得謂之淫; 哀之傷也, 而自不得謂之傷矣.」

第十五章

「今之言政、刑、德、禮者, 似未得禮義, 依舊說在政敎上去了, 安能使民格心從化也? 彼蓋但知禮之爲中, 齊之爲齊. 中則不可使人有過不及之差, 齊則欲齊人之所不齊以歸於齊. 夫天下至大也, 萬民至衆也, 物之不齊, 又物之情也. 中無定在, 又孰能定其太過而損之, 定其不及而益之也? 若一一而約束之, 整齊之, 非但日亦不給, 依舊是走在政敎上去矣. 彼政敎之所以不能使民格心歸化者, 正以條約之密, 無非使其就吾之條理, 而約之於中, 齊其不齊, 而使之無太過不及之病也. 是欲强天下使從己, 驅天下使從禮, 人自苦難而弗從, 始不得不用刑以威之耳. 是政與刑自是一套, 俗吏之所爲也, 非道之以德者之事也. 然不知是如何乃爲道民以德者之禮乎? 禮又何如去齊得他? 若曰齊其所不齊, 則强其所難, 拂民之性, 如何便肯格心?」

余謂:「此問極好, 此疑極是. 盖道之以德, 則爲民上者純是一片孝、弟、慈眞心. 既以其躬行實德者道之於上, 則爲下者既自耻吾之不能孝弟與慈矣, 而上焉者又不肯强之使從我, 只就其力之所能爲, 與心之所欲爲, 勢之所必爲者以聽之, 則千萬其人者, 各得其千萬人之心, 千萬其心者, 各遂其千萬人之欲, 是謂物各付物. 天地之所以因材而篤也, 所謂萬物竝育而不相害也. 今之不免相害者, 皆始於使之不得竝育耳. 若肯聽其竝育, 則大成大, 小成小, 天下更有一物之不得所者哉? 是之謂'至齊', 是之謂'以禮'. 夫天下之民, 各遂其生, 各獲其所願有, 不格心歸化者, 未之有矣. 世儒旣不知禮爲人心之所同然, 本是一箇千變萬化活潑潑之理, 而執之以爲一定不可易之物, 故又不知齊爲何等, 而故欲强而齊之, 是以雖有德之主, 亦不免於政刑之用也. 吁! 禮之不講久矣.「平天下」曰: '民之所好, 好之; 民之所惡, 惡之.' 好惡從民之欲, 而不以己之欲, 是之謂'禮'. 禮則自齊, 不待別有以齊之也. 若好惡拂民之性, 菑且必逮夫身, 況得而齊之耶?」

第十六章

"『中庸』言明善誠身, 又曰擇善固執.『大學』言知止能得, 又曰知至意誠. 雖以顔子之學, 亦止曰擇中庸, 而得一善則拳拳勿失而已. 然則學問之道, 知及、仁守盡矣, 何故又說莊以涖、動以禮乎?"

曰: "此謂臨民動民者言也. 臨民則有上下之分, 不莊則民慢, 而上下無禮. 動民則有敎學之益, 非禮則不當, 而敎學難施. 故雖知及、仁守於己, 所學有實造矣, 若槪以簡易佚樂臨之, 謂無事可以坐致太平, 謂酣醉偃臥可令齊國東海大治, 此則子桑伯子之簡, 夫豈不可? 然其使人不敬, 何哉? 故曰無爲而治, 而又曰恭己南面也. 至於敎學(而)相長, 全要因材而篤, 所謂禮也. 若可以語上而不語, 不可以語上而又與之語, 皆違時失機, 不中禮矣. 故曾子能唯, 卽呼而告之'一貫'; 子貢能疑, 故設以多學多識, 而使之自然自非: 此皆吾夫子動人以禮處, 所謂相時而動, 不累學人者也. 唯顔子一人, 則克己復禮之訓, 博文約禮之訓, 不一而足."

第十七章

"志道、據德、依仁、游藝，何謂也?"

曰："此卽知而好、好而樂之謂也. 夫志於道, 則志有所在而不遷矣. 猶未得也. 得則謂之'德', 有得則謂之德, 有得則可據之以爲守, 然猶恐其或奪也. 仁則由中以發外, 本是吾之固有, 吾但依而行之足矣. 夫豈他人所能奪而吾據而守之耶? 然曰'依', 則尙見有仁; 曰'仁', 則尙見有己未忘也. 夫雜物撰德, 皆仁之地; 百爲泛應, 皆仁之施. 何莫非仁者, 而乃依仁也耶? 故日用應酬, 但有藝事; 出往游衍, 但與藝游, 無他道也, 無他德也, 無他仁也. 所謂兩忘, 則自然好而樂之矣. 故曰好之者不如樂之者. 孔子樂在其中, 顏子樂而不改者此也. 所以尋仲尼、顏子樂處者, 尋此者也. 嗚呼! 盡之矣."

第十八章

『大學』「釋誠意」卽首言"如好好色, 如惡惡臭", 盖卽此以比好惡之眞實不欺處. 使人知此是誠意, 誠卽實也; 知此是獨知, 獨知卽自不敢欺也. 不欺則意誠矣. 不欺己則慊於己, 不欺心則慊於心, 不欺人則自不至於消沮閉藏, 而無惡之可掩矣. 不患千目而視、千手而指矣, 而何有於十視與十指耶? 何等安閒! 何等自在! 心亦由此正, 身亦由此修, 所謂一了百了者是也. 而其原只於不欺此"獨知"之一念耳. 一念之動者, 意也. 意之誠耶, 不欺耶, 吾獨知之, 而天下之人亦皆知之, 後世之人亦皆知之; 意之不誠耶, 自欺耶, 吾獨知之, 而天下之人又皆知之, 後世之人又皆知之. 何也? 以此意之同也. 故卽此獨知之中, 實爲天下後世同知之地. 既爲天下後世之所同知, 而又何以欺爲耶? 而又烏用欺人爲耶? 是以治平君子舉此加彼不難矣.

　　孟子告齊宣曰: 王毋以好色爲疾也! 王唯眞知吾之好色, 則一國之男女皆得所矣. 毋以好貨爲疾也! 王唯眞知吾之好貨, 則一國之衣食皆有餘矣. 又毋以好勇爲疾也! 王苟眞知吾之好勇, 則一怒而一國之民擧安, 民唯恐王之不好勇矣. 此類而推, 王若無疾則已, 倘別有他疾, 皆是自獨知而來, 皆是自眞眞心意所發而來, 不肯一毫瞞人者, 非意誠而何? 夫人正賴有此實意, 有此眞知, 故能推以及人, 與人同其好, 與人同其惡, 便是王政了矣. 使齊王自以爲疾而欲去之, 又安肯容人之疾, 而又安肯容百姓之疾耶? 旣而自己之疾又不能去, 終不免瞞昧以過日; 百姓之疾又欲如法以去之, 而曰, 尔何以好色、好貨、好勇, 而犯吾之所疾惡爲也? 吁! 豈非起於自欺之一念, 而意不誠之故哉!

　　故君子莫先於誠意焉. 意誠則有可推之地, 由此而齊家, 治國, 平天下, 直推之而已. 故能推卽是修身, 推之以及人, 卽是齊家、治國、平天下之功效, 再無別有修之功、齊之功、治之功、平之功也. 好者推之, 以同其好, 通天下, 亘萬古, 此好同也; 惡者推之, 以同其惡, 通天下, 亘萬古, 此惡同也. 故意誠則推之自有餘矣. 推之者, 强恕之道也, 取譬之道也, 勿施之道也, 絜矩之道也. 故夫子不許子貢以無施, 而自謂慥慥君子, 唯在眞知吾之未能而不敢不勉焉. 則聖人亦猶人也, 無自欺而已. 聖人之治平, 無異術也, 亦惟善推其所謂毋自欺者而已. 則無自欺, 要矣; 意誠, 本矣. 獨知之知之不可欺, 要矣. 然而人終不免於欺此獨知者, 何哉? 則以不知此知之眞實故也. 故『大學』言誠意, 而必先之以致知. 嗚呼! 致知焉, 盡之矣.

卷下

第一章

舜好問已矣, 而又好察; 好察是矣, 而所察者又是其極邇之言. 謂之曰好問, 則自四岳、九官、十二牧以至芻蕘工瞽, 無不好問可知也, 而未必皆其所好察也. 唯是街談巷議, 俚言野語, 至鄙至俗, 極淺極近, 上人所不道, 君子所不樂聞者, 而舜獨好察之. 以故民隱無不聞, 情偽無不燭, 民之所好, 民之所惡, 皆曉然洞徹, 是民之中, 所謂善也. 夫善言卽在乎邇言之中, 則邇言安可以不察乎? 曰察, 則不止於問; 曰好察, 則不止於好問. 然則聖人之於邇言, 善矣. 夫唯以邇言爲善, 則凡非邇者必不善. 何者?以其非民之中, 非民情之所欲, 故以爲不善, 故以爲惡耳, 非眞如今人所謂妨政蠹民之惡也. 既知其爲惡, 則隱而置之不復用; 既知其爲善, 則揚而擧之以用其中於民. 隱惡揚善, 兩端之執也, 用中於民. 聖人無中, 以民爲中也. 夫民之所欲, 天必從之, 況居民上而爲天子者哉? 天之立君, 所以爲民. 舜唯日夜思所以用民之中, 俾之無有失所欲者, 安得而不遑遑焉而唯邇言是察也? 邇言者, 近言也. 察言者止於近言, 何以成智? 又何以成大智? 蓋言而曰近, 則一時之民心, 卽千萬世之人心, 而古今同一心也; 中而曰民, 則一民之中, 卽千萬民之中, 而天下同一民

296

也. 大舜無中, 而以百姓之中爲中; 大舜無善, 而以百姓之邇言爲善. 則大舜無智, 而唯合天下、通古今以成其智. 夫智而至於合天下、通古今也, 其謂小智乎? 大智乎? 當自知之矣. 故曰: "舜其大智也與!"

第二章

索隱則智者欲其過, 行怪則賢者欲過之. 既隱既怪, 自然與世不同, 自然超出尋常之外, 天下後世自然有稱述之者矣. 故夫子曰: "吾弗爲." 以其用心於不必用之地, 無益於百姓之日用也. 日用者, 中庸也, 本無名而又烏用有述爲哉? 然天下之事, 非名則誰述? 無述則誰爲? 故君子雖以學道爲事, 遵道爲功, 然既無赫赫之名, 而能淡然不厭者鮮矣. 此又不免半途之廢矣, 故夫子曰: "吾弗能已." 以此自學, 則不敢厭; 以此誨人, 則不敢倦. 若賜之愿息, 求之自畫, 我無是也, 我唯依乎中庸而已. 循吾未發之中, 執吾不易之庸, 雖無有一人稱述我者, 直至於遯世而不我知也, 我亦不因之自悔, 而遂廢於半途. 此則夫子之事, 而夫子不以自居, 故又曰: "唯聖者能之." 意蓋曰必如是而後爲君子之能依於中庸也. 然而未可以遽責之君子也, 必也聖人乎! 所謂非天下之至精, 不足以與此精, 則隱怪不能惑矣; 非天下之至健, 不足以與此健, 則半途不能廢矣; 非天下之至神, 不足以與此神, 則出有入無, 窺乎太始, 而能爲天地之先矣. 此雖至平常, 至簡易, 爲百姓之所與能, 而非聖人則決不可能者, 故曰: "唯聖者能."

第三章

既說 "唯聖者能", 則不必曰 "中庸不可能". 蓋唯中庸不可能, 故非聖人則必不能; 聖人之能, 能其所不可能者耳. 今天下之事, 凡可以容吾力者, 人無不竭力以爲之. 如天下之均, 爵祿之辭, 白刃之蹈, 此皆世間第一等難能之事. 然以天下之衆, 而能使之均平若一人; 以天下之大, 與之而不屑受 , 此固難矣, 猶謂所重者身耳. 至於白刃之蹈, 則生死且不顧, 身亦度外物矣. 卽此三者, 人皆可能. 可見天下無不能之人, 人無不能之事, 凡稍可致力, 人爭勉焉, 則以可能故也. 若中庸者, 費矣而隱; 既已隱, 則雖神眼不能窺. 微矣又顯; 既已顯, 則雖神力莫能遏. 其奈之何哉! 故曰不可能也. 又曰: "中庸其至矣乎, 民鮮能久矣!" 又曰: "雖聖人亦有所不能焉." 盖世人但知百姓與夫婦之不肖不能, 而豈知聖人之亦不能也哉! 以故告之曰: "爾勿謂聖人能是也!" 自我言之, 聖人所能者, 夫婦之不肖可以與能, 勿下視世間之夫婦爲也. 此一 "與" 字, 下得甚妙. 若說夫婦所不能者, 則雖聖人亦必不能, 勿高視一切聖人爲也. 此一 "雖" 字, 下得又甚妙. 盖道有至者, 中庸則道之至也. 至則決不可以智力勉强而能, 故說 "莫能載"、"莫能破"、"上下察" 等. 若曰非但聖人所不能也, 是天地亦且不能. 若不極言其至, 非但夫婦可與能也, 雖微而鳶魚, 察而飛躍, 皆可與能之耳. 以此觀之, 彼天下之均, 爵祿之辭, 白刃之蹈, 皆極其力之所可能. 鳶魚類耳, 夫婦等耳. 曷足怪哉! 是又安足道耶! 莊生謂 "塵垢秕糠"、"陶鑄堯舜", 豈荒唐語耶? 正與先正 "堯舜事業一點浮雲過目" 相合.

第四章

聖人言知必言行, 以見行不離知; 言行必言知, 以見知不離行. 其曰: "道之不行也, 我知之, 智者過而愚者不及." 由不明故不行. "道之不明也, 我知之, 賢者過而不肖者不及." 由不行故不明. 知行相須, 盖可知

298

矣. 然則陽明先生"知行合一"之旨, 實出於此. 世間一飲一食, 莫不皆然. 雖有嘉肴, 不食不知其旨. 非先行之, 旨何由知? 旣知其旨, 安肯不食乎? 唯是二種人: 坐在飯籮之中, 强作聰明富貴之相, 以爲"此常飯耳, 貧乞人之食, 吾安能食?" 務求奇品異味, 而奇異又卒不可得, 遂餓而死. 此一種也, 所謂賢者、智者流也. 亦以不行故不得知, 不知故不肯行, 是自爲過, 非飯罪也. 又一種者, 亦坐在飯籮中, 妄以爲毒物所留, 寧餓而死, 不敢輕嘗. 是謂至愚至肖, 不知不行、不行不知交相瞞者也. 吁嗟! 使無此二種人, 天下豈不皆飽暖之夫哉! 是以中庸之道, 終莫之行、莫之明者以此.

第五章

聖人以擇中庸而能服膺弗失者爲大賢上士; 以擇中庸而不能期月守者, 比之驅人於罟攫陷阱而不知避, 如禽獸貪夫, 犯死不顧. 夫中庸何物也? 擇而守之則生, 不知擇而守之則遂自納於死, 豈非謬與! 今之不知中庸者衆矣, 何以不入於阱也? 余實思之而未得. 釋氏動以生死恐嚇人, 曾謂吾聖人亦言生死乎? 意者, 夫子十五便志學, 五十猶學『易』, 正謂陷阱在前, 當思所以急避之耶? 不如是戒愼恐懼, 臨深履薄, 恐此身出不得苦. 是以比之禽獸, 比之貪夫, 比之網罟, 比之牢獄, 令人早依於中庸耳矣, 非不義而言之太甚也. 余實不知中庸之可以免死, 因書之以請敎四方之講道學者.

第六章

道本不遠於人, 而遠人以爲道者, 是故不可以語道. 可知人卽道也, 道卽人也, 人外無道, 而道外亦無人. 故君子以人治人, 更不敢以己治人者, 以人本自治; 人能自治, 不待禁而止之也. 若欲有以止之, 而不能聽其自治, 是伐之也, 是欲以彼柯易此柯也, 雖近而實遠, 安能治之, 安足爲道也耶? 然其所以不能以人治人者, 由其不能推己及人耳. 故說忠恕: 中心爲忠, 自己不容, 己之實心也; 如此中心爲恕, 自己不容, 二之初念也. 所謂施諸己而不願, 則勿以施之於人是也. 不願者, 中心之實也; 勿施者, 如心之推也. 如是則自能以人治人, 而不忍執柯以伐之矣. 忠恕非道也, 而可以近道, 故曰違道不遠. 夫道者, 無人無己, 何待於推? 有推則猶見有己, 於道尙遠, 但須由此進之耳. 旣能推己及人, 以行吾强恕之功, 則自能以人治人, 自妙夫無爲之化.

然世又有不能推己及人者, 則以不知反己自責之道耳. 故夫子曰: "君子之道, 丘未能一." 歷數子·臣·弟·友, 而皆曰"吾實不能", 何敢責人爲耶? 學者旣不知平常倫理人實難盡, 反以聖人爲致謙, 於是乎明於責人, 暗於自責, 身陷於言行相違之失而不自知, 況乃推己以恕於人耶? 不知夫子是眞實語, 是以不敢自足, 而惟日孳孳, 不敢放言, 而唯恐或盡. 卽此是相顧, 卽此是慥慥, 卽此是篤實君子, 皆自一念反己自責之心爲之也. 是以中心平恕, 而自然有可推之地也.

第七章

"旣說以人治人, 則條敎禁約皆不必用, 聖人何以又說修道之敎?"

曰: "修道便是敎, 以人治人便是修道. 『中庸』一書, 皆敎也, 皆恐人不知道不離人, 人不離道, 而欲遠人以爲道, 於是乎愈修愈遠, 愈治愈不治, 故說道不遠人, 而欲以人治人也. 然非知道者, 終不能修道; 非學以知人者, 終不可以治人."

或曰："若如此,則我與百姓咸相安於無事,豈不是至治之世,無爲之極,垂衣之朝? 然如何行得? 夫民生有欲,無主乃亂. 强凌衆暴,誰能靜之? 一日無法,則一日不治,雖以舜爲君,恭己南面,坐享無爲,亦必有九官、十二牧,代天之工. 今何言治之之易也?"

曰："子但知舜有九官、十二牧,以代天工,而不知九官濟濟相讓,九官諸臣亦無爲也. 禹掌治水,家門不入者三,呱呱弗子者其年八,而能順水利導,不與水爭地,行所無事,禹無爲矣. 稷掌教稼,因地之利,稷無爲矣. 契掌五教,敬敷在寬,契無爲矣. 益掌工虞,能使草木鳥獸咸若,益亦無爲矣. 獨一皋陶,明五刑以弼五教,而曰'辟以止辟,似不免於殘民者. 今觀舜之稱陶曰: 皋陶邁種德,措刑不用,黎民懷之,則皋陶亦何爲之有! 由此觀之,舜之君臣,俱熙皞休享於無爲者. 獨四凶之誅,說者謂其大不及堯,則甚有理. 故夫子以天配堯,以君稱舜. 君則只於有天下而不與,天則蕩蕩焉民莫能名矣. 其爲絕遠,實天之與淵然. 今觀鯀之殛也,甚無謂也. 以禹爲子,而又有平水土之大功. 夫禹之功,萬世永賴者也; 鯀之罪,九載績用弗成者也. 獨不可以其萬世之功,原其九載弗成之績乎? 堯既能從容以聽之於九載,舜獨不爲禹念其親,非情也. 然則堯之化遠矣! 故夫子言篤恭,至於聲臭俱無,而後爲至,而後爲不顯之德,而後可以刑百辟,平天下. 若猶有聲色者存,則雖曰不大,亦末耳. 此可以語治人之理矣. 是故不見而章者在,不動而敬者在,不言而信者在,不賞而勸者在,不怒而威者在,不顯而儀刑者在,不聲不色而化民者自在,是謂篤恭而天下平. 非玄也,亦非禪也,是吾夫子之言也. 倘若出自我口,入自汝耳,則必笑罵叫號,目爲玄言禪語,不可以垂訓矣."

曰："子所云以人治人,似也. 何舜以下,夫子皆不以無爲許之? 三代以降,幾人曉了此旨,而亦以治,何耶? 其亦資性有偶合者耶! 今之學者,終日談學,何以不聞談道此也?"

余謂："'百世無善治，千載無眞儒'，此二語，昔人已極談之矣。第談者未必用，用者未必知談，以是相左，孤負聖人『學』、『庸』諸書耳，非絕不談也。若漢祖之神聖，漢文之明聖，直與放勳暗合，未嘗知學問也；卽今極意問學者，亦安能及之哉！是謂天性至到，聰明超詣，非常遇也。曹相國舍中堂以奉蓋公，九年而齊國安集；汲長孺病閨閣不壞一爐，七年而淮陽政清。皆天資近道，無爲而理，非學所加者，亦可貴也。夫栽培傾覆，天必因材，而況於人乎！強弱衆寡，其材定矣。強者弱之歸，不歸必幷之；衆者寡之附，不附卽吞之：此天道也，雖聖人其能違天乎哉！今子乃以強凌衆暴爲法所禁，而欲治之，是逆天道之常，反因材之篤，所謂拂人之性，災必及其身者，尙可以治人耶？故誠意貴矣，誠意則好惡合天，是故不可以不知天；誠身要矣，誠身則天人一道，是故不可以不知人。是故『大學』言誠意，必先致知；『中庸』言誠身，必先明善也。善明則身自誠，而成己成物，時措之咸宜，無假借也。知至則意自誠，而好好惡惡，到處皆自慊，無造作也。是故欲治人者，必以知道、知人爲先。不知人而能治人者鮮矣，不能治人而能自治者未之有也。"

第八章

古人不出戶而知天下，不窺牖卽見星斗，非謬語也。夫星斗至高也，不待窺牖而可見；天下至遠也，不待出戶而自知。是近之未始不遠，遠之未嘗不近也；卑之未始不高，高之又未嘗不卑也。使近而不遠，則誠近也，何取於近？遠而不近，則徒遠耳，又何貴於遠耶？唯其近而又遠，遠而卽近，卑者又高，高者卽卑，此自邇自卑之論也，蓋言其未嘗有遠與邇、高與卑也。若果有卑高遠邇，如四維上下之不可易，然則亦四維上下焉耳，非所以論於君子之道也。故夫子旣引『詩』，而復以"父母其順乎"結之。

夫吾妻子之樂, 兄弟之翕, 本非所以爲順父母計也, 而父母自順. 則道固有不行而至, 無階而升者, 一讀『詩』而可知也. 而謂父母爲遠, 必須自兄弟妻子之邇以至之. 可乎? 是不通之談也. 而謂必先和吾之妻子, 以及吾之兄弟, 而後求順吾之父母, 循序以進途焉, 可乎? 是又不通之論也.

此自邇自卑之說也, 盖言邇之可遠, 邇之卽遠. 君子之道, 自邇足矣, 不必極遠也; 自卑足矣, 不必窮高也.

第九章

記者謂夫子不語神, 而『中庸』乃盛言鬼神之德之盛. 雖視之不見, 聽之不聞, 而實體物而不可遺. 故能使天下之人, 齊明盛服, 以承祭祀, 駿奔走, 執豆籩. 洋洋乎! 如在其上, 如在其左右, 儼若對越, 肅若陟降, 而或見之者焉. 夫不見不聞, 至微也; 而能使天下歷萬古之人自然畏敬奉承, 拜而禮之, 祀而祭之, 則其體物不遺之驗, 又甚顯也. 微而又顯, 顯而實微, 鬼神之爲德, 不旣盛乎哉! 故其詩曰神之來也無方, 旣不可以私心圖度, 而遽以爲有; 而神之應也如響, 又自能使人不可以厭斁不敬, 而遂謂之無. 然則鬼神信非虛也, 鬼神信非誣也. 夫子之語神也如此, 彼謂其不語者, 直記字之語耳. 記『魯論』者, 又是何人? 多出曾子與有子之門人也. 夫神爲不測, 故緩詞不足以盡神; 鬼爲難知, 故顯詞不足以道鬼. 此唯曾子得聞之, 雖有子尚不知其得聞與不何如也, 而可使其門人弟子聽之哉? 而可與其不可與語者語之哉? 則其謂夫子之不語神也固宜.

第十章

曰: "鬼神之道, 幽遠難明. 非但有子不得聞, 卽子路亦未之聞也. 季路問事鬼神, 而夫子不語, 但告之曰: '爾且未能事人, 安能事鬼乎?'夫當時之所謂人者, 果孰有過於夫子也? 正名之告, 直以夫子爲迂而不聽, 則其不畏天命, 押大人而侮聖言甚矣, 安在其能事人也? 不能事人, 安能事鬼? 便是直語以事鬼之道, 非不語之也. 何也? 人鬼一道, 不能事人以故不能事鬼. 則凡不能事鬼者, 便是有鬼神而不信. 其赫然臨之在上, 質之在傍也, 又豈有能事人之理哉! 然則今之所謂能事人者, 事勢也, 非事人也. 眞能事人, 則自能事鬼矣. 故唯大聖人爲能事鬼, 則以大聖人能眞事人故也.

"今觀夫子之言曰: 吾若有他妨, 而不得與祭, 是卽不祭, 是卽慢神, 吾不敢也. 是故祭先先在, 祭神如神在. 凡「鄕黨」一書, 所以紀聖人之事神者詳矣. 雖以鄕人之儺, 鄙俚俗惡, 聖人亦必朝服焉, 自阼階以臨之. 若曰是皆有神明在, 鄕人所爲禱祀而祈禳者也, 敢不敬與! 唯是祭不欲數, 數則煩, 其慢神也滋甚; 又不欲瀆, 瀆則諂, 其慢神也益甚. 故曰: '敬鬼神而遠之!'唯是春秋二時, 乃修其祖廟, 陳其宗器, 設裳衣而薦時食, 蓋敬神也, 恐煩神也. 又曰: '非其鬼而祭之, 諂也.'如魯之郊禘, 季氏之旅泰山, 王孫賈之欲媚竈, 皆諂之也, 大不敬也, 神其享之乎? 故又曰: '曾謂泰山不如林放乎!'林放知禮之本, 深爲夫子所大, 是以抑揚言之. 言泰山之神不可以非分而求. 本欲求福, 吾恐其反速之降殃也. 大不可也, 又非林放者比也. 卽夫子此言觀之, 則泰山爲有神乎? 爲無神乎? 如其無神, 祭之何益? 如其有神, 可妄祭耶? 故夫子曰: '我戰則克, 祭則受福.'然則'國之大事, 在祀與戎', 蓋自有天地以來, 直至今日矣. 有此天地, 卽有此人鬼; 有此世界, 卽有此賢聖; 有此賢聖, 卽有此祀典. 使其無神, 聖人何謂而制此祀典, 以貽萬世? 設使一聖人者作聰明以擧之於前, 后來千聖相繼, 獨無一人見其不可乎? 卽聲言以辨其爲惑世誣民, 正所以見其不苟同者, 何以愈經后王, 而祀典愈備也?

"今之學者, 言及鬼神則以爲異端釋老之敎, 小言之則以爲恥, 大言之則斷以爲狂. 然自入仕以來, 一入公門, 則必先祭門而後敢入, 祀土地神而後敢坐. 不先齊宿於城隍, 仍爲文以告於城隍之神, 則不敢遽坐政事堂而聽政. 則自九卿、百執事而下, 以至郡守、邑令諸大小官, 罔不皆然矣, 何獨無一人明其不然者毀神像而惜此牲體之供也? 不但是也, 春秋二丁, 先聖先賢, 報本反始, 似矣. 若夫山川社稷之壇, 風雲雷雨之壇, 無祀厲鬼之壇, 則自上元、淸明, 以至初秋霜落冬寒陰氣慘栗之作, 無不有祭; 祭又必遍於各里、各鄕、各村、各社, 不太煩乎! 此何義也? 今之官者, 雖不敢廢祀, 然亦故典焉耳. 非但旣灌而後, 乃不足觀, 跛倚臨祭, 神亦吐之矣. 寧獨諸壇, 卽以夫子言語, 童而習之, 以取功名富貴, 而兩廡爲馬糞之巷, 牌次爲廚庖之版矣, 菽然不理, 是尙能事人乎! 中間有眞實愛民者, 蠲潔牲體, 齋戒必明, 山川鬼神, 自降之福, 化災爲祥, 厲不作殃, 歲時豐稔, 民日以寧, 而是等反笑之以爲拙, 癡之以爲太認眞矣. 然是等也, 平居無事, 則慢神而虐民, 小小疾病, 細細驚惶, 卽求神問鬼, 禱祀竝作, 雖淫祀妖魔, 祀典不載者, 亦哀求之萬端也. 其寔信神信鬼者, 則又莫如此等輩, 不亦可笑之甚與! 故聖人之祭以受福, 而世人之祭以致禍, 則不能事神之故可知已.

"夫唯聖人能事神, 故其敬之也專. 夫'天命玄鳥, 降而生商', 何其誕也! 而聖人以爲至祥極瑞, 筆之於經而不刪. 若在今人, 必且吐噦棄之矣. 帝賚良弼, 說築唯肯, 何其誣也! 而武丁卽以爲上聖大賢, 爰立作相而不問. 若在今人, 必且交章彈劾, 而以死諍之矣. 此無他, 不知人故也. 不知人, 由於不知天, 故曰: '質諸鬼神而無疑, 知天也.' 此非至誠如神者又孰能知之? 故又曰'神以知來', 又曰'原始反終', 故知死生之說, 故知幽明之故, 故知鬼神之情狀, 一實理之自然, 一眞誠而不可掩也. 如此非誕也, 非誣也, 特心非至誠, 見滯凡近, 遂怪之不信, 執之以爲誕且誣耳矣. 嗟嗟! 執無鬼之說者, 卒爲鬼所拷而不知; 作無佛之論者, 因爲婦所譏而後省; 古今迷人大抵然矣, 而何足以費吾喙?"

第十一章

"君子所以無願外之念者, 以其能素位也; 所以能素位者, 以其無入而不自得於己也. 若無自得之益, 則見內輕、見外重, 而能不願外者, 未之有矣. 旣願外, 安能素位? 故君子之心自得焉耳矣. 今夫貧賤我素有也, 一旦而居乎富貴之位, 則視富貴又若素有然, 而行乎富貴之所得行, 初不見其身之從貧賤來也. 今夫富貴我素有也, 一旦而居乎貧賤之位, 則視貧賤又若素有然, 而行乎貧賤之所宜行, 初不見其身之從富貴來也. 以至患難夷狄, 莫不皆然. 平居無事, 初不知有患難也, 卒然而立於患難之地, 則患難與居, 若素患難然, 不以爲異也. 素居中國, 初不識有夷狄也, 卒然而入於夷狄之鄕, 則夷狄與同, 若素夷狄然, 初不知其爲中國人也. 夫富貴貧賤患難夷狄皆位也, 而視之若素, 則易位而安, 而自無願外之想; 富貴貧賤患難夷狄皆外也, 而外者不入, 則無入不得, 而自無出位之思. 故君子欲其自得之也; 苟自得, 又何往而不可哉? 居上居下, 處己處人, 皆可知矣."

曰: "昔人謂: '光陰者, 百代之過客.' 又謂: '人生如寄, 多憂何爲?' 此莊生之所以稱達也. 今夫子言素位, 則步步皆實際, 似與莊生等所見不同."

余謂: "前聖後賢, 皆重在自得上. 其自得同, 則所言自無不同者. 苟無自得之妙, 則視之如傳舍, 亦一時影響之見, 自解之意耳; 履之如實也, 亦一時氣質之强, 好勝之私耳, 非孔子、莊子本旨也. 今觀夫子視富貴如浮雲, 寧獨傳舍? 莊生魚樂於濠梁之上, 貧賤若曳尾之龜, 其爲素位亦

306

已極矣. 扶杖逍遙與逍遙御風, 何殊百代過客乎? 觀「人間世」以「應帝王」, 步步皆實詣, 寧獨吾夫子教人素位哉? 故學者須得聖賢自得之益. 苟自得, 縱不同, 亦何妨也."

第十二章

"哀公, 一小國之君也, 兼是昏弱太甚之君, 不足與言矣. 就使有問當對, 亦豈無別方便接引之語, 而卽告之以'九經', 語之以'誠明'. 九經則自修身、尊賢、親親而推之, 以至於柔遠人、懷諸侯; 誠明則詳之以博學審問, 知天知人, 以至於人一己百, 人十己千, 弗得弗措焉. 此皆聖人平天下之事功, 夫豈哀公之所能辦也?"

余謂: "夫子非告哀公也, 所以告諸弟子也, 正所以教天下萬世之爲人君者也, 特因哀公之問而遂發之耳. 縱春秋之天下無一人能知而行, 萬世之天下終無有一人能知而行之者耶? 則夫子之教在也. 今觀『大學』一書, 所言平天下之道備矣. 是皆自問自答, 自唱自和, 雖弟子亦不待其問, 而遂自言之, 況因君有問, 猶謂發之有端, 夫子安能以已也耶? 大抵聖人之人, 千萬世合爲一人之人也; 故不在天下, 則在萬世, 非世人一人之人所可比也. 旣不得而比, 而又烏得而知之哉? 『大學』言古人欲明明德於天下, 余謂吾夫子欲明明德於萬世."

第十三章

盡性之道, 唯至誠能之. 蓋性盡則洞徹到底, 不留一塵矣, 故曰盡性. 性盡則人性亦盡, 物性亦盡. 何也? 人、物與我同一性也. 若猶見有人, 猶見有物, 未爲能盡其性也. 性盡則化育在我, 參贊自我. 何也? 天地與我同一性也. 若化育不自我, 參贊不自我, 猶未爲能盡其性也. 故中和一致, 而天地自我乎位, 萬物自我乎育. 嗚呼, 至矣! 非虛言也.

第十四章

夫至誠則無事矣. 未至於誠, 必有物以蔽之; 蔽則不亮, 而未免於自欺. 故必物格知至, 而後意誠. 此『大學』所以言格物也. 誠之未至, 必有物以遏之; 遏則不直, 而不能以通流. 故必致曲通碍, 而後誠至. 此『中庸』所以言致曲也. 致曲則疏暢直達, 誠自在矣. 誠則形不可遏, 形則著自日章也, 著則明遂光顯也. 然形則猶滯於象, 滯則尚未活動, 著則猶著於影, 著則尚未變通, 明則尚疑有光景, 景則迹未融. 而誠尚在, 非化也; 化則乃可以言至誠. 故曰: "唯天下至誠爲能化."

第十五章

人存政擧, 故人道敏政; 人道敏政, 故爲政在人. 是故必敬大臣也, 必體群臣也, 必知尊賢也. 知尊賢, 則自然知其孰爲大臣而當敬, 孰爲群臣而當體矣, 等殺有不了然乎? 然何以知其爲賢也? 盖取人之本在身, 又必先修身以爲取人之本焉. 身又當如何修? 修之以天下所共由之五達道也. 道又當如何修? 修之以吾身三達德之仁也. 而仁又非他, 反而求之, 卽此"人"是已. 故曰: "仁者人也." 是故欲修身者, 不可以不知人; 而仁之發莫大於親親. 有人則有義, 而義之用莫大於尊賢, 卽修身卽爲仁, 尊賢卽爲義矣, 原非在外也; 有人必有禮, 而禮之施, 則尊親有序, 親賢有秩, 亦非在外也. 夫"仁", 卽此"人", 則君子固不可以不知人; 而出之爲義, 生之爲禮, 義實天之制, 禮實天之經, 則君子尤不可以不知天矣.

既知人, 又知天, 則身修而取人之本豫矣. 修身則能順親, 可知也; 取人則能尊賢而敬大臣、體群臣, 又可知也. 由是而子庶民、來百工、柔遠人、懷諸侯, 以爲政於天下, 有不易易乎哉? 故曰: "爲政在人, 取人以身, 修身以道, 修道以仁." 而仁者人, 義與禮者天; 天之未始不爲人, 人之未始不爲天也. 故知天知人, 則身修而自能取人. 嗚呼. 盡矣! 下文天道人道, 皆說知天知人以修身事, 故詳言之. 蓋不患其不能爲政, 而患其不能取人; 不患其不能取人, 而患其不能修身也.

第十六章

"思知人, 不可以不知天." 而天道則不勉不思, 而從容自中, 所謂"誠者"也. 思知天又不可以不知人. 而人道則必詳擇此不勉不思從容自中之善, 而固執之不敢失, 所謂"誠之者"也. 故誠者, 其道自然, 是謂至善, 是以謂之"天"也; 誠之者, 之其所自然, 是謂"擇善", 是以謂之"人"也. 故道以誠爲至, 而學以思誠爲功. 天固未始不爲人, 人亦未始不爲天, 則我爲"誠之", 亦爲"誠者". 而修身之事畢矣, 豈別有修之之功哉! 我自有天, 而我自知之耳; 我自有人, 而我自知之耳. 一誠焉已矣, 一善焉已矣. 故中間兩言"所以行之者", 一指此"誠"也. 指此"善"也. 善卽誠而誠卽善, 一實理而無以尙. 自其眞實不虛曰"誠", 自其物莫能尙曰"善", 又一也. 故次言明善誠身, 終言擇善固執. 明則待於擇, 擇則無不明. 然善又如何擇? 下文"博學"五句, 正所以擇善而誠之之事也. 自今觀之, 夫子每敎人博文矣, 雖顏子亦每從事於斯矣. 但學者但知徒博, 而不知反約. 唯顏子能知夫子之善誘, 卽於博文之中而擇乎中庸, 遂得一善云耳. 蓋謂之曰"博學", 則自朝至夕, 凡目之所視, 耳之所聽, 口之所味, 身之所遭, 足之所履, 手之所指, 一切五倫交接酬應, 何莫而非學也? 何莫非學,則何莫非文; 無往非文, 則無往非博矣. 故曰"博文". 然博矣, 而約者何在? 詳矣, 而至一者何在? 吾又於何而擇之而執之哉? 不就明師良友而"審問"焉不可也. 問而曰審, 則非汎問可知矣. 既問既審, 而得夫疑信相參之機, 則退而思之, 方謂有地. 然思又不可以不慎也. 不慎則遠思, 是謂外馳, 非通微之思也; 不慎則苦思, 是謂勞志, 非無思之旨也. 必"慎思之", 而得其所以憧憧往來者, 然後辨而明之, 以就正於有道, 亦庶幾達其所謂"不思"、"不勉"焉者矣. 是反約之功、明善之學也, 而能篤而行之者誰與? 或日一至, 或月一至, 不啻足矣, 故又曰"篤行之". 生知者一, 而學知者以百能之而不讓; 生知者十, 而困知者以千能之而不辭. 必得乃已, 弗得弗措. 果能如是篤行, 雖愚必明, 況非愚耶? 雖柔必強, 況非柔耶? 故必篤行此審問、慎思、明辨之功, 務得一善焉乃已, 尤爲擇善誠之者之最要切處, 故以"篤行"終焉. 此唯顏子能之, 若由、賜之徒, 非不由審問、慎思、明辨以恍惚其所謂"一"者, 而篤行之弗力, 是以不能期月守, 不能拳拳服膺而弗失. 非不能服膺之罪也, 未見其的然有可守之實, 而遂自以爲足之罪也; 非不能期月守之罪也, 未得而自以爲得, 而不肯篤實而力行之, 以求其實得之罪也. 實得則誠矣. 誠者, 實之謂也. 既實得, 又烏用守? 若又有待於守, 有待於固執焉, 非實得也. 卽此不誠甚矣, 非誠也, 非天道也. 若夫博文之旨, 則民咸用之, 百姓與能之, 愚夫愚婦共由之矣. 夫誰不學? 夫誰能離之而不博?

第十七章

無德而作禮樂, 愚而好自用也; 無位而作禮樂, 賤而好自專也; 有德矣, 有位矣, 而不當時而作禮樂, 生乎今之世, 反古之道也. 夫自用也, 自專也, 生今而反古也, 如是而災不及其身者, 未之有也. 夫議禮、制度、考文, 此王者之禮樂, 而有德、有時、有位之天子之所作也. 若非此等天子, 而欲議禮、制度、考文, 以興禮樂, 得乎? 試觀天下之今日, 時王之制作尚在, 庶民之信從未改. 故車則同軌, 無敢制度者; 書則同文, 無敢考文者; 行則同倫, 無敢制禮者. 是故"雖有其位, 苟無其德, 不敢作禮樂焉." 可見王天下者, 其所重先在德也. "雖有其德, 苟無其位, 不敢作禮樂焉." 可見王天下者, 其所重又在位也. 有德有位, 而不當時, 則夏殷時已. 今之所用者周禮, 吾不從周而誰從哉? 可見王天下者, 其所重尤在時也. 故曰: "王天下有三重焉." 有此三重, 而後議禮、制度、考文, 以作禮樂, 則無自用自專、生今反古之失, 災不及身, 而過可寡矣. 故又覆言之曰: 上焉者, 有德有位, 而不當時, 是無徵也. 無徵不信, 不信民弗從. 三重缺其一, 是以不可. 下焉者, 有德而無位與時, 是不尊也. 不尊不信, 不信民弗從. 三重缺其二, 尤不可矣. 故君子之道, 本諸身, 有其德也; 徵諸庶民, 又信且從, 有其位、當其時也. 如此則三重在我, 寧獨可以寡過乎哉? 將見考三王而不謬, 雖三王不能違時也; 建天地而不悖, 雖天地不能違時也. 以質鬼神, 則鬼神不疑, 吾不能違時之論也; 以俟百世, 則百世聖人不惑, 吾不能違時之言也. 然則時乎時乎, 固聖王之所獨重矣.

以夫子之聖而不當時, 又安能已? 吾夫子又安能已於反覆而言之詳也與哉? 雖然, 若夫子者, 又豈時、位之所能限也? 使時、位而可以限夫子, 則夫子亦與千古帝王、百世聖人等耳, 烏在其爲賢於堯舜, 生民以來之所未有者乎? 故夫子亦自知之, 夫子亦自言之. 若曰: "質諸鬼神而無疑, 知天也; 百世以俟聖人而不惑, 知人也." 夫學, 以知天知人也. 則萬古同一天, 萬古同一人. 是謂萬世一時, 天且弗敢違之矣, 而何時之待乎? 是謂萬世爲土, 人人胥載之矣, 而何位之有乎? 是故唯無動也, 動卽世爲天下道, 而豈直當世; 唯無言也, 言卽世爲天下法, 而豈直當世; 唯無行也, 行卽世爲天下則, 而豈直當世? 近而千百年, 服之無斁, 而厭者誰? 遠而萬億載, 望卽興思, 而欲從末由, 不心服者又是誰? 此可以見夫子之無時不然矣, 此可見時之不能違吾夫子矣. 夫子雖以此稱"君子", 其實盖自謂也. 彼"君子"者, 又烏能然? 以今觀夫子, 其果世爲天下道、世爲天下法與則否也. 夫子之言, 眞若合符契矣. 故復引『詩』以自明.

第十八章

夫君子安能不從時也, 必也至聖乎! 至聖則聰明睿智已具, 雖未嘗臨民, 而足以有臨也; 寬裕溫柔等咸具, 雖未嘗容物, 而自足以有容、有執、有敬、有別也. 盖涵之爲溥博淵泉之德, 而時出之爲莫不說、莫不敬、莫不信之施時, 在聖人不過以時出之而已, 又何時之待也? 況有位與否耶? "是以聲名洋溢乎中國, 施及蠻貊, 舟車所至, 人力所通, 天之所覆, 地之所載, 日月所照, 霜露所墜, 凡血氣含生之屬, 莫不尊之如天地, 親之如父母, 故曰配天." 以今觀吾夫子, 夫孰不尊? 夫孰不親? 從今以後, 以至萬億年載, 其尊且親, 但見其有加而不替矣, 豈若當時之王, 見在則尊, 過則已, 見在則親, 過則已者所可比耶? 又豈能以一人之身, 合中國蠻貊, 盡舟車人力之所至所通, 天地之所覆載, 日月霜露之所照所墜乎? 則夫子之澤遠矣、廣矣, 夫子之言至是又若符契矣. 故稱之曰"至聖"焉. 吾以謂千古可以語至聖者, 夫子也. 夫子雖以推之至聖, 其實盖自許云.

第十九章

夫子之意曰, 今天下萬世皆尊之以爲天, 親之以爲父, 無可疑矣. 然欲其能眞知其所以可尊可親者, 則未也. 何也? 以人至於至聖, 則實未易知也. 何也? 至聖者, 至誠者也, 故"唯天下之至誠, 爲能經綸天下之大經, 立天下之大本, 知天地之化育". 經大經, 一仁也, 人但見肫肫其仁焉耳, 初何嘗倚於仁也? 立大本, 一淵也, 人但見淵淵其淵焉耳, 初何嘗倚於淵也? 知化育, 一天也, 又但見浩浩其天焉耳, 初何嘗倚於天也? 是之謂至誠之眞經綸、眞立本、眞知化矣. 知化則本自立, 本立則綸自經. 苟不固聰明聖智達天德者, 其孰能知此也? 盖唯至誠乃能知天下之至聖也, 唯至聖乃能知天下之至誠也, 則必有夫子而後能知夫子也, 又何疑哉! 夫子在當時, 雖由之强, 夫子每對之而嘆曰: "知德者鮮." 雖賜之穎, 夫子必對之而嘆曰: "莫我知也夫!" 獨一回而不幸短命, 則夫子已不見知於當時矣, 況萬世與! 雖尊之以爲天, 親之以爲父母, 敬而事之以爲萬世之宗師, 夫子弗善也, 夫子弗樂也, 夫子弗享也. 嗚呼! 此固夫子之所以爲至聖也.

第二十章

有子言: "禮之用, 和爲貴." 甚是也. 夫使禮而不出於和, 則爲强. 世非中節之和, 天下之達道矣, 曷足貴與? 又烏在其爲美也? 唯其和, 所以民咸用之, 萬世同之, 自無不可行之理耳. 彼或有窒礙而不可行者, 非和之罪也, 不知和之罪也.

今若曰 "知和而和, 不以禮節之", 是以 "亦不可行", 如此, 則和反不如禮, 和又不足爲美而可貴矣. 何也? 必待禮以節之故也. 和而尙須禮幫助, 然後能中節而成和, 則宜曰 "和之用, 禮爲貴" 可也. 而何以獨貴和? 吾故曰: "此非有子之言也, 有子弟子之言也."

第二十一章

子貢欲去告朔之餼羊, 非愛羊也, 傷時君之廢禮也. 夫子不欲去告朔之餼羊, 非不愛羊也, 冀時君之能復禮也. 全賴聖賢相與發明而筆之於書, 使天下知告朔之禮不當廢, 又知告朔之禮所當復, 此『春秋』旨也. 吾因是而知聖賢愛禮之深也. 今若徒泥夫子之言, 以謂賜也但知愛羊而不愛禮, 則聖賢之意荒矣.

第二十二章

"夫子語太師之知樂, 全是聲容節奏之間. 此亦何難知者, 而夫子故語之耶?"

曰: "此正所謂樂之可知者也. 故曰'樂其可知也'. 夫始作而翕如, 縱之而純如、皦如、繹如, 則樂成矣. 此則太師之所知也. 至其所不可知者, 則出於聲容節奏之外, 可以和神人而協上下, 可以儀鳳凰而舞百獸, 如季札所謂'如天之無不覆也, 如地之無不載也'. 吾夫子所謂'不圖爲樂之至於斯也', 聞之三月而不知肉味也. 則太師當自得之, 非夫子之所能語也. 所謂樂之所不可知者也."

第二十三章

舜之稱禹曰: "克勤於邦, 克儉於家." 可知古之聖人語勤儉, 莫有過者矣. 今觀禹之言曰: "予乘四載, 隨山刊木." 夫以帝臣之重, 跋涉九州, 髓山刊木, 卽大而乘車, 小而乘馬, 無不可者. 乃水行則以木爲舟, 陸行則以木爲履; 下山則前高後低, 上山則前低後高. 經言其手足胼胝, 不辭勞苦; 史稱其肢體焦枯, 卒受風寒暑濕之患, 終葬會稽之山. 則當時稱禹者, 固以儉; 而所以病禹者, 亦謂其過於儉而不可以垂訓也. 故夫子獨以"無間然"稱之. 其意若曰: 如禹之儉勤, 吾實無間然矣. 無間然, 言其無間隙之可議也. 而敢以議禹, 是何心哉! 故重言"無間然"以深釋之. 夫非飲食, 是其儉也; 而致孝鬼神, 則祭祀極其豐潔, 不儉也. 惡衣服, 是其儉也; 而致美黻冕, 則祭服極其潔精, 不儉也. 卑宮室, 是其儉也; 而盡力溝洫, 則一財一力, 皆爲民費, 無一毫而不用之於民者, 不儉也. 夫舍己之飲食、衣服、宮室, 凡所以奉身者無不薄, 而唯知神之與民也. 如此, 是尚可以儉病之哉! 故再言"禹無間然"以深美之.

禹之學, 後傳而爲墨翟, 則與夫子同時. 於時天下幷重之, 故其稱曰孔、墨. 孔子稱禹, 而於墨翟之儉, 不敢闢以爲非, 蓋信其傳之有自也. 今『墨子』之書具在, 有能取其書讀之, 而得其所以非樂之意, 則經綸之術備焉. 斷斷乎可以平天下而均四海也. 雖作用、手段, 各各不同然, 但可以致太平, 亦何必拘一律哉? 孟氏以無父闢之, 過矣, 是闢禹也. 禹過門不入者三, 是無父之甚者, 何不闢乎?

第二十四章

"人與禽獸全然不同, 孟子何以但言'幾希'?"

曰: "禽獸雖殊類, 然亦有良知, 亦有良能, 亦知貪生, 亦知畏死, 亦知怕怖刑法, 何嘗有一點與人不同, 只是全不知廉恥爲可恨耳. 若人則必有羞惡之心. 是其稍稍不同於禽獸者, 賴有此耳. 非'幾希'而何? 所賴者正以有此'幾希'之異, 故可以自別於禽獸, 而所患者又以所異不過只於'幾希', 亦容易逡入於禽獸也. 是以庶民不知'幾希'之可懼, 而遂去之, 以入於禽獸之中; 而唯君子知此'幾希'之有賴, 每兢惕以存之, 而遂自異於禽獸之倫焉. 故言'幾希', 正以見其大可畏, 而又有大可喜者在焉耳. 若舜也, 禹也, 湯也, 文、武也, 周公、孔子也, 皆所以存此'幾希'者, 所謂君子也. 豈其初眞有異於禽獸哉? 亦曰存之而已. 存之者初無難事, 異之者不過幾希. 而其究也; 一爲聖賢, 一爲禽獸, 天淵懸矣. 嗚呼! 可不存與! 若我則私淑夫子之道者也, 其亦幸免於禽獸之歸哉! 此孟子志也."

書道古錄首

劉東星

予西鄙之人也, 拘守章句, 不知性命爲何物. 入楚期年, 而署患作, 思親之念轉亟. 欲息此念則不能, 欲從此念亦不能, 真令人彷徨無攸依處.

聞有李卓吾先生者, 棄官與家, 隱于龍湖. 龍湖在麻城東, 去會城稍遠, 予雖欲與之會而不得. 又聞有譏之者, 予亦且信且疑之. 然私心終以去官爲難, 去家尤難, 必自有道存焉. 欲會之心未始置也.

會公安袁生今吳令者, 與之偕游黃鵠磯, 而棲托于二十里外之洪山寺, 予就而往見焉. 然後知其果有道者, 雖棄髮蓋有爲也. 嗟夫! 此身若棄, 又何有于家, 何有于官乎? 乃區區以形跡議之, 以皮毛相之者, 失之遠矣. 嗣後或迎養別院, 或偃息宦邸, 朝夕談吐, 始恨相識之晚云. 兒相時亦在側, 聞其言若有默契者. 一時吾鄉趙新盤、王正吾參政楚藩, 皆獲見其面; 李克庵時撫三楚, 亦獲讀其書: 三公者逐皆信之, 以爲真人矣.

別後宦游燕趙, 雖聞問不絕, 而欲從末由. 比者讀禮山中, 草土余息, 懼有顛隳, 特遣兒相就龍湖問業, 先生欣然不遠千余里與兒偕來. 從此山中, 歷秋至春, 夜夜相對. 猶子用健, 復夜夜入室, 質問『學』、『庸』大義. 蓋先生不喜紛雜, 唯終日閉戶讀書. 每見其不釋手抄寫, 雖新學小生不能當其勤苦也. 彼謗先生者, 或未見先生耳; 倘一見先生, 即暴強亦投戈拜矣, 又何忍謗, 又何能謗之耶?

相與健等, 既獲錄其所聞之百二, 予邃亟令梓行. 雖先生之意, 亦予意也, 亦相與健等之同意也.

역자 후기

『명등도고록』은 『분서』와 『속분서』에 이어 역자가 세 번째로 번역한 이지의 저작이다. 앞서 나온 두 종류가 서신·잡문·역사평론·시가 등으로 구성된 개인문집이라면, 『도고록』은 고전텍스트를 해설하는 방식으로 유가철학의 핵심에 관해 토론한다. 주로 『대학』과 『중용』 두 책에서 언급한 주제를 다루지만 더러는 『논어』나 『맹자』도 언급하며 불교에 관한 논의도 보인다.

마성의 용호 물가에 위치한 지불원에서 만년을 보내던 이지가 유동성의 초청을 받아들여 산서성 심수현의 평상촌으로 건너간 것은 그의 나이 일흔두 살(1596년) 때였다. 이미 고령임에도 불구하고 그는 가을부터 이듬해 봄까지 밤마다 유동성 부자 등과 더불어 『대학』과 『중용』을 읽으며 이 세계와 인생의 가장 궁극적인 문제들에 관해 토론했는데, 이것을 젊은 제자들이 받아 적고 나중에 이지가 교정을 보아 세상에 나온 책이 바로 이 『명등도고록』이다. 제목이 "밤마다 등불 밝히고 옛일에 관해 논한 기록"인지라 얼핏 보면 과거지사를 논한 것 같지만 화자의 관심은 정작 자신이 살아가는 현재에 집중되고 있다. 즉 과거를 학습하고 토론함으로써 현재의 문제를 궁구하고 인간을 통찰하는 내용인 것이다.

이지의 저작은 다른 고전들보다 현재적으로 읽힌다는 평가를 듣고 있지만 이 책은 그중에서도 압권이다. 하지만 만년의 무르익은 생각이 고전평설로 펼쳐지니 역자에게는 난공불락처럼 여겨지기도 했는데, 어설프게 경전을 이해하는 수준으로는 당초 번역은커녕 접근조차 어려웠던 것이다. 『분서』를 번역할 때는 온갖 종류의 사전을 붙들고 좌충우돌 씨름해서 문제를 해결하곤 하였다. 그러나 요 몇 년 사이 세상은 너무나 많이 달라졌다. 종이책은 거진 내다버려도 될 정도로 중국고전이나 사전 같은 공구류 서적이 빠짐없이 디지털화되어 인터넷에 올라와 있고 이지의 전집까지 주석본 형태로 출간되었다. 달라진 환경 덕에 상당량의 수고를 덜 수 있었으나 그렇다 해서 번역이 거저 되는 것은 아니었다. 뜻을 이해하고 우리말 문장을 만들기 위해 고심해야 하는 어려움은 별 차이가 없는 반면 경전 풀이를 위한 대조작업 등에는 훨씬 많은 시간이 걸렸기 때문이다. 번역은 예상보다 오랜 시간이 걸렸지만 결과물에 대해서는 여전히 미진하기만 하다. 독자 제현의 질정과 혜량을 바란다는 말이 그저 흔한 상투어만은 아님을 부디 헤아려주셨으면 좋겠다.

고전은 그 시대의 언어로 언제나 다시 번역되어야 한다는 말은 이의를 제기할 수 없는 지당한 명제겠지만, 우리의 경우는 대체로 글자 해석에 급급하며 대강의 의미를 파악하면 족한 정도였다. 그런데 중국만 하더라도 중원에 사는 이들은 (비록 자기네 것이라지만) 고전 문헌을 자기 시대의 언어로 재해석하는 작업에 언제나 게으르지 않았는데, 이런 공부야말로 당면한 현실을 파악하고 미래를 개창하는

합리적 방안이라 여긴 때문이었다. 그리하여 시대마다 줄느런히 쌓인 독자적 고전해석이 넘치지만, 우리의 경우는 아주 예외적인 소수를 제외하면 대체로 그런 작업을 도외시했고, 사안에 따라선 박해당할 각오를 하고서야 덤빌 수 있는 위험한 일로나 간주했다.

이래서야 정신이 크고 문화가 집적될 리 없을 것이다. 고전, 그중에서도 경세와 관련된 것이라면 한갓 고서로 취급해선 안 된다. 또한 읽더라도 고인의 해석을 추수할 뿐 자기 현실에 연결시킬 줄 모른다면, 그런 공부는 한낱 겉치레에 불과할 뿐이다. 고전은 자신을 비추는 거울이다. 학문은 고인의 경험과 지혜를 배우는 계발과정이며, 그렇게 해서 획득한 바는 내가 처한 상황과 현실에 응용함으로써 쓰임새가 나오게 해야 한다. 고전공부는 한갓 지적 과시가 아니라 그 실용성의 깨침에 목적이 있다.

다시 말하건대 『도고록』은 명대 말기의 언어로 재해석된 『대학』과 『중용』의 해설서이다. 우리는 이 책을 음미함으로써 공자의 원시유학이 명대에 이르러 어떻게 해석되고 실제에서 어떻게 작용하고 있는지를 알게 된다. 춘추시대로부터 이지에 이르기까지 근 이천 년 세월 동안 얼마나 깊은 물결이 넘실대며 사상의 강폭을 넓혀왔는지 이해의 실마리를 잡을 수가 있다.

종래 이지에게는 왕학(王學, 양명학)의 급진좌파라는 타이틀이 항용 따라붙었지만 나는 그 말에 동의하지 않는다. 어느 각도에서 보더라도 이지는 사회제도의 개혁에 관심을 갖거나 힘을 쏟은 적이 없기 때문이다. 그는 눈앞에 보이는 현상이 아니라 인간의 근본적 물음을 탐색하는 데 보다 관심을 집중시켰고, 그럼으로써 인생의 궁극적 의문에 대한 해답을 찾으려고 애썼다. 『도고록』이 현실의 복잡다단한 문제들을 통해 인간의 근본을 성찰하고 해법을 제시한 철학서라고 말할 수 있는 소이가 여기에 있다.

공자(기원전 551~479)는 인간이 평등하다고는 여기지 않았다. 유가의 이념은 인간을 포함한 모든 것이 본질적으로 불평등하다는 관념에서부터 출발한다. 공자와 그 제자들은 인간의 지혜와 재능과 덕성이 태어나면서부터 차등하다고 보았는데, 한편으로 그런 차이에 의한 인간 본래의 차등과 타고난 신분에 기초한 봉건적 차별은 별개라고 하면서 교육을 통해 이러한 모순을 해결하려고 시도했다. 그렇게 해서 내놓은 강령이 바로 『대학』과 『중용』인데, 『대학』은 교육에 대한 공자의 이상이고 『중용』은 또 교육을 통해 달성하고자 하는 인간에 대한 지향이 담겼다. 그 후로 이 책들은 중국인의 교육지침서이자 최고의 윤리규범이 되었는데, 이지는 또 그 기반에서 자기 시대의 문제들을 노정시켰던 것이다. 기실 유학의 저력은 이런 개성과 문제의식을 지닌 사상가들이 때마다 출현하여 당대의 문제를 궁구한 데 있을 것인데, 그들은 '도'라고 하는 보편적 원리에 현재의 특수성을 연결시켜 인간과 사회에 대해 탐구하기를 그치지 않았다.

시공을 달리하여 작금의 우리를 돌아본다. 지난 세기는 역사를 퇴행시키고 근대화를 저해한 원흉으로 유학을 지목하는 담론이 유난히 많았다. 공자가 죽거나 혹은 죽여야만 우리가 살 수 있다는 험사까지도 난무했다. 그러나 엄밀히 말해 우리의 현재가 못마땅한 것은 자신이 못난 탓이지 그것이 어떻게 공자의 잘못일까! 애당초 누구 탓할 노릇이 아닌 것이다.

공자 말씀이 담긴 책들은 성경이나 불경과 마찬가지로 해석의 가능성이 무궁무진 열려 있는 경전(canon)일 뿐이다. 경전은 읽는 사람의 경험과 지식, 혹은 그 영혼의 깊이만큼 의미를 열어 보이는 문명의 근본 코드다. 그러나 이런 책을 한 가지 뜻의 '글씨'로만 고정하고 우상화시켜 자기 욕망을 채우기 위한 수단으로 이용할 때 그것은 한낱 쓰레기더미로 전락하게 된다. 그리고 그런 일은 기성 종교뿐만 아니라 가르침을 권력으로 이용하려 들 때 흔히 볼 수 있는 광경이었다. 이지는 바로 그런 세속화되고 우상화한 권력으로서의 유학과 공자를 제자리에 돌려놓음으로써 자기 철학의 중심을 세우고 시대적 소명에 부응하려 애썼다. 명대 후반기는 관학으로서 주자학의 폐해가 정점에 다다랐던 시기였고, 그는 이미 타락한 권력이 된 유학을 원전의 가르침과 분리해 비판함으로써 도의 보편성과 초월성을 강조했던 것이다. 덕분에 그는 시대와는 비록 불화했어도 진리의 빛을 '내'(己) 안에 되살려낸 철학자가 될 수 있었다.

출세와 금전이 무엇보다 우선인 세상에서 이지가 말한 '수신'보다 고리타분한 단어도 아마 드물 것이다. 그렇더라도 나는 한 사회를 지탱하는 요소로 바르고 독립적인 개인보다 더 중요한 것은 없다고 생각한다. 지난 세기 몰아쳤던 험난한 세월은 우리 내면에도 많은 상처를 남겼다. 그 결과 성찰하는 법을 배우지 못한 정신은 냉소와 시기와 기회주의에 휘둘리고, 생존본능으로 단련된 우격다짐과 표리부동, 가치관과 줏대의 상실 등은 아예 주인처럼 머릿속에 똬리를 틀게 되었다. 그 다음은 빤한 상황으로 교육은 인간의 완성이 아니라 성공의 수단으로 간주되고, 학교는 완제품처럼 똑같은 인간유형을 생산하는 공장으로 전락하고 말았다. 맞닥뜨린 정신의 몰락 앞에서 우리는 흔히 시절과 권력, 자본과 무너진 윤리도덕 등을 탓하곤 했지만, 그러나 그것은 스스로 주인이 되지 못하는 자신과도 무관치 않다.

『도고록』이 일러주는 수신의 처방이 누구나에게 해답은 아닐 것이다. 그러나 경세의 차원에서 볼 때 이 책은 치자와 엘리트에게 궁극의 길을 일러주는 지침서이다. 인간과 사회의 본연, 그 관계, 지향과 갈길 등을 일깨워줌으로써 오늘날 다시 부활하고 있는 유가의 저력이 어떤 것인지조차 일깨워준다. 이지는 누구보다도 개인의 자율과 수신의 중요성을 강조한 사상가였다. 그래서 스스로 향상하려는 개인의 의식적 노력을 귀히 여긴, 중국사상사에서는 매우 드문 개인주의자이자 자유주의자였다. 통제되고 조직화된 세계에 살면서 개인과 자아에 천착하라는 요구는 어쩌면 시류에 어긋난 오활함일지도 모른다. 그러나 세상 복잡한 문제들에 대한 결정적 관건은 오직 도덕적으로 온전하며 스스로 완성되고자 하는 개인이 쥐고 있을 뿐이다. 지식인이나 치자의 위선과 탐욕 때문에 세상이 혼탁해진다고 했던 이지의 분노는 그래서 새겨들을 필요가 있다. 인간에 대한 가없는 긍정과 사랑으로 이어지는 그 사상의 궤적은 우리에게 내재된 문제의 근원뿐만 아니라 해답까지 제시해주며, 그럼으로써 우리의 삶이 온전해질 수 있다는 믿음까지도 부여해준다. 유교의 이단으로 일컬어진 이지였지만 바로 그의 입을 빌어 유학은 그 존재가치를 증명해보인 것이다.

2008년 여름부터 일 년 동안 영국 런던대학(SOAS)에 머물 때 미술사학과의 과목들을 청강하며 학교 후문 쪽 대영박물관에 자주 들락거렸는데, 거기서 무엇보다 눈길을 끌던 작품은 고대 앗시리아의 조각들이었다. 위엄이 넘치면서도 알지 못할 신비감을 풍기는 부조들을 감상하며 천천히 거니노라면 흡사 시간을 초월해 고대의 정신 속으로 빨려들어가는 느낌이었다. 나중에 니코스 카잔차키스의 『영국기행』을 읽었더니 그도 마찬가지 심경이었던지 다음과 같은 구절을 남겨놓고 있었다.

"앗시리아의 부조물이 걸려 있는 거대한 사각형 발코니에 처음 들어섰을 때 나는 전율을 느꼈다. 신(神)의 작업장에도 있고, 우리들 영혼의 깊은 내부에도 있는 저 무성한 원시의 정글, 사람이 견뎌내기 어려운 버거운 환상, 인류 이전의 까마득히 오래된, 강렬하고 잔혹한 기억. …… 피에 굶주린, 육감적이고 두툼한 그들의 입술에, 인간의 것이라곤 보기 힘든 미소가 감돈다. 반면에 사자들의 눈에서는 인간적인 슬픔이 흘러넘친다. 나는 이 거대한 우주적 비전 앞에서 여러 시간 서 있곤 하였다." (『영국기행』, 열린책들)

바빌론의 조각들은 원시적이고 매혹적이었다. 그것은 문득 눈앞의 일들에 치여 잊고만 살던 오래된 갈망과 기억들을 다시금 되살려내는 것만 같았다. 이지의 글도 그것과 비슷해서 읽다 보면 문득 아스라한 내면의 울림 같은 것들이 내 안에서 공명해온다. 저 멀리에 방치해둔 채 쳐다보지도 않던 내 존재의 근원과 영혼을 이제는 껴안고 살펴야겠다는 결심마저도 들게 만든다. 논리와 이성으로는 설명하기 어려운 경험이었다.

이지는 인간과 세계에 대해 지극하리만큼 종교적인 자세를 견지했다. 영성을 강조하면서 무슨 문제든 근본으로 돌아가서 생각하기를 역설했다. 한평생 '도'라는 근원을 찾기 위해 분투한 까닭인지 그는 또 본질에 어긋난 상태를 견뎌하지 못하는 편이었다. 그가 위선을 공격하고 허위의식에 찌든 지식인들과 날카롭게 대립각을 세운 것은 근본을 추구하는 상태야말로 인간의 본질이자 의무라고 여긴 때문이었다.

누구나 그러리라 생각하지만 지난 세월을 돌아보면 보람은 적고 회한은 많았다. 비껴갈 수도 없는 외롭고 습한 나날에서 만약 이지에 대한 공감과 그의 글을 통한 단련이 아니었다면 사는 일이 훨씬 팍팍했을 것이다. 감사할 일이다. 그의 글은 의지이면서 부담이기도 하였다. 머리와 가슴에 날카로운 충격을 주고 걷잡을 수 없는 갈망으로 들어앉더니 온 정신과 마음을 서서히 변화시켜 이 세계와 인간에 대한 눈을 활짝 뜨고 앞길이 환히 트이는 뭔가를 추구하라고 등짝을 떠밀어댔다. 이지 역시 당초에는 갈피를 잡지 못하다가 사십 줄에 접어든 다음에야 친구 소개로 양명을 알고 부처의 가르침을 접한 뒤 비로소 진리의 다른 이름인 '도'를 알게 되었다고 하였다. 그 뒤로 치열한 구도자의 행로를 걸었는데, 그렇게 해서 얻은 깨달음은 근본을 파고들어 자아를 찾고 심성을 도야함으로써 자신이 속한 세계의 당당한 한 사람이 되라는 것이었다. 『도고록』은 이지의 그런 깨달음을 매우 구체적으로 설명한 책이다. 그를 이해하고 '나'(我)를 발견하는 데 미흡하나마 이 책이 도움이 될 수 있다고 믿는다.

2016년 봄날
金惠經

찾아보기

지은이 이지(李贄)

원래 이름은 재지(載贄), 호는 탁오(卓吾)이다.
조상 중에는 페르시아 만을 오가며 무역을 하다가 색목녀를 아내로 맞거나
이슬람교를 믿은 이도 있었지만, 이지 본인은 중국의 전통문화 안에서 성장했다.
그러나 훗날 노장과 선종, 기독교까지 두루 섭렵한 이력으로 인해 그의 사상은
중국 근대 남방문화의 결정체로 설명되기도 한다.
그는 26세 때 거인(擧人)에 합격해 하남과 남경·북경 등지에서 줄곧
하급 관료생활을 하다가 54세 되던 해 운남의 요안지부를 끝으로 퇴직했다.
이지는 40세 전후 북경의 예부사무로 근무하던 중 왕양명과 왕용계의
저작을 처음 접한 뒤 심학에 몰두했다. 나이가 들어 불교에 심취하고는
62세에 정식으로 출가해서 절에서 기거했다. 그는 유불선의 종지가
동일하다고 인식했고, 유가에 대한 법가의 우위를 주장했으며,
소설과 희곡 같은 통속문학의 가치를 긍정하는 평론 활동을 폈다.
유가의 정통관념에 도전하는 『장서』를 집필했고,
공자가 아닌 자신의 기준으로 경전을 해설한 『사서평』을 출간했으며,
선진 이래 줄곧 관심 밖에 있던 『묵자』의 가치를 새롭게 조명하기도 했다.
이렇듯 스스로 이단을 자처하며 유가의 말기적 폐단을 공격하고
송명이학의 위선을 폭로한 그에게 세인은 양쪽으로 갈려 극단적인
평가를 부여했다. 결국 혹세무민의 죄를 뒤집어쓰고 감옥에 갇혀 있던 중
76세에 자살로 생을 마감했다. 그의 저작들은 명·청대의
가장 유명한 금서였지만 대부분은 지금까지 전해지고 있으며,
그의 이름을 빌린 수많은 위작 또한 횡행하고 있다.

옮긴이 김혜경(金惠經)

대전에서 태어나 이화여자대학교 중문과를 졸업하고
대만 국립대만사범대학교 국문연구소에서 석사 학위와 박사 학위를 받았다.
미국 하버드대학교 옌칭연구소와 영국 런던대학교(SOAS)에서 연구한 바 있으며
중국 무한대학교 초빙교수를 지내기도 했다.
지금은 국립한밭대학교 중국어과에서 학생들을 가르치고 있다.
명말청초 및 근대의 문학과 사상을 주로 공부하면서
이 시기의 고전을 우리말로 옮기는 작업에 관심을 기울여왔다.
펴낸 책으로는 한길사에서 나온『분서』(전 2권),『속분서』가 있고,
그 밖에『요재지이』(전 6권)가 있다. 주요 논문으로는
「이지와 마테오 리치의 만남과 의미」「호적 연구」(胡適硏究) 등이 있다.

명등도고록

지은이 이지
옮긴이 김혜경
펴낸이 김언호

펴낸곳 (주)도서출판 한길사
등록 1976년 12월 24일 제74호
주소 10881 경기도 파주시 광인사길 37
홈페이지 www.hangilsa.co.kr
전자우편 hangilsa@hangilsa.co.kr
전화 031-955-2000~3 팩스 031-955-2005

부사장 박관순 총괄이사 김서영 관리이사 곽명호 영업이사 이경호 경영담당이사 김관영
편집 이지은 백은숙 안민재 노유연 김광연 원보름 신종우
마케팅 윤민영 양아람 관리 이중환 김선희 문주상 이희문 원선아 디자인 창포
CTP출력 및 인쇄 현문인쇄 제본 광성문화사

제1판 제1쇄 2016년 9월 30일

값 25,000원
ISBN 978-89-356-7209-7 94150
ISBN 978-89-356-6427-6 (세트)

● 잘못 만들어진 책은 구입하신 서점에서 바꿔드립니다.

● 이 도서의 국립중앙도서관 출판시도서목록(CIP)은
e-CIP 홈페이지(http://www.nl.go.kr/ecip)에서 이용하실 수 있습니다.
(CIP제어번호: CIP2016020853)

한길그레이트북스 인류의 위대한 지적 유산을 집대성한다

• 한길그레이트북스는 계속 간행됩니다.